清华大学特大城市系列研究

可持续视角下特大城市地区
土地使用模式测度研究

——北京与世界城市比较

于长明 著

中国建筑工业出版社

图书在版编目（CIP）数据

可持续视角下特大城市地区土地使用模式测度研究：北京与世界城市比较／于长明著. —北京：中国建筑工业出版社，2017.4

（清华大学特大城市系列研究）

ISBN 978-7-112-20671-1

Ⅰ. ①可… Ⅱ. ①于… Ⅲ. ①特大城市－土地利用－对比研究－世界 Ⅳ. ①F293.2

中国版本图书馆CIP数据核字（2017）第080066号

责任编辑：张　明　陆新之
责任校对：李欣慰　焦　乐

清华大学特大城市系列研究

可持续视角下特大城市地区土地使用模式测度研究
——北京与世界城市比较

于长明　著

*

中国建筑工业出版社出版、发行（北京海淀三里河路9号）

各地新华书店、建筑书店经销

北京锋尚制版有限公司制版

北京中科印刷有限公司印刷

*

开本：787×1092毫米　1/16　印张：14¼　字数：328千字

2017年12月第一版　2017年12月第一次印刷

定价：45.00元

ISBN 978－7－112－20671－1

（30227）

清华大学建筑与城市研究所从 1998 年起开始了京津冀城乡空间规划的研究，2002 年出版了第一期报告，报告研究了北京依托京津冀发展全球城市地区的可能。2003 年"非典"期间研究所开始了北京城市发展战略研究，2004 年开展了天津城市发展战略研究，之后参加完成了 2004 年北京城市总体规划的京津冀区域协调规划；2006 年发表了京津冀城乡空间规划第二期报告，对京津冀协同发展的空间布局形成了较为明确的看法。2007 年研究所承担北京市教委的重点学科群建设项目，开始了"北京 2049"的研究。

2008 年金融危机后，北京于 2010 年开始世界城市的对比研究，以进一步认识北京在全球城市中的战略地位，明确北京城市发展的主要优势与差距。在此期间，北京还针对 2004 年城市总体规划的实施工作开展了规划评估。清华大学建筑与城市研究所参与了这一评估工作。在这个过程中，研究所开始了北京城市发展的空间模式研究工作，期望通过对北京的城市功能、人口空间分布和土地利用状况研究，来深化认识规划政策的变化对北京城市空间布局的影响，进而分析判断北京城市发展面对的挑战。与此同时，研究所也参与了中国科学院"中国城镇化质量"测度相关的研究课题。所有这些工作，需要发展一种科学的测量特大城市地区土地使用模式的工具方法，进而能够对北京建设世界城市的空间布局和土地利用状况进行国际比较。

于长明 2006 年进入研究所学习，2009 年开始攻读博士研究生。在开展本书研究之前已经具备一定的研究基础。

本书以北京、纽约、伦敦、巴黎、东京为例，从可持续角度对特大城市地区土地使用模式进行了测度方法的研究，选题具有学术应用研究的前沿性、创新性；对我国特大城市的可持续发展研究具有重要意义。

本书系统梳理了"土地使用模式"的内涵；结合案例城市的土地使用模式，开展了分析和验证工作，提出和发展了形态紧凑、功能可达以及形态与功能协同性的测度指标，由此组成城市土地使用模式的测度方法；结合数据处理、误差分析、验证、情景模拟等环节，对有关城市的土地使用状况进行了分析比较；总结了相关经验，对北京城市土地使用战略提出了建议。

　　本书在研究方法的综合性、整体性方面有较高的创新；本书资料全面，数据翔实，提出的测度方法可以推广，对北京城市研究和相关规划工作应起到积极的作用。

吴唯佳

丁酉年冬

摘　要

　　特大城市地区的可持续问题较一般城市地区更加复杂，其土地使用模式在很大程度上影响着空间的生产、消费，进而影响能源、环境乃至全球的可持续发展，以此为出发点的研究具有重要意义。笔者以伦敦、巴黎、纽约、东京为代表的特大城市地区，广泛开展了基于可持续目标的土地使用模式研究与实践。北京面临着与这些特大城市地区类似的问题，同时又有一定的差异。准确认识特大城市地区的土地使用模式成为谋求可持续发展和在全球竞争中取得优势的基础性问题。

　　首先，本研究厘清了"土地使用模式及其可持续性"的概念内涵及其发展目标，认为"土地使用模式"目标可以被分解为针对土地使用紧凑程度的形态目标、针对提高可达性的功能目标以及针对土地使用效率的形态与功能相协同目标。

　　然后，本研究基于空间矩阵和缓冲区分析法制定了多指标的测度方案，确定了6项形态指标、4项功能指标和4项协同指数。运用人工解译和分层随机抽样相结合的测度方法，结合数据处理、误差分析、比较验证、情景模拟等环节，对五个特大城市地区的土地使用模式进行了从二维到三维的测度实证、比较以及相关性检验。

　　最后，基于测度分析的结论、有关城市的规划经验和北京的情况提出形态、功能优化策略和协同路径建议。

　　本项研究在已有工作基础上提出了更具综合性、整体性的测度方法体系，研究揭示不同的特大城市地区有自身特点，同时在土地使用模式和可持续性方面又具有相对一致的基本规律：形态适度紧凑、功能可达性好、形态与功能相协同是特大城市地区提升可持续性的基本土地使用模式。对应上述三方面的可持续特征包括：土地使用强度较高、透水地面和开敞空间得到保障；功能层次多样和混合度高、公共绿地体系完整和质量高；轨道交通引导土地使用形态和功能布局、城市综合性中心功能与区域生态系统的协同布局。

关键词：特大城市地区，土地使用模式，测度，可持续性，协同

Abstract

In the context of China's new urbanization, this dissertation focus on the problems and issues encountered in the development of mega-city regions based on sustainable perspective. The challenges in the process of sustainable development are more complicated for mega-city regions. Meanwhile, Land use patterns significantly affect the space production and consumption, thereby affecting energy, environment and global sustainable development. Therefore, the research based on land use patterns is of great significance. Mega-city regions represented by London, Paris, New York, and Tokyo have carried out sustainable-goals research and practice. Beijing is facing similar problems with above regions, but has its own situation. How to accurately identify and understand patterns of land use in mega-city regions becomes a fundamental issue in seeking sustainable development and achieving advantages in global competition.

Firstly, this paper clarifies the concept and connotations of 'land-use patterns and sustainability', and reveals based on the three aspects of land-use patterns, objectives of latter are comprised of formal objectives specific to the compact degree of land-use, and functional objectives specific to improve the structure accessibility, as well as cooperative objectives of both form and function specific to land-use efficiency.

Secondly, A multi-indicator method is identified to represent land-use patterns based space matrix and buffer analysis, which contains six form indicators, four function indicators, and four cooperation indicators. With the methods of combining artificial interpretation and stratified random sampling, Combined with data processing, error analysis, comparison validation, scenario analysis and other sectors, this research measures land use patterns of five mega-city regions from two-dimensional to three-dimensional. Thereby the correlations between indicators of land-use patterns and sustainable development are analyzed.

Finally, based on the conclusions of the measuring, referencing experiences of typical mega-city regions, this research suggests the approaches on form, function and cooperation based on advantages and disadvantages of Beijing land-use pattern.

This paper has been proposed more comprehensive measuring methods based on others study. Studies reveal different mega-city regions have its own characteristics, while different mega-city regions in land-use patterns and sustainability also has a relatively consistent basic law: that moderately compact of form, good accessibility on function, cooperative between form and function are essential for sustainable land use patterns. Land-use sustainability manifests as several characteristics: the higher the intensity of land use, sufficient permeable ground and open space, high diverse and mix degree functions, high integrity and quality of public green space system, rail transportation-guided land use form, functional layout and integrative city center in coordination with regional ecological system.

Key words: Mega-city Regions; Land Use Patterns; Measuring; Sustainability; Cooperation

目 录

第1章

引言——服务于"新型城镇化"

　　党的十八次全国代表大会明确提出了走中国特色的"新型城镇化"道路。通常认为城镇化是个过程，有"城镇化质量"的高低之分。而作为城镇化主要发生地的城市地区，其物质空间环境状态是这种或高质量，或低质量的城镇化过程的产物，测度城市地区的物质空间环境质量是衡量"城镇化质量"高低的重要内容。物质空间环境的核心是土地使用模式。土地使用模式被认为是影响城市可持续发展、造成不可持续问题产生的关键因素之一。以理查德·罗杰斯为代表的一些学者认为"集中、紧凑"的土地使用更具可持续性，而以纽曼为代表的部分学者认为恰恰相反，"分散"更利于可持续发展，也有马歇尔·埃切尼克提出的第三种观点，认为"紧凑与否"对可持续性影响不大，主要是"生活方式"在起决定性作用。上述这些观点，不能使人们对相关问题获得全面完整的认识。由此，人们发出诸多疑问：不同土地使用模式在可持续性表现上差异巨大么？影响土地使用模式的可持续性的因素只有紧凑或者分散么？如果不是，那么究竟还有哪些因素左右了可持续性？这些影响土地使用可持续性的因素可以被量化研究么？如果可以，如何来测量和表征？如果明确了可持续土地使用模式的基本特征，那么城乡规划学作为直接奠定城乡物质空间基本形态的专业学科，应该如何利用专业知识来引导可持续土地使用模式的形成，通过哪些策略和路径，优化土地使用模式，为"新型城镇化"添砖加瓦，从而实现城市土地的科学合理使用。

　　归纳上述疑问，基本可以概括为三个基本问题：第一个是"土地使用模式是如何影响可持续性的"；第二个是"如何测度不同土地使用模式及其构成要素对可持续性的影响"；第三个是"通过哪些策略加强有利的影响，减弱乃至消除不利的影响"。这三大问题是本书研究的基本出发点。第一个问题着眼于建构土地使用模式理论分析框架，第二个问题着眼于明晰测度方法体系及实证应用，第三个问题着眼于提出针对性的优化策略与路径建议。这三个问题对应于本书上、中、下三篇。由于本研究属于城乡规划学专业范畴，所以在第三个问题的研究中还要特别考虑"建筑学科和城乡规划学科在这项工作中应该发挥的作用"。

1.1 题目释义

1.1.1 土地使用模式

土地使用模式是土地使用和模式的组合词，在展开讨论土地使用模式概念时有必要先对土地使用和模式的概念进行界定。

1.1.1.1 土地使用（Land Use）

地理学中把土地使用定义为"人类根据土地的自然特点，按一定的经济、社会目的，采取一系列生物、技术手段，对土地进行长期性或周期性的经营管理和治理改造"[1]。除了地理学较早地进行土地使用研究以外，还有农业学①和经济学。土地经济学家伊利（Ely T.）在谈到城市土地使用时，认为"受控制的区划就是城市公共机关遵照预定的城市计划，把土地各种不同的用途限制在城市的某些区域"[2]，按照美国学者查宾（Chapin F.）和凯瑟尔（Kaiser E.）的说法，土地使用是"表明工业、批发、供应和中转功能的开发分布和强度，零售中心和有关的行业的开发分布和强度，与休闲用地、交通系统和其他功能相连的住宅区的开发分布和强度"②。也有概念指出土地使用是"土地资源因应社会经济活动的发展产生不同的使用特性，包括使用种类、规模及空间上的分布"[3]，从上述概念出发，可以看出土地使用包含了使用功能安排、形态强度规定和空间位置分布三方面的内容。加拿大学者梁鹤年更加直接、简明地指出土地使用决策就是确定"土地使用的方式、数量和位置"[4]。从物质空间环境的角度看，方式内容暗含在功能之中，数量内容则从属于形态、强度控制之中，而位置则将功能与形态关联起来。虽然各方学者从自身理论需要，讨论的侧重点不同，但对土地使用物质环境内涵的整体认识是一致的，即土地使用包括对于土地使用功能结构安排和形态强度控制，以及两者在空间位置上的互动关系三方面内容。

---

① 农业学中研究土地使用的可持续性是从科学轮种、土壤地力的角度分析土地种植的可持续性。这与本文所研究城市地区的土地使用概念分属不同领域，故不赘述。

② 转引自：梁鹤年. 简明土地使用规划. 北京：地质出版社.2003:1.

可持续视角下特大城市地区土地使用模式测度研究
——北京与世界城市比较

1.1.1.2 模式（Pattern）

模式（Pattern）在《韦氏词典》词库中，作为名词意义有4个条目，分别从重复的单元、习惯、程序、组成四个角度定义"模式"概念，而韦氏字典库中的意义更是多达11条，可见由于模式拥有广泛的使用范畴，并没有一个完善、完整的统一概念。这并不影响人们对于模式概念的运用和理解。这种理解可以把模式看作是一种形式，或一类具有某种特征的样本，或其他可观察特征的个人、团体或机构的行为总和，或是解决某类问题的方法论。例如，克里斯托弗·亚历山大（Alexander C.）在《建筑模式语言（A Pattern Language）》给出如下描述："每种模式都描述了一个在我们的环境中反复发生的问题，接着叙述解决这一问题的关键所在。通过这种方式，你就能千百次地利用这种解决问题的方法，而又不会有老调重弹之感"[5]。从某种角度看，托马斯·库恩（Thomas Samuel·Kuhn）提出的"范式（paradigm）"概念就属于科学研究中的模式。总之，模式是认识主体对现象存在形式的一种抽象认知。

土地使用模式（Land Use Pattern）：伯吉斯（Burgess E.）开创了一种研究范式，比较早使用了"土地使用模式"（land use pattem）一词，用来描述城市功能圈层分布的结构，被称为"同心圆模式"，后续的霍伊特（Hoyt H.）、麦克肯兹（McKenz）、哈里斯（Harris C.）和乌尔曼（Vllman E.）依据这种研究范式，分别提出"扇形模式"和"多中心模式"等。哈佛大学教授阿朗索（Alonso W.）则开创了另一种研究范式，他从供给与需求角度为城市土地使用模式提供了一个有条理的解释。他提出："城市土地使用模式，即类似的土地用途和密度的归类方式，是因消费需求与土地供给的区位质量和空间数量的相互作用而形成的，而消费需求又要取决于市民的收入和偏好"[6]。传统的土地使用模式概念可以从功能结构构成、需求和供给等角度给予解答。

在城乡规划学领域，对于土地使用模式的概念说法不一，《城市规划基本术语标准》（1999）中"城市形态、城市布局、城市功能分区"等概念都涉及土地使用模式的内容。相较而言，土地使用模式一词使用频率比较高地出现在交通研究领域，研究涉及的内容从功能、位置和数量的角度出发，主要围绕土地使用模式与交通方式之间关系展开。从上述土地使用和模式的概念出发，定义土地使用模式虽然不一定能得到一个被广泛认可的定义，但是从"模式"概念所包含的内容"多"或"少"两个视角看，确实存在着广义的土地使用模式和狭义的土地使用模式两种范畴理解。

1.1.1.3 选择狭义的土地使用模式作为研究范畴

广义的土地使用模式，从"模式的综合性涵义"出发，指包含土地使用各个物质可见的组成部分及土地使用的程序、制度等一系列内容的集合。这里不仅包括物质空间可见的部分，还包括不可见的制度、程序等内容，即人类社会作为土地使用主体对于土地使用的制度安排、实施程序等进行的人为规定。

而狭义的土地使用模式，从"模式作为空间形式的样本"出发，仅仅是对土地使用各个组成部分的状态描述及其相互关系解释，是物质空间可见的部分，包括土地使用的形态强度和功能结构以及两者在空间位置上的互动关系三方面内容。

本研究围绕着可测度的物质空间环境展开，因此使用相对狭义的土地使用模式概念作为本书的研究范畴。

1.1.2　测度研究

1.1.2.1　测度的概念

测度（Measuring），简单地讲就是"测量、估计"。如果从一项系统工作的角度看，测度是指用某一目标项目表达所测物质某种属性或者特征的一系列方法和过程。

谈到城镇化的质量，就涉及高和低、好和坏。通过测量方能知道被测量对象间的差异。而进行测度之前，首先要有明确的目标和具体的测量方法体系、实施方案。测度概念的运用就是建立方法体系的过程，也是实现对测度对象质量衡量、测定的关键。

广义地看，生态足迹、生态城市、健康城市等概念下提出的衡量或考核体系都可以看作是测度城市质量的指标体系。

狭义地看，只有针对土地使用模式本身提出的质量指标体系才符合本研究的要求。限于篇幅和研究者的经历有限，本研究只针对土地使用模式本身进行的测度研究进行综述，而在城市整体和综合视角的研究点到为止。

1.1.2.2　测度研究的哲学基础

实际上，对土地使用模式测度概念狭义和广义的见解，其哲学基础是笛卡儿（Descartes）清晰明白（Clear and distinct）的理性学说。笛卡儿在《哲学原理》第二章"论物质事物的原理"中前两节就提出他认为物质具有的两种不同性质[7]：

第一种性质是它的"广延"（广袤），即它可被测量的属性，比如长度、宽度和高度。广延可以量化而不依赖人的因素，被他称为物质的本性；

第二种性质与第一种不同，如"颜色"、"臭味"和"痛苦"等，在某种程度上取决于观察者与物质对象之间的交流基础上，依赖于人的因素，是主体认识的知觉属性。

在这里笛卡儿并没有明确说明第二种属性是否可以被测量，但随哲学和现代科学的进步，今天我们在常识上就可以知道，这些知觉的表征虽然不能够像"长、宽、高"那样直接测量，却可以通过一些间接指标加以衡量，例如味道的浓与淡、痛苦的强与弱。但这并不改变笛卡儿所阐明现象的基本规律。

我们可以运用笛卡儿的学说来为土地使用模式找到这样一种解释——城市土地使用现象也具有上述两种属性：

第一种是物质客观世界里可以被测量的属性，主要在于量化的描述，比如土地使用的面积、深度（高度）、强度和形态等。

第二种是基于人为规定和观察的性质：如土地使用的功能及其结构和优劣评价等。土地使用模式的可持续性属于第二种属性。可持续的土地使用实现与否，很大一部分取决于评价者价值观立场和标准的设定，即城市在评价所选取时间节点对可持续目标的完成程度。

1.1.2.3 土地使用模式测度研究

在可持续发展理论出现以后，围绕着如何测度城市系统的可持续能力的研究大量出现，其中著名的概念有加拿大学者威廉姆·里斯（William E. Rees）的"生态足迹"理论和方法，经济学中"绿色GDP"核算等，相较而言，着重于测度土地使用模式单一系统及其可持续能力的研究要少，但也不乏一些具有广泛影响力的研究，如纽曼和肯沃斯（Newman and Kenworthy）所做的城市人口密度与人均交通能耗水平相关性研究。综合看来，对于土地使用模式的测度研究多集中于地理学、经济学和建筑学之中。

地理学中的土地使用模式测度研究往往聚焦于宏观层面，对二维的土地使用覆盖及其变化进行测度研究，分析其图形特征及其作用机制等方面内容，如紧凑与蔓延、集聚与分散等。

经济学中的测度研究比较集中地表现在空间经济学派的研究领域里，带有和地理学相交叉的研究性质，研究侧重于通过对价格、区位条件测度分析，建立抽象的经济模型来解释城市中心与边缘差异等经济地理现象。

建筑学和城乡规划学基于其空间学科的特点，对于土地使用模式的测度研究主要集中于物质第一种性质的测度，广泛见于有关城市形态和建筑空间组合的理论书籍之中。这些研究大多聚焦于微观层面、二维或三维的、建筑或街区的形体构成组合方式。测度方法往往隐藏在其研究图式的背后，定性研究是主要分析方法，其结论大多是经验性的总结，而对于宏观层面，这种归纳总结往往缺乏可信的数据支撑。

在上述研究领域，众多土地使用模式测度方法中有如下缺点：

（1）围绕某一单一问题做量化研究，缺乏整体层面的考量，如紧凑度、交通能耗等，或者过于综合，包罗经济、社会、环境等诸多内容，使其无所不包，转化为"排行研究"；

（2）在土地使用模式研究中对区域层面的研究多集中于二维空间，对于建成环境的三维特点考虑不足，特别是缺少对宏观区域层面立体构成的测度框架，如地理学中大量研究聚焦于宏观层面的土地使用覆盖和变化的研究；

（3）在数据来源和分析方法方面，限于行政区统计边界的局限，缺少跨界性区域整体分析的方法，也缺少全局与局部，宏观与微观相结合的综合性分析方法。

随着地理数据的获取越加便利，相关分析软件的普及，研究趋势正在发生一些转变。目前基于卫星影像图的空间分层抽样调查法已经应用于地理学[8, 9]、林学[10]等学科的调查研究中。在土地利用研究领域已有学者通过人工解译卫星影像图的方法进行量化研究[11]。统计调查方法中分层抽样的方法能够兼顾宏观与微观，人工解译则可以对建成环境的二维和三维通盘考虑。本研究试图将人工解译与统计抽样调查方法相结合，应用于城乡规划学的量化研究领域，作为一次粗浅的尝试，希望能够起到抛砖引玉的作用。

1.1.3 特大城市地区

1.1.3.1 特大城市地区的范畴

特大城市地区（Mega-city Regions）是指建成区和近郊人口在800万~1000万人以上的巨型"城市地区"。2003年，吴良镛先生曾结合两本同名英文著作《全球城市地区（Global City Region）》，提出城市地区理论[12]。也有类似的概念如"大都市区"，《简明土地使用规划》一书认为一个大都市区是"由或多或少连续的城市发展融合而形成的，具有相当大的面积"[4]。如果我们按照规模和发展等级划分，城市地区可以分为三个层次，第一是基础层次"城市地区"；第二是核心层次"特大城市地区"；第三高阶层次"全球城市地区"，是特大城市地区的特殊形式。

本研究关注的对象将是目标成为全球城市地区的"特大城市地区"。在吴唯佳教授主持的国家自然科学基金项目"特大城市地区的规划制度与环境研究（2006~2008）"①中，特大城市地区是指以一个或几个特大城市为中心，具有一体化发展倾向的城市地区，如英国东南部地区、大巴黎地区、东京—横滨地区、京津冀地区等。尽管各种定义千差万别，但其实质都是对人类聚居行为集中程度不断提高现象的阐述。这里继承该自然科学基金项目的定义，对研究涉及的城市地区人口规模下限进行界定，即城市地区人口不低于1000万人，对具体测度比较的特大城市地区空间范围限定于城市地区直径100公里的圆形范围内（具体原因和理由参见本书第5章第1节地图数据空间尺度的确定）。

1.1.3.2 选取比较案例的三点依据

本研究选取了伦敦、巴黎、纽约、东京和北京作为具体的"特大城市地区"研究案例，其中北京作为分析比较的主要落脚点，除了笔者身在北京这一显而易见的原因外，选取这五个城市地区作为研究案例还有以下三点依据：

第一点依据是：北京建设"世界城市"需要把已有的"世界城市"发展作为参照。

2010年3月，北京市第十三届人大三次会议提出把建设"世界城市"定为北京市未来的发展方向。目前学术界对于处于高级阶段的"世界城市"研究中存在的两派观点差异：

不同学者和机构对首要世界城市的观点　　　　　　　　表 1-1

世界城市（第一层次）	研究者和机构
纽约、伦敦、东京	Thrift，1989
纽约、东京、伦敦	Friedmann，1995
纽约、伦敦、东京	Saskia Sassen，2001
伦敦、巴黎、纽约、东京	LPAC，1991
伦敦、东京、纽约、巴黎	Beaverstock，1999

资料来源：笔者根据参考文献［13-17］整理

---

① 国家自然科学基金面上项目，编号50578088。

一派通常认为最高级别的世界或全球城市为"纽约、伦敦、东京"[13-15]，它们的主要特征是保有全球金融控制中心的地位；另一派则是将巴黎与前面三个城市并列，同时作为最发达的全球城市[16-17]。两派之间的分歧主要在于多种计算方法所反映出对于"巴黎"的不同观点（表1-1）。依据萨森对于"world city"与"global city"的不同理解，巴黎应该是第一等级的世界城市，还不是第一等级的全球城市，后者更具时代特征。本研究认为"世界城市"或者"全球城市"在中文语境中并不存在实质上的差异，并且基于巴黎和北京在政治与文化传统、城市历史发展中具有更多的可比性，所以本研究选择巴黎作为研究案例地区之一。

除此之外，从世界500强企业总部控制力、联系流所反映出的北京成为世界城市的潜在可能也作为案例选取的重要依据[18]。如果我们以世界500强企业总部控制力来评价已知的特大城市地区来看，以2009年为例，从第一至第五名的排列顺序如下，东京、北京、巴黎、伦敦、纽约；若是按照2013年的数据北京已经上升至第一位，而巴黎仍位居第三。世界500强企业总部的控制性特征，反映出北京与世界城市处于同一规模层级（图1-1），虽然北京在人均经济水平上与其他四座城市还具有较大的差距。

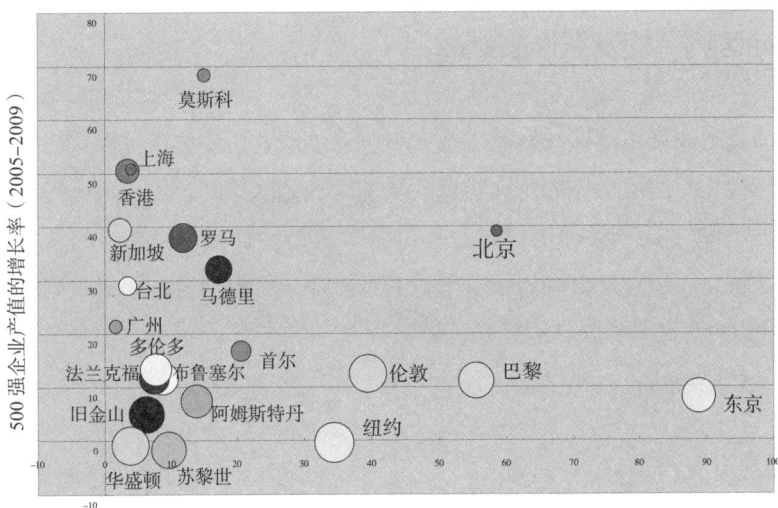

图1-1　世界500强企业与世界城市控制力

资料来源：于长明，吴唯佳，于涛方，胡荣.北京建设世界城市"控制与命令"的国际比较——以世界500强企业总部和国际航空流线为例.北京规划建设，2012，（03）：60-66.

主要城市 500 强企业产值占全球 500 强产值千分比（2009，图中圆面积代表人均GDP）

第二点依据是：比较研究的特点要求选取对象具有可比性。

本研究比较研究的内容是特大城市地区的土地使用模式。这就要求在特大城市地区的土地使用规模、人口数量、基础设施配备等方面上应在一个层级上。其中人口规模是一个比较常用到的选择依据。根据相关统计资料显示：目前东京的人口为1300万（2010年）、巴黎的人口为1200万（2010年）、纽约的人口为820万（2010年）、伦敦的人口为780万（2010年），北京2010年常住人口则达到1960万。由于不同国家行政架构差异，这里北京和巴黎的统计地域范围面积较大，分别约1.6万平方公里和1.2万平方公里，而东京、纽约、伦敦的统计面积则较小，约为2200平方公里、800平方公里、1600平方公里。所以就不受行政边界限制的一体化城市地区角度看来，这五个特大城市地区的人口规模都在1000万人以上。

第三个理由是：科学研究共同体开展特大城市地区比较研究的连续性。

在吴良镛先生"人居环境科学"理念指引下，吴唯佳教授领导的建筑与城市研究所，针对北京所在的特大城市地区开展了一系列比较研究，同时也培养了一批博士生、硕士生进行了相关学术论文的撰写。从向俊波（2005）《社会经济环境中的巨型城市规划发展：北京与国际经验比较》[19]，李苏宁（2010）《二战后西方特大城市历史保护的演进及对北京的启示》[20]；到程海帆（2012）《城市设计战略的研究：纽约、伦敦、东京、北京为例》[21]，张尔薇（2012）《大城市外围地区空间发展模式研究——以北京为例》[22]等；分别从特大城市地区的规划制度环境、城市历史保护、城市设计战略、外围地区发展等角度，围绕着北京所面临的主要问题，对伦敦、巴黎、纽约、东京等进行了相关领域的比较研究。本研究是这一系列研究的延续，在"土地使用模式"这一制度环境等要素所依赖的物质空间基础上做量化的分析研究，与前人研究既相延续，又不做雷同重复的工作，重点是在方法层面上进行了创新性尝试，是以研究所为主体的科学研究共同体一系列研究工作的深入和细化，也是从"定性研究"到"定性、定量相结合"的研究思路转变的一个具体案例。

1.2 中国特大城市地区可持续发展面临挑战

土地使用模式被认为是影响城市可持续发展、造成不可持续问题产生的关键因素之一。把土地使用模式和可持续性之间的关系作为研究对象，从空间和时间相结合的视角审视城市地区发展、演变的过程，分析不同土地使用模式及其可持续能力，解释它们之间的关联机制，是一个具有交差学科特点的综合性研究领域。本研究以下部分将提出这一课题研究的历史背景和现实意义，以及研究思路和方法，以便于读者阅读。

1.2.1 研究背景

1.2.1.1 现实背景

现实背景1：快速城镇化情境下，探索新型城镇化道路需要明晰土地使用模式的可持续性内涵。

根据《中国城乡建设统计年鉴》，2011年全国城市建设用地面积4.36万平方公里，超过荷兰的国土面积。2000年该数据为2.21万平方公里，十年间城市建设用地扩张了近一倍，该年鉴上对应的人口数字为：2000年3.88亿，2011年6.61亿，城市人口在十年间增长了70%，人口密度从每平方公里1.75万人降到1.52万人[1]。统计数据从一个侧面反映出我国城镇建成区整体上降低密度快速扩张趋势。这里虽然可能存在着统计口径的演变、人地关系不对应的现实，确也与十年间中国城市发展的实际情况相吻合。

---

① 详细数据见《中国城乡建设统计年鉴》2000~2011。

可持续视角下特大城市地区土地使用模式测度研究
——北京与世界城市比较

国家人口发展战略研究报告推算我国城市化率2030年将接近70%[23]，城镇人口为10.5亿左右，如果按照上述1.52万人/平方公里密度计算，届时全国城市建成用地面积将为6.9万平方公里，如果依据仇保兴发表论文中提出1万人/平方公里的城市密度计算[24]，建成区的实际规模将超过2011年规模的两倍，意味着1/100的国土将被城市建成区覆盖。

这种城镇化的过程中和未来形成的大规模建成区都将使用和消耗掉许多的资源和能源，尤其远景所形成的城市空间形态和功能结构将直接决定未来城市运行的能源效率，关系到国家宏观层面可持续发展目标的达成与否。2012年十八大报告提出因地制宜，探索新型城镇化的不同发展模式，积极稳妥推进城镇化，着力提高城镇化质量。在这样的背景下，研究和探索可持续的土地使用模式显得尤为重要。

现实背景2：特大城市地区经济、社会、环境发展矛盾突出，提升土地使用模式的可持续性是难点。

21世纪是一个城市世纪，快速城镇化的进程正在印证这个判断。现在全球半数以上的人口居住在城市地区，这一人口数量还在不断增加。联合国人居中心资料显示，到2025年，全球城市人口将从在2000年的24亿人增加至50亿人，占总人口的比重也由47%升至61%以上[25]。按照这个预测每年将有一亿人口从农村走向城市，相当于每天诞生一座30万人口的城市，这样持续25年。现实中并不是都通过建立新的城市容纳这些新增人口，更多地依靠已存在的城市或特大城市地区。我们看到这样一种趋势，城市在生长，人口不断的集聚，建成区开始连绵，交通方式的更新和网络升级使得时空距离不断缩短。新的特大城市地区还在不断形成，原有的还在壮大。2011年，中国有13个城市的人口数量超过了1000万[26]。伴随着经济全球化浪潮的冲击，世界政治经济格局在全球空间范围内进行了重构。许多城市迅速崛起为特大城市（mega-city）并成为区域乃至全球的重要节点，其中部分特大城市地区成为世界城市、全球城市区域而在世界城市体系中占有首要地位。

在迈向更高阶段的同时，特大城市带来的发展不可持续问题更严重，也更加复杂；各国特大城市地区不可持续的警示涉及了地区发展的方方面面，概括起来挑战主要来自三方面：城市社会问题的激增、经济机会竞争的加剧、环境质量恶化[27]。面对这三方面主要问题，经济的可持续发展被认为解决主要矛盾的核心，社会问题则是难点所在，环境被看作是可持续发展的物质基础。总体看来，可持续是生存的基本要求，而在可持续竞争中的胜利才是全球化世界里特大城市地区最想得到的。

面对不可持续的状况，有学者将问题的根源上升至西方宗教哲学的基础[28]；也有学者认为症结所在是人类的贪得无厌和永无止境的需求，把矛头指向了以美国为代表的过度消费模式，中国则是为这种消费模式制造各种产品，而生活在这里的人民则成为这个大车间各色副产品的埋单者，资源消耗、碳排放超标、环境污染等。这又把问题指向了空间消费赖以依存的基础——土地使用模式。

现实背景3：北京建设世界城市挑战与机遇并存，实践可持续的土地使用模式是从数量增长到质量提升的转变

2010年北京市政府工作报告正式提出北京建设"世界城市"的发展目标。这在某种程度上预示着北京在城市建设上的转型开始。虽然政府早有报告论述经济增长方式的转型，但作为一个城市整体的发展目标相对于2004年总体规划的"四大定位"①，"世界城市"的提法则更进了一步，对于统领全局、瞄准发展方向更具意义。

世界城市包含诸多"中心性"内容，更是充满了竞争意味，而这些都离不开基于土地使用提供的空间支撑。甚至土地使用模式本身就成为一种竞争优势的来源。更加节约资源、更加环境友好逐渐成了世界城市竞争中的法宝，伦敦提出要成为"世界上城市环境友好发展方式的领导者"，东京提出要实现"环境影响最小的示范城市，向世界展示最好的日本"②。

从盖迪斯提出世界城市的1915年算起，到北京正式提出建设世界城市的2010年，接近100年。这100年有一系列著作和学说阐明了不同学者或研究机构对于"世界城市"概念的认识。让我们回到这个问题的提出者，盖迪斯认为"社会生存的最终胜利裁判，既不在于军国主义的斗争，也不取决于工业上的竞争，而在于城市和区域的重新组织"[29]。研究特大城市地区的可持续土地使用模式对于北京来说更具现实意义。北京建设世界城市的转型认识将是对城市和区域重新组织的创新理解。

基于上述理由，一种基于可持续视角的土地使用模式研究显得具有特殊意义。表层上看是研究空间，实际上却是在研究城市地区发展的一种战略思维和路径选择。

1.2.1.2　理论背景

规划理论对土地使用模式与可持续性的关系认识尚未条分缕析，厘清思路，量化研究是规划理论向前发展的要求。

20世纪的建设史实早已告诉人们，如果放任城市发展，将会导致恶劣的后果。在全球城市化过半，中国城镇化加速发展的今天，对于准确认识什么样的土地使用模式更具可持续性，既重要，又紧迫。城市是密集或者分散？是单中心、强中心或者多中心、星群式？整合或者拼贴？这些都是诸多学者广泛争论的话题。以迈克·詹克斯等为代表的一批学者主张，城市应当更加紧凑，以换取有限资源的更高效利用，而反对者从环境质量的下降和社会矛盾将变得尖锐角度，批评"紧凑"并没有支持者所想象的那么好。孰是孰非？

除了理论上认识的不一致外，对于现实世界的判断也缺乏切实可信的数据基础。《中国城乡建设统计年鉴2001~2009》中北京市城市建设用地面积2001年为747.8平方公里，2009年为1349.8平方公里，该年鉴上对应的人口数字分别为：2001年861.4万人，2009年1491.8万人，人口增长不足1倍，人口密度则从1.15万人每平方公里下降到1.11万人每平方公里。这个密度数值低于《中国城乡建设统计年鉴》中同期全国平均水平③，这与大家对于北京城市人口密度的常识性认识相左，令人不禁对统计数值推导出的结果产生怀疑。

---

① 即国家首都，国际城市，历史名城，宜居城市。
② 具体内容参见 The London Plan（2011～2031）和 Tokyo Vision（2020）。
③ 详细数据见《中国城乡建设统计年鉴》2001~2009。

那么北京土地使用强度到底如何？高强度或低强度与可持续之间相关性到底怎样？要想回答这些都离不开对于城市土地使用模式和可持续能力之间关系的科学研究，而准确的测度又是为深入研究提供一个可信的基础。这是本研究上述着眼点深入研究的一个基础。

1.2.1.3 课题支撑

除了上述研究问题的理论和现实背景，本书的选题背景和课题支撑还来自于以下四个科研项目，能够说明这一选题的发展脉络和笔者在建筑与城市研究所、吴唯佳教授指导下的学术成长过程。

（1）国家自然科学基金项目"特大城市地区的规划制度与环境研究"（2006—2008），这一研究课题使"特大城市地区的可持续发展问题"成为笔者的研究关注点；

在自然科学基金项目"特大城市地区的规划制度与环境研究"中笔者承担了"特大城市地区可持续发展战略研究"这一子课题，主要通过对世界范围内特大城市地区的城市空间发展战略研究做一梳理，分析其在可持续发展方面的战略考量和具体措施，这一研究成果同时作为笔者硕士研究生阶段学术研究的主要工作内容，第一次从微观层面的设计领域转向宏观层面的战略研究。

（2）北京市教委学科群项目"北京2049"（2007—2013）和北京市总体规划实施评估工作（2011—2012），这两项科研题目使"北京"以及世界城市地区成为笔者重点关注的空间领域；

在2008年奥运会期间，笔者参加了由吴良镛先生领衔，吴唯佳教授指导的"北京2049"阶段性研究"奥运中的北京"，以及后续的北京土地使用模式情景分析、北京东南部地区发展研究等子课题的研究工作；2010年北京提出建设世界城市，在清华大学建筑与城市研究所承担的2004版总体规划实施评估工作中，笔者承担了"世界城市"比较部分的工作，主要侧重于"控制力、流动空间和空间质量"三个方面。本书中测度涉及的原始资料准备的工作，世界城市数据收集，从这时候就已经开始。

（3）"中国城镇化质量"研究课题（2012—2014），在该研究课题中，笔者在导师的指导下将研究的落脚点确定在"测度方法"以及"土地使用模式"两个方面。

这一科研项目是由陆大道院士领衔，中国科学院、中国城市规划设计研究院、清华大学三家单位合作承担的科学院重大咨询项目。其中清华大学主要负责"空间研究"领域。研究着眼于目前中国快速城镇化过程中的城市空间质量问题，希望通过一定测度方法，从复杂的影响因素中剥离出一些影响城市空间质量、可持续发展能力的关键性指征，从而准确认识城镇化过程中的人居环境质量问题，有利于审视空间规划实施效果，发现症结所在，提出针对性建议，修订发展政策。

1.2.2 研究意义

研究意义包含现实意义、理论意义、方法意义三个方面。

1.2.2.1 现实意义

通过测度特大城市地区土地使用模式，进行量化比较研究，为城市政策制定、科学决策提供判断依据。

"建设'世界城市'战略目标的实施关键，在于找到……北京在历史文化层面、物质环境层面、健康文明层面和经济发展层面上，需要达到什么标准。"[30]物质环境层面需要达到一个什么样的标准，这些标准从何而来，这也是本书在选取世界城市进行比较研究的一个出发点和着眼点。北京面临从量增到质增的转变，对于质量的测度，是制定标准的前提。在同样增量的情况下如何获得质的提高，实现更加可持续的土地使用模式，都需要科学的测度方法支撑。通过对土地使用模式的测度，获得客观真实的数据，有利于规划方案的编制，城市政策的制定。

1.2.2.2 理论意义

提供一种分析、测度土地使用模式与可持续性关系的理论框架，对于解除规划理论中的困境具有价值。

巴别塔困境（The Tower of Babel）是指由于语言不通或者概念的差异，在沟通中发生困难。在城市规划理论界也有这样的术语困境。这里并不是指东西方科学研究语境上的困难，关键在于，学者们用同一概念论述时，常常会发生理解上的南辕北辙，例如对霍华德的"田园城市（Garden City）"概念的误解和曲解[1]。而且不仅于此，在测度土地使用模式的指标和方法上也存在纷繁复杂的各种语汇和模型。如何用好奥卡姆剃刀，去繁存真，厘清土地使用模式的分析框架对于更好的认识城市、促进规划理论发展具有价值。

城市土地使用模式是城市人工环境与自然景观、城市活动的载体、城市结构与功能因素、城市人相互作用的结果。城市土地使用模式是城市这一复杂巨系统的重要组成部分，对土地使用形态及其功能构成定量分析是城市研究的重要内容之一。在一个单一的系统内部做到可持续的平衡是相对容易的，比如森林或田地内部的生态平衡，但一旦范围扩大到类似于特大城市地区的整体上，多领域中求得平衡，问题就变得异常复杂。好的测度框架和分析方法，有助于简化问题，使得通过一些核心指标项目的调查、取样、分析来获得对整体的认知，对发展趋势的判读。

1.2.2.3 方法意义

本研究提出基于可持续视角的土地使用模式测度方法体系，希望在进行城镇化质量测度工作中实现其借鉴价值。

围绕着如何改进目前土地使用模式测度方法的四项缺点：测度指标单一化或过度综合、二维多于三维、微观与宏观相融会贯通的综合性分析方法少、跨界区域的整合测度不足，本

---

① 彼得·霍尔曾就"田园城市"的密度问题进行过专门论述，以纠正那些把田园城市等看作是低密度形态的观点，除此之外，常有观点将"田园城市"与"花园城市"等同起来。

研究提出特大城市地区土地使用模式测度方法体系，通过基于卫星影像地图的人工解译和分层抽样调查方法实现多指标的、立体的、宏观与微观相结合的土地使用形态与功能数据获取，并进行与可持续性指标的相关性分析，甄别出能够影响土地使用模式可持续性的关键性指标，希望通过逻辑演绎和重复性验证、相关研究的佐证确立方法的科学性，同时尽可能降低方法的复杂程度和数据获取的难度，使得方法具有借鉴意义和推广价值。

1.3 研究思路及方法

1.3.1 研究思路

1.3.1.1 本书总体框架

本研究除去第1章引言和第8章结论，核心内容可以分为三个部分，以上中下三篇的方式进行叙述，其中中篇的方法实证篇是重点（图1-2）。具体内容如下：

理论建构篇：土地使用模式的研究基础和假说（第2、3章）

该部分通过综述已有可持续的土地使用模式研究，展现测度研究的最新进展，提出土地使用模式影响可持续性的三点假说及其要素和作用机制，为测度土地使用模式建立基本的理论框架和比较研究的前提。

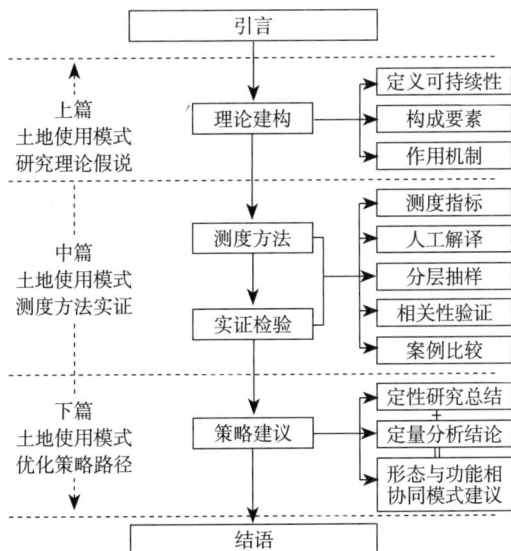

图1-2 本书研究框架
资料来源：笔者绘制[①]

方法实证篇：土地使用模式的测度方法和实证（第4、5、6章）

该部分是本书的核心和重点。首先明确提出测度土地使用模式的多指标体系。然后根据

---

① 本书中如若未对图表来源做明确标注，则为笔者绘制、整理。

各项指标的特点，提出基于卫星影像地图的人工解译和分层随机抽样调查方法，并按照基本操作流程对五个特大城市地区进行实证测度。最后通过测度数据结果与可持续性指标间的相关性分析验证上篇的理论假说，并对五个特大城市地区每项土地使用模式指标进行比较分析，明确各自的优势和劣势，为下篇归纳特征、提出策略提供支撑。

策略路径篇：土地使用模式的可持续特征和优化策略（第7章）

该部分首先基于上篇的文献综述和中篇的测度实证综合得出特大城市地区可持续的土地使用模式需具备的基本特征，然后在借鉴世界城市地区规划经验的基础上，提出实现上述可持续特征的空间优化策略，最后结合测度比较研究的结论，针对北京土地使用模式暴露的问题，提出完善其土地使用模式的形态、功能优化策略和路径。

1.3.1.2　测度研究技术路线

本书针对特大城市地区问题的多空间层次属性，在测度研究中对宏观层面和微观层面采取总体识别和抽样调查相结合的方法进行测度研究。具体的技术路线图1-3所示。

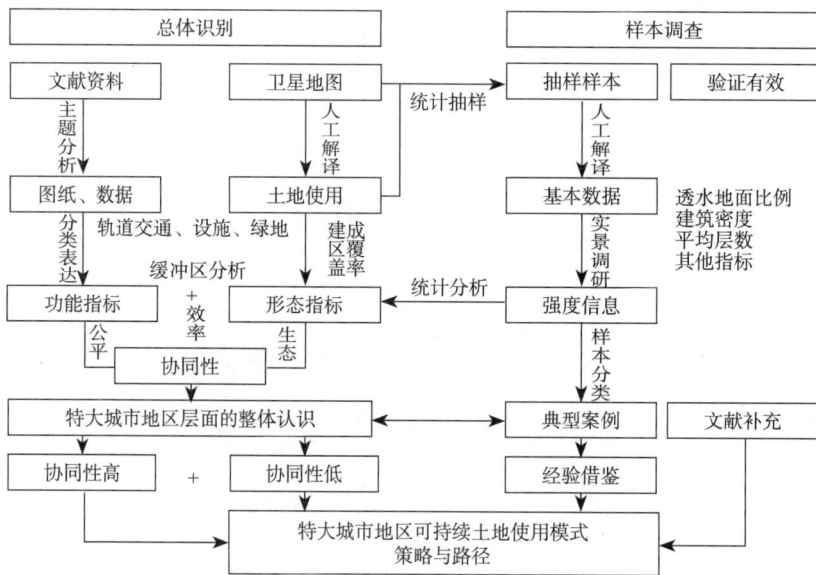

图1-3　本书测度研究的技术路线

1.3.2　研究方法

1.3.2.1　结构主义研究方法

模式研究被归类于结构主义研究之中。原因在于，"模式"概念被认为是结构主义研究的基本术语之一，经常被用于解释客体事物的主观理性认知形式。按照法国人类学结构主义代表人物莱维·施特劳斯（Lvi-Strauss）的观点，科学研究的方法可以分为还原主义的和结构主义的[31]。把复杂的现象还原到以简单的现象来说明是还原主义的方法，如把生命现象还原到以物理化学过程来说明。把复杂的现象用模式来解释则是结构主义的方法。模式可以在历史经验中获得，也可以在观察现象时立即获得。模式能否正确解释现象背后的本质，则需要在主观认识阶段中不断修改和验证，以便逐渐得到相对完善的认识。整体性是结构主义研究者的主要观点，整体结构的一个局部改变会引起其他部分的变化，因而需要通过多种转换形式来认识结构，以便可以选择一种可以准确说明结构的模式。本研究中对"土地使用"这一复杂现象，运用结构主义方法进行了先解构，再整体生成，获得可以解释其可持续性的结构主义观点。

1.3.2.2　文献与案例研究法

关注国内外有关特大城市地区土地使用模式可持续性研究文献，这一部分的文献资料主要通过学术期刊、学术专著以及专业网站获取。在获得资料和掌握最新进展后，进而运用文献研究中最常使用的主题分析法，对资料进行归纳整理，分析和综合。除此之外，文中还涉及众多的实践案例，这主要依赖于平时的积累，包括部分实地调研。案例分析法是本书微观层面典型地区实证的主要分析方法。

1.3.2.3　比较研究与空间形态分析法

从研究题目特点出发，比较研究的方法在本研究中占据很大分量，选择与北京具有可比性的若干世界特大城市地区进行共时性比较研究。在本书主要比较研究也体现在图纸表达上，使用类型学方法，以及定性与定量相结合的空间形态分析法。这一部分是建筑学和城乡规划学领域的主要研究方法。这里还涉及基于卫星地图的人工解译法。

除了上述三种基本的研究方法之外，本研究还借鉴了生态学、经济学、统计学等学科的研究方法，进行了跨学科研究方法尝试。本研究中的可持续性概念研究主要借鉴生态学、经济学分支中的环境经济学和发展经济学的研究方法，土地使用模式研究则使用地理学、空间经济学中的研究方法，对土地使用模式的微观基础进行概念的简化，搭建分析模型。在数据获得方面，本研究还使用了统计学中的抽样调查方法。

上篇

土地使用模式的
研究基础和假说

本篇需要回答的核心问题是"影响城市可持续能力的土地使用模式要素有哪些？"。本篇通过界定土地使用模式的可持续性，分析"什么样的土地使用模式更具可持续性"，阐述影响土地使用模式可持续能力的物质空间形态、功能结构要素和作用机制。目的是为"中篇：土地使用模式的测度方法和实证比较"提供相对全面、系统和科学的理论基础和实证检验指导依据。

本篇的"研究思路"分为三步：第一步是对已有的研究进行综述，分别从可持续土地使用模式的理论探讨、测度研究的最新进展、特大城市地区测度研究的复杂语境三方面进行叙述；第二步是在文献综述的基础上提出土地使用模式的可持续性及其理论假说；第三步是在第二步基础上明确影响可持续性的土地使用形态与功能要素及特大城市地区层面的作用机制。总体贯穿"先一般，再特殊"的规律。第一步在第2章中阐述，第二、三步在第3章中阐述。

本篇的"研究对象"主要是"理论"和"方法"，主要包括国内外对土地使用模式和可持续性之间关系已有的研究成果以及研究者所使用的测度方法。

本篇的"研究方法"是"文献综述"、"综合归纳"和"针对性分析"。首先，对研究土地使用模式的经典理论进行"文献综述"，从而构建起土地使用模式和可持续性之间相互联系的理论假设，初步梳理并系统地呈现出该研究领域的一个概貌。然后，在理论假设的基础上，从土地使用模式的"形态和功能"两个视角整合已有但是尚未成体系的研究和理论成果，通过"综合归纳"的方法进行分门别类的整理，为建立土地使用模式的测度架构铺平道路。最后，通过"针对性分析"筛选出对特大城市地区层面更具价值和符合其区域特征的土地使用模式构成要素及其作用机制。

本篇的"写作方式"采用"先总分，后递进"结构，共两部分：第一部分"总"为第2章，其各小节内容分别涉及第3、4、5章的研究，按递进顺序排列，主要通过梳理前人的研究成果明晰影响土地使用模式可持续能力的要素、测度研究的进展、相应的工具和方法；第二部分"分"是第3章，在"总"的基础上正面回答本篇的核心问题。在内容上同样按递进顺序排列，分别从"理论假说前置"、"要素识别居中"和"地区针对性于后"三个阶梯递进方式论述土地使用模式的可持续性理论分析框架。

第**2**章

土地使用模式研究综述与测度研究进展

本章引介相关领域的研究成果，并作简单评述，主要内容可以分为三部分：

第一部分是对已有的基于可持续视角的土地使用模式理论进行综述。从"形态、功能和综合"三个视角出发，梳理世界范围内展开的土地使用模式和可持续发展关系的理论探讨和实践。

第二部分是对当前测度研究的最新进展进行引介。从"形态、功能的各项测度指标和测度工具方法"角度出发，追踪已有工作所关注的主要测度指标项目，归纳整理土地使用模式测度中所使用的工具和分析方法等。

第三部分是对特大城市地区测度研究的复杂语境进行论述。从"现象、效果和空间关联"三个角度出发，归纳各个学派对特大城市地区土地利用模式的复杂性认识，引出空间规划学科的作为。

最后通过本章小结对三部分的基本工作和结论做一总结。

已有的理论研究聚焦于土地使用模式的哪些方面？采用哪些指标来分析和测度土地使用模式？使用什么样的工具和方法得到这些数据？特大城市地区土地使用模式在上述测度工作又有怎样的一般性和特殊性？这些问题都是本章要给予逐一回答的问题。

2.1 可持续土地使用模式的理论探讨

自从可持续发展思想出现以后，诸多学者对于可持续的城市及其土地使用模式进行了探索和研究。在本节中笔者将按照形态、功能和综合三个视角对这些学者的观点和工作侧重作一归纳整理。

2.1.1 形态的视角

围绕什么样的土地使用形态更具可持续性，一场发起于20世纪90年代，对"紧凑"聚居形式的热烈探讨延续至今。其实质是西方学界把抑制"蔓延"的思路转换了一种形式，城市蔓延带来的各种不可持续问题已得到研究公认。然而，现代城乡规划专业起源于应对过度"拥挤"，旨在通过调控密度的办法让更多的光线和空气、水保持在一个健康的水平。"紧凑"能否在"拥挤"和"蔓延"之间求得平衡？围绕这一疑问，城乡规划理论中一直有三种观点影响着学者们讨论的语境，即分散、集中、折中[32]。而三者之间的分歧由来已久。

集中派和分散派代表人物及其建议的方案 表2-1

年代	集中派		分散派	
	代表人物	解决方案	代表人物	解决方案
1800年			罗伯特·欧文	新拉纳克
1850年			泰特斯·萨勒特	萨尔泰
			乔治·凯德波利	布尔纳维尔
			威廉·利弗	桑莱特港
1900年			埃本尼泽·霍华德	田园城市
1935年	勒·柯布西耶	光辉城市	弗兰克·赖特	广亩城市
1955年	奈恩	反击"郊区托邦（subtopia）"	芒福德，奥斯本，TCPA	新城镇运动
1960年	雅各布斯，森尼特	城市多样性		
1970年	德·沃夫勒	城市性		
1975年	丹齐克和萨蒂	紧凑城市		
1990年	英国政府 纽曼和肯沃斯 ECOTEC, CPRE, POE	紧凑城市	戈登和理查德森；埃文斯，切谢尔，西米·罗伯特森，格林和霍华德	市场解决 优质生活

资料来源：迈克·詹克斯等著. 紧缩城市：一种可持续发展的城市形态. 周玉鹏，龙洋，楚先锋译. 北京：中国建筑工业出版社，2004:32.

2.1.1.1 集中派的观点

集中派的代表人物除了表2-1中提到的柯布西耶、简·雅各布斯、纽曼和肯沃斯外，还有建筑师理查德·罗杰斯（Richard George Rogers）和生态学者理查德·瑞吉斯特（Richard Register）等。

可持续视角下特大城市地区土地使用模式测度研究
——北京与世界城市比较

集中派认为紧凑的城市形态至少有以下好处：

（1）紧凑高密度可以抑制小汽车交通出行、缩短出行距离，从而节约交通能源，降低温室气体排放。也就是纽曼和肯沃斯的工作所显示的[33]。他们通过对美国的10座城市分析，发现这些城市的石油消耗的差异达到了40%。为了解释这种现象，他们对人均能耗与收入、小汽车拥有量及石油价格等因素之间的相关度进行了研究，基本没有发现显著地相关。但在分析人口密度时，他们却发现这10座城市的人口密度与石油消耗用量显著相关。随后他们表示，一个城市的内部结构是影响石油消耗的重要因素。

（2）紧凑能够强化社会交流和提高服务设施的可达性[34]、社会生活的多样性[35]；设施的地方供给（以步行十分钟计算）与步行行为的可能性之间存在着显著关联性。紧凑的地方设施的供给也会提高设施的使用频率。

（3）紧凑的城市形态有利于减小市政基础设施的投资，尤其是排水和供水系统。通过提高建筑密度还能实现街区集中供热或热电联供系统[36]。

（4）对周围农田和自然环境的保护。将开发限制在建成区范围之内有利于遏制农村土地的进一步丧失。这也是其最为显著和被广泛承认的优点。

英国瑞丁大学地理系迈克尔·布雷赫尼教授认为引发全球范围内集中讨论"紧凑"的原因主要有两个：一是全球性的环境变化，对降低污染的愿望增加；二是可供建设的开阔土地是有限的[32]。然而，学术界的声音并不是一致倾向于"紧凑"一方的。

2.1.1.2 分散派的观点

分散派的代表人物除了上面提到的赖特、戈登（Gordvn）、理查德森（Richardson），还有李维森（Levinson）、孔玛（Kumar）、伊班尼斯（G-Ibannez）、纽曼（Michael Neuman）、特洛伊（Troy P.）等，以美国和澳大利亚的学者为主要代表，他们对紧凑可能带来的好处逐一批驳：

（1）紧凑导致通勤交通能耗降低的观点站不住脚。戈登和理查德森认为实际上，对于美国而言大量就业发生在郊区，人口到就业地点之间的出行距离和时间是减少了，没有增加[37]。

（2）紧凑使得社会成本攀升，房价上涨。拥有郊区住宅是可支付条件下最受欢迎的选择[38]。

（3）庞大的交通网络系统必须依靠大量的资金补贴来支撑，并且怀疑这种巨额公共投资实际中发挥的作用。戈登和理查德森认为通过市场机制本身就可以形成多中心的城市格局，并且相对的降低能耗，规划控制会带来更多资源利用上的低效率[39]。

（4）紧凑的土地使用模式会提供高度的不透水表面覆盖，低开敞空间比例，而分散化的模式可以获得更高的环境质量，更有利于市民环保意识的培养，减少盲目的破坏[40]。

虽然分散派针锋相对，但现实中这一派的观点目前还没有得到政府部门和相关机构明确的政策支持。部分学者意识到集中派和分散派从各自优缺点展开的比较（表2-2），缺乏必要的和共同的前提，而且实际的现象和发展趋势比他们讨论的还要复杂。由此，引出折中派的工作。

紧凑城市（Compact Cities）[44]	城市蔓延（Urban sprawl）[45]
（1）高居住和就业密度	（1）低居住密度
（2）土地用途的混合	（2）无限向外延伸的新发展区
（3）细栅格的土地用途（多种用途和相对小的地块）	（3）不同类型的土地空间分异，通过土地使用区划
（4）增加社会和经济互动	（4）跨越发展（蛙跳式）
（5）连片开发（部分可能是空置、废弃地或停车场）	（5）土地或发展规划没有集中的所有权
（6）通过清晰的界限划定，设置城市增长边界	（6）以私人汽车为主的交通模式
（7）城市基础设施，尤其是排水和供水系统	（7）土地用途管制权力的分散到地方政府手中
（8）多种交通方式联运	（8）地方政府的财政能力差异大
（9）高度的可达性：地方/区域	（9）大量的商业带主要沿道路发展
（10）街道高度连接（内部/外部），包括人行道和自行车道	（10）为低收入家庭提供住房主要依赖筛选过程
（11）高度的不透水表面覆盖	
（12）低开敞空间比	
（13）规划土地开发的控制单元，或紧密协调地管控	
（14）政府拥有足够的财政能力资助城市基础设施	

资料来源：笔者根据参考文献［44，45］整理

2.1.1.3 折中派的观点

虽然诸多区域规划的大师被划到雅各布斯的对立面，但迈克·布雷赫尼认为埃本尼泽·霍华德的观点更多地代表了一种折中的立场，表现为支持"分散化的集中"[32]。除此之外，持折中立场的代表人物还有胡伯[41]（Hooper）、洛克[42]（Lock）和彼得·霍尔（Peter Hall），他们认为紧凑的理想还需与现实的情况综合起来考虑：

（1）观察到在大城市郊区之间的私人交通需求增长，至少目前尚未找到很好的解决办法。

（2）即便严格限定建设用地的边界，未来仍将有一部分的建设被安排在现有城区之外。

（3）让人们迁移到公共交通及其设施都完备便捷但又不会对环境造成破坏的地区更加有利于整体的可持续。

（4）肯定紧凑的城市形态对于自然地貌和农田的保护，但也阐明这取决于价值选择。

彼得·霍尔在比较美国蔓延式的城市结构和英国控制下的紧凑城市结构时，这样描述孰优孰劣，他说这完全取决于价值观的选择"如果十分看重通过市场机制为大多数人们提供他们所需的物质财富，美国的郊区化虽然不经济，有时还不十分美观，但比英国居住拥挤，房价高昂的情况要好得多。如果价值倾向于土地及周围自然资源的保护，那么人们往往会选择英国的土地使用规划体系。"[43]

综合看来，折中派认为城市低密度扩张的趋势需要从宏观上加以解决。显然市场是一个个微观利益主体，在宏观问题上是缺乏远见的，否则美国就不会有对蔓延式发展的反思。折中的观点能够"汲取两者的优点，考虑到市场的收益，而又不会完全听命于市场的支配"[32]。

除了上述三派以外，还有一类观点认为"形态对于可持续性来说可能根本不重要"。这以英国剑桥大学专门研究土地使用和交通问题的教授马歇尔·埃切尼克（Echenique）等人的研

究最具代表性[46]。他们选取三种不同类型的英国城市地区（英格兰泛东南地区，泰恩-威尔郡地区，剑桥地区），采用26个详细指标作为评价参数项，涉及经济、环境、资源、社会四大方面，以1997年或2001年的数据为基础，以四种不同情景（现有趋势、紧凑、蔓延、拓展）对各个案例2031年的情况进行模拟。比较在不同情境下总体得分的差异性。研究认为，四种类型的城市形态模式［紧凑（compaction）、蔓延（sprawl）、边缘拓展（edge expansion）、新城镇（new towns）］对于城市可持续能力的影响并不像一些研究者所声称的那样大，认为这些不同城市形态情景下，土地使用对能源消耗的影响是非常温和的，提出当下面临的城市空间增长模式不应该与紧凑发展直接相关联。

由于他们采用的是一种模拟的办法，并且只涉及英国的情况，尚不能够获得足够的证明。结论只是用"温和"来描述形态的影响程度，并没有推翻紧凑形态对于可持续发展的正面作用。

英国牛津布鲁克斯大学建筑学院麦克·詹克斯（Mike Jenks）教授对城市可持续发展议题开展了长时间成系列的研究，他和伊丽莎白·伯顿等编著的《紧凑城市，一种可持续的城市形态?》一书中把集中派与分散派的上述争论直接摆在了一起，引起了一波全球范围关于"紧凑是否比蔓延更具可持续性"的大讨论，随后出版的《迈向可持续的城市形态》进一步给出了明确而肯定的回答，并且将关注的重点转向紧凑城市形态的实践方法和路径之中。

紧凑城市作为有利于城市可持续发展的城市空间形态之一，在许多西方国家规划理论和政策中得到了支持。在美国出现的"新城市主义（New Urbanism）"[47]和"精明增长（Smart Growth）"[48]等城市建设理念，把"紧凑的形态"作为基本原则之一[49]。在英国，罗杰斯认为紧凑策略作为国家规划政策中的核心要素，在阻止耕地面积的进一步缩小和提高能源使用效率方面起到了重要作用[50]。

在"紧凑城市"理念引入我国之后也引起了一波研究紧凑城市的理论热潮[51-53]。普遍表现为一种对紧凑理念的支持[24, 54-56]。比如，仇保兴认为"紧凑度"是我国经济社会可持续发展的两大核心要素之一①。吕斌等认为依据紧缩城市的理念，采取高强度、多样化和公共交通主导的城市土地使用模式，对践行科学理念，建设两型社会，实现城镇化过程的可持续性具有重要价值[57]。但学者也认识到，过度"紧凑"的形态将带来环境恶化、社会问题激增等更多不可持续的问题。如牛文元认为人口密度过大必然会给城市的可持续发展带来挑战[58]。也有学者认为"紧凑城市是集中论的体现。生态城市是分散论的体现。多中心城市可以被视为折中论的代表，试图寻求集中和分散之外的第三条道路"[59]。

综上所述，有的学者将紧凑视为分散的对立面，而有的学者将紧凑视为"拥挤"和"蔓延"之间的折中选择。显然在"紧凑形态"的内涵认识上，学者们并没有达成一致。但这都不影响城市规划专家们试图在"经济效率、社会公平、环境友好"之间求得平衡方面作出努力，"紧凑，但不拥挤"[60]，似乎是一种尚可接受的平衡的可持续城市形态选择。

---

① 仇保兴认为另一要素是"多样性"，在功能多样性部分专门论述，原文参见参考文献［24］。

2.1.2 功能的视角

关于可持续的"功能"问题的讨论并不如形态那样，受到广泛的关注。但也有许多学者扩大"紧凑"概念的内涵，注意到相对于形态紧凑而言，功能上的紧凑可能是更为重要的议题。

许多学者围绕着功能的数量、结构也进行了一系列研究。本研究将这些研究按照功能多样性、功能混合论、功能升级论三方面分别展开论述。

2.1.2.1 功能多样性

关于城市"多样性"的理论中，观点最为鲜明和广为人知的莫过于简·雅各布斯。她主张城市必须具有较高的密度，就是因为相信高密度造就了城市的多样性，而这种多样性是丰富多彩的城市生活来源，也是纽约城市魅力之所在。城市功能的多样性是城市生活多样性的重要来源之一。城市的一大优势是可以支持并提供优质的文化与娱乐设施及服务。通常，人口规模越大，可供选择的服务功能层次越多，范围越广，质量也就越高。这种多样性"可以鼓励人们去居住和工作"在《英国可持续发展战略》中作为城市的优势被单独罗列出来[61]。理查德·瑞吉斯特也认为功能多样性与混合是城市繁荣的根本原因[62]。仇保兴认为"多样性"是和"紧凑度"并列重要的城市可持续发展核心要素。他在文章中着重分析了城市多样性的五种类型，并给出了提高城市多样性的政策建议[54]。功能多样性观点获得了国内外学者的广泛支持。

2.1.2.2 功能混合论

支持"多样性"的学者普遍表现了对于"功能混合"的乐观态度，例如简·雅各布斯、罗杰斯、瑞吉斯特。但也有学者对混合论的观点保持怀疑态度，如苏吉克（Sudjic）在文章中举出反例对雅各布斯的观点加以驳斥[63]。而以彼得·霍尔为代表的学者则试图跳出这种单纯微观层面的分析框架，从更加宏观和动态的趋势上对功能混合做出综合的判断。

（1）支持者的观点

支持混合的学者多半通过对现代主义的批判，认为功能混合有如下好处：

1）混合有利于社区安全和邻里交往；

2）混合有利于非机动车出行，缩短出行距离[64]。

研究案例表明，土地使用的混合程度越高，人均汽车交通量趋于减少，替代交通手段尤其是步行交通趋于增加，有效实施混合土地使用的地区，交通通勤距离减少5%~15%[65]。

（2）怀疑者的观点

1）苏吉克认为简氏的观点是片面的和经验的，受到她个人所处的优越的社区环境影响，很容易举到范例予以驳斥，比如纽约的哈得逊街（各色人杂居、犯罪案件高发）并不是雅各布斯所描绘的那种温馨而美好的家园；

2）对混合造成汽车使用频率降低和时间减少，步行总量的提高这样前后相继的现象描述提高警惕。

显然怀疑论者也不能拿出有力的数据来证明自己观点，他们的缺点正如彼得·霍尔所指出的那样，前面围绕功能混合所进行的分析"经验性的判断多于理性分析"[43]。

城市功能多样性的好处已经被广泛承认，虽然对功能混合还有部分学者保持怀疑，但功能混合在实践领域已经获得了广泛的支持。在美国1990年代出现的新城市主义和美国城乡政府精明增长实践领域都对混合理念表示了支持（表2-3）。

新城市主义和精明增长中的功能混合要点　　　　　　　　　　表2-3

新城市主义（New Urbanism）		精明增长（Smart Growth）
TOD 模式	TND 模式	十项原则
（1）居民距离社区中心或公交车站不超过600m，或10min步行路程； （2）公交车站之间的距离在0.8~1.6km；车程不超过10min；区内汽车时速不能超过25km/h； （3）路宽不超过8.5m（其中车行道是2.5~3.0m，路旁停车2.5m，人行道2.0m）； （4）发展密度是25~60户/公顷，接近车站地方的商业用地不少于10%，市中心1.6km²范围内限制商业竞争，尽量少设地下排水系统（主要是环保），并尽量保留天然湿地	（1）半径约400m，或5分钟的步行路程；周围有绿带； （2）公建布局在人流集散地； （3）土地使用多元化；邻里内有多类型的住房和居民； （4）街道间距是70~100m；每条街道都有各具特色的行道树；区内道路两旁都有人行道； （5）住房的后巷是设计的重点，基础设施、车库的所在地，也是邻里间社交活动的场所	（1）增加住房式样的选择； （2）鼓励步行小区； （3）鼓励公众参与； （4）创造富有个性和吸引力"场所感觉"； （5）坚持政府开发决定的公平、预知和效应； （6）混合土地使用； （7）保留空地、农地、风景区和生态敏感地； （8）增加交通选择； （9）加强利用在建成区内仍未开发的土地； （10）鼓励紧密性的建筑设计

资料来源：笔者根据参考文献［48，49］整理

研究者的工作重点转向了对影响功能多样性因素的判别和如何使土地使用功能的丰富程度获得提高。简·雅各布斯认为，要想在城市街道和地区发展出丰富的多样性，以下四个条件不可缺少：第一，一定范围的内部区域主要功能必须要多于一种，最好是多于两种；第二，大多数的街道要尽可能的短；第三，街区的建筑物应该丰富多样，建成年代和风貌保持多样；第四，人流的密度必须要达到一定的高度[35] 109。布雷赫尼则从支持鼓励功能混合的角度，提出在实践中需要抑制区划的使用[66]。格兰特（Grant J.）也分析了支持土地混合使用的三个特点：增加土地使用的强度，丰富土地使用的种类，整合各种土地使用类型[67]。除此之外，还有多方学者在建筑尺度讨论了功能混合的可行性方案。

2.1.2.3　功能升级论

功能升级论从产业职能分工的视角出发，认为高级的生产者服务业在单位GDP、能耗等

方面较制造业等更具可持续优势，因而认为在城市土地使用中应偏向服务业的功能布局，设定和抬高制造业的门槛。这种情况在特大城市地区表现得更为突出。萨森（Sassen S.）比较早的阐释清楚制造业生产空间的分离与生产者服务业空间的集聚，两种差异化的趋势。而生产者服务业集聚的地理单元正是特大城市地区的金融中心和高度专门化的服务业中心[68]。

显然这一论点需要设定前提条件。并不是所有的城市都要排除制造业、发展服务业，这种情况既无可能，也不必要。

综合上述研究，对可持续的功能认识作一个总结：

（1）通常认为城市的人口规模越大，城市的功能层次多，多样性高，能够提供更优质的服务；

（2）功能混合对于城市整体层面和微观的使用者层面来说都很重要（这里的混合显然是在避免相互干扰的前提下）；

（3）从特大城市地区的特殊性来看，高级生产者服务业具有非常重要的意义；

（4）功能混合还需与交通出行方式、用地形态综合考虑才能发挥最大的作用；

（5）概括来说，从可持续的角度看，"功能可达性"好是城市可持续发展的重要方面。多样性、混合、可达性好，三者是一个层层上升的递进关系。

最终的目的还是从城市人使用便利、城市交通系统能耗最低的角度来看待功能可达性这一议题。

2.1.3　综合的视角

将土地使用形态和功能综合起来研究的视角中，比较直观的例子是以交通站点、社区服务等功能为中心，使土地形态与之相配合的理论，包括TOD与TND、SOD①。事实上TOD并不是1990年代才被美国学者发明的新理论。早在1948年开始编制的哥本哈根指状规划中[69] 185，就已经将城市轨道交通站点与用地布局结合起来，规定新的土地开发要集中在站点1公里的半径范围内。而TND/SOD等的理论出发点也是依据早在1939年就被佩里（Clarence Perry）提出的邻里单位理论。彼得·霍尔认为美国规划师在"重新发明着车轮"，可能这个车轮真的很重要，但是问题在于这些微观层面的做法是否在宏观层面也能起到作用，这里要打上一个问号[43]。在宏观层面的一些综合性的城市概念不断涌现，诸如绿色城市、弹性城市、健康城市、生态城市、低碳城市等，这些都是在可持续发展议题的出现以后提出的城市概念。其中生态城市、低碳城市的理论观点比较具有代表性，也是目前研究的热点。它们分别代表着从环境视角、能源视角审视城市的复杂系统，表现为即综合又有所侧重，当然这其中也包括土地使用模式问题。

---

① Transit-Oriented Development, Traditional Neighborhood Development, Services-Oriented Development

2.1.3.1 与环境相协调的生态城市视角

在生态城市理论研究中,加利福尼亚大学的理查德·瑞吉斯特教授认为建设生态城市应首先确定一种支持整个城市健康结构的土地使用模式[34]。在《生态城市,重建与自然平衡的城市》一书中,他认为最重要的几条生态城市土地使用与城市设计的原则包括:三维的、一体化的复合模式;交通系统的规划应按步行、自行车、铁路、轨道公交车、小汽车和卡车的先后顺序发展等(表2-4)。除此之外,世界银行资助的研究报告《生态经济城市(ECO² Cities)》一书认为城市的可持续性需要"协调空间开发,使城市流程一体化,将土地使用、城市设计、城市密度、其他空间特性与基础设施状况结合起来"[70]。

我国学者王如松等也提出了生态城市建设的"社会—经济—自然复合生态系统",并提出了衡量该复合系统的三个指标"自然系统的合理性、经济系统的利润、社会系统的效益"[71]。强调生态城市是依据生态学原理提出的一类社会—经济—自然协调发展的城市[72];同济大学的沈清基等结合上海市建设生态城市提出了物质规划标准指标,其中对于土地使用提出了涵盖人的发展、经济发展、社会发展、环境水平等4个方面17项指标[73]。

表2-4

不同城市理念下的土地使用模式要点

城市模式	提出者	土地使用模式要点
生态城市 (Ecocities)	理查德·瑞吉斯特(2009)	(1)三维的、一体化的复合模式; (2)使城市的功能与进化的形式相适应; (3)城市土地使用或称用地布局符合生态学原则; (4)交通系统的规划应按步行、自行车、铁路、轨道公交车、小汽车和卡车的先后顺序发展; (5)保护土地,提高生物多样性
低碳城市 (Low-carbon)	谭纵波(2013)	(1)较高的密度; (2)功能混合; (3)同时提出了不同规模城市地区的空间布局模式,包括小城镇(20万人左右)、中等规模(100万人)、大都市地区(特大城市地区,1000万人),认为特大城市的空间形态更有利于大运量快速轨道交通的组织。
	龙惟定等(2010)	3"H(高)"(高密度、高容积率和高层)模式
	吕斌等(2013)	城市密度;功能用地混合度;城市服务功能配置与强度

资料来源:笔者根据理查德·瑞吉斯特2009等文献整理

2.1.3.2 降低能源消耗的低碳城市视角

低碳城市理念的出现直接源于全球气候变化加剧的现实。其核心目标为降低能源消耗、减少二氧化碳排放和增加碳汇。各方学者在低碳规划和低碳土地使用模式等领域展开工作。

部分学者从宏观层面提出了低碳与城市模式之间的联系和建议。潘海啸等基于低碳排放的发展观出发,从区域规划、城市总体规划和详细规划三个层次分析了规划编制方法和技术标准,结合实例并在城市交通与土地使用、密度控制和功能混合方面提出改进规划编制的建议[74]。顾朝林等论述了气候变化、碳排放与城市化间的作用[75]，提出适合我国国情的低碳城市规划研究的理论框架，明晰中国低碳城市规划建设、低碳城市生活方式、低碳城市运行系统之间的耦合关系[76]。

也有学者直接指出了低碳的土地使用模式特点和模型方案。龙惟定等认为中国特定的经济结构、能源结构、城市化水平和资源条件下，低碳城市形态必然是紧凑型的"3H（High，密度高、层数高、容积率高）模式"[77]。谭纵波就低碳城市的土地使用模式提出了不同空间尺度的模型方案[78]。吕斌等从低碳视角，对城市内部功能空间紧凑度进行了量化研究。他们认为能够降低交通出行的城市形态特征包括密度、混合度、服务设施配置等三点。而城市规模、轮廓、公交通达性等要素，在前面三点存在不足的情况下，对交通出行不构成显著周期性影响[79]。

2.1.3.3 相关研究的基本结论

从研究的观点上看（表2-5）：

（1）形态紧凑相对于蔓延来讲，被认为是更加可持续的土地使用模式。

（2）用地功能多样性获得普遍认可，鼓励适度混合，对特大城市地区来说高端服务业发展具有重要意义。

（3）关注于形态与功能间协同作用的研究比前两项要少一些，要么没有明确指出，要么偏重于微观层次，例如TOD模式、交通与土地利用相配合等。

<table>
<tr><td colspan="3" style="text-align:center">可持续的土地使用模式共同点与差异</td><td>表 2-5</td></tr>
<tr><td>共同点</td><td>分歧和差异</td><td colspan="2">相关城市概念</td></tr>
<tr><td>形态紧凑</td><td>不同学者对生态城市是否紧凑存在认识上的差异</td><td colspan="2">紧凑城市、低碳城市、新城市主义、精明增长</td></tr>
<tr><td>功能混合</td><td>不同尺度的认识尚不统一</td><td colspan="2">新城市主义、精明增长、低碳城市</td></tr>
<tr><td>可达性较高</td><td>支持提高公交、步行可达性</td><td colspan="2">新城市主义、紧凑城市</td></tr>
<tr><td>保护周边自然环境</td><td>新城市主义目标是保护环境，但实践中没有阻挡蔓延的趋势</td><td colspan="2">生态城市、紧凑城市、低碳城市、精明增长</td></tr>
</table>

从研究侧重来看：

（1）聚焦于城市空间微观层次的多，大规模城镇群宏观层次的也有，而对于介于两者之间的特大城市地区层面的较少。

（2）在使用的方法上面，定性的原则提出的多，定量的实证分析少，定量与定性相结合的研究逐渐成为主要的研究形式。

2.2 土地使用模式的测度研究进展

目前土地使用模式测度研究工作可以分为三个部分：对土地使用形态的测度、对土地使用功能的测度和综合视角的测度。

2.2.1 对形态的测度

对于形态的测度比较早的出现于地理学的研究文献中。例如关于城市用地覆盖及覆盖变化、城市斑块形状系数等方面的研究。可以把这些研究聚焦于两类，一类是表明数量状态的测度，比如覆盖率；一类是表明结构关系的测度，比如紧凑度或蔓延度。

2.2.1.1 覆盖（Coverage）

覆盖率的概念在整个20世纪经常被用于来表达已建设和非建设用地之间的关系。在城市设计领域里使用广泛，培根（Bacon E.）、克里尔兄弟（Krier L.，Krier R.）、柯林·罗（Colin Rowe）等所使用的图底关系分析，直观地表示覆盖范围（内置的图）的肌理和开敞空间（包围图的底）的分布[80]（图2-1）。

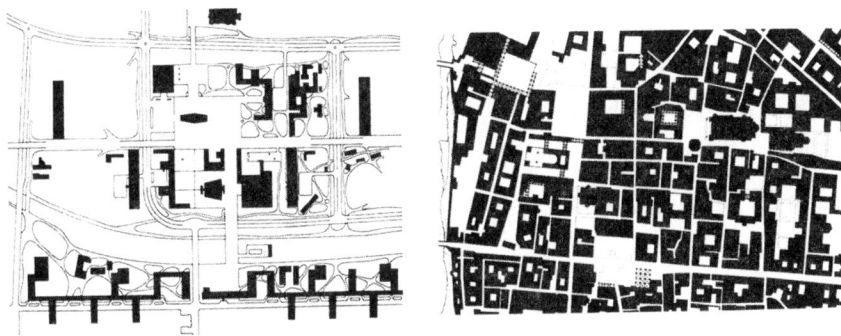

图2-1　建筑覆盖的图底关系分析

资料来源：柯林·罗等著，童明译 . 拼贴城市 . 北京：中国建筑工业出版社，2003:62–63.

建筑密度，是最常用的覆盖率概念之一，所以有时也称为建筑占地面积系数。它主要针对性地表述"图底关系"中"图"的部分。

开敞空间比例（Open Space Ratio）是对于图底关系中"底"的部分概念的界定。该概念应用于中纽约1961颁布的区划条例中，该条例对建筑物与周边的开敞空间关系进行了规定①。

建成区覆盖率是宏观层面常用的研究指标，普遍见于地理学、城乡规划学的相关研究中。此外还有一些常用的覆盖率概念，如绿地率等。

2.2.1.2 紧凑度（Compactness ratio，Compact ratio）

关于紧凑度定义和测度公式，国内外学者均对其进行过较多的探讨。我国学者林炳耀[81]、方创琳[82]、李琳[83]等分别使用空间形态的计量方法相同英文名（Compactness ratio），测度指标项目的多寡，形式、规模、密度、结构和过程视角等归类方法对国内外学者围绕"紧凑度"展开的测度研究进行了系统梳理，李琳还基于主体和客体不同视角对"紧凑"内涵进行了解

---

① 该规定确定的是开敞空间比例的最小值，具体内容参见 New York Zoning Resolution 1990.

读，并提出了紧凑度的分析框架与指标体系①。本研究选择其中围绕形态紧凑的测度方法，按照计算公式的出发点分为三种视角进行叙述，分别是圆形视角、结构视角和引力视角。

（1）圆形视角

在知节网中目前能检索到最早使用中文关键词"紧凑度"是1983年地理学者于学浚发表在地理学报上的文章。他认为"紧凑度表示图形集中与离散的程度"[84]，并介绍了计算地理图形经常使用的一种，如下所示：

紧凑度=与长轴垂直的最长短轴/地理图形中的最长轴×100%

除此之外，还有其他几种不同的计算方法，南京大学城市规划设计研究院的林炳耀对于其余几种地理图形紧凑度（Compactness ratio）算法作了整理，包括如下三种：

1）吉伯斯（Gibbs，1961）提出的计算公式如下：

紧凑度=1.273A/L，其中：A为城市建成区面积，L为最长轴长度。

2）理查德森（Richardson，1961）提出的计算公式如下：

紧凑度=2$\sqrt{\pi A}/P$，其中：A为城市建成区面积，P为其周长。

3）科尔（Cole，1964）提出的计算公式如下：

紧凑度=A/A'，其中：A为城市建成区面积，A'为该建成区形状最小外接圆形面积。

这些公式的共同特点是基于"圆形最为紧凑"的几何学视角出发的。通过对城市建成区二维平面的统计计算得出其接近圆形的程度。

（2）结构视角

南京大学傅文伟博士采用结构视角的研究城市形态，他使用城市布局分散系数和城市布局紧凑度两项指标探讨城市建成区的形态紧凑度[81]，具体计算公式如下：

分散度=建成区范围面积/建成区用地面积（≥1）；

紧凑度=中心区连片建成区面积/建成区用地面积（%）。

中国科学院的郭腾云等运用傅博士的计算指标对1990年和2000年中国31个特大城市的紧凑度进行了测度，发现2000年较1990年紧凑化加剧的发展趋势[85]。

加尔斯特等则使用了结构图示的办法分析紧凑发展和非紧凑发展之间的区别[86]（图2-2）。他认为紧凑表达的是发展已经"聚集"的程度，同样建设规模下应尽量减少开发地块的数量。他通过对紧凑指标的计算来考察美国城市蔓延的程度②。

加尔斯特（Galster 2001）提出的公式如下：

$$\text{COMP}(i)u = \left[\sum_{m=1}^{M} \left(\sum_{s=1}^{4} [D(i)s - D(i)m]^2/4 \right)^{1/2} /M \right] / \left[\sum_{m=1}^{M} D(i)m/M \right]$$

式中：D（i）s是标准小地块s（1/4平方英里，约为800米×800米）中第i类用地功能的人口密度，D（i）m是标准地块m（1平方英里，约为1600米×1600米）中第i类用地功能的人口密度，u指

---

① 在综合测度指标体系中进行详细介绍。

② 除了紧凑度以外，还包括其他7个不同维度的指标，分别是：密度、连续性、集中度、中心性、原子性、多样性、可接近性。

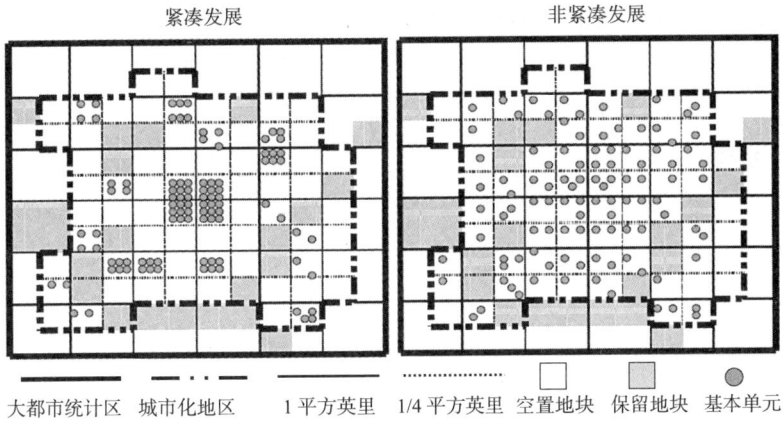

图2-2 紧凑发展和非紧凑发展图示模型

资料来源：Galster G，Hanson R，Ratcliffe M R，et al. Wrestling sprawl to the ground: defining and measuring an elusive concept. Housing policy debate，2001，12（4）：681-717.

代所有地块，M是标准地块m的总数目，COMP(i)u的取值位于0~1之间。

加尔斯特等使用该指标，并结合其他指标对美国13个城市的蔓延程度进行了测量，纽约、费城、芝加哥分列前3名，亚特兰大排名最后。

（3）引力视角

德累斯顿大学（TUD）数学博士Nguyen Xuan Thinh等提出用城市用地斑块之间的引力来对土地使用的紧凑程度进行测度[87]。

Nguyen Xuan Thinh等2002年提出的公式如下：

$$A(i,j) = \frac{1}{c} \frac{Z_i Z_j}{d^2(i,j)} \qquad T = \sum A(i,j)/[N(N-1)/2]$$

该研究用万有引力模型来表示两个用地栅格之间的引力，引力A（i，j）与两个栅格城市用地面积的乘积Z_iZ_j成正比，与两者之间距离d的平方成反比，c为常数。紧凑度T是该城市案例所有包含城市用地（规定用地面积大于5平方米有效）栅格引力的平均值。

这个研究最后所测得116个城市的紧凑度，按照聚类分析分为了五个等级，分别是非常分散、分散、局部紧凑、紧凑、特别紧凑。评估显示，50%的德国城市地区属于分散或非常分散，27%的属于局部紧凑，14%的属于紧凑，非常紧凑只占9%。这个方法的优点是：按照土地使用模式水平方向的紧凑度，对大量的城市地区类型进行宏观上的分类。缺点是：

（1）方法对于垂直方向的建设强度和人口等附着在土地空间之上影响因素未作考察；

（2）对于城市规模、行政地域确定范围对于评估结果的影响未作说明。可能存在着统计面积越大的城市紧凑度得分越低；

（3）在最后的结论方面，虽然指出哪些城市地区紧凑，哪些分散，但对于分散问题出现的原因不能在紧凑指标中得到表达。最后变成了某种指标引导下的城市排行榜。

除了上述形态测度的指标以外，还有些学者从其他视角进行了探索。例如，龙瀛等把

"地块方向"作为表征土地使用形态的新指标，并基于北京市中心城控制性详细规划的地块方向进行实证[88]。

2.2.2 对功能的测度

对功能的测度主要集中于混合度和可达性两方面。

2.2.2.1 混合度（Mixed Use）

目前国内外尚未对"混合使用（Land Use Mix，Mixed Use，Mixed Land Uses）"形成较为一致的看法。艾伦·劳利（Alan Rowley）认为"混合使用是一个意义含混的词汇，它包括地块大小、位置、多样使用功能、不同活动的数量、土地使用年限、产权情况以及不同时间段的使用差异等等"[89]。时间段上的混合指一天24小时内同一空间不同功能的变化[90]。除了时间尺度的混合，学者们讨论更多的是关于空间尺度上的混合。空间尺度的混合包括垂直的、一栋建筑物内的混合使用和水平的、多栋建筑物、街道及邻里地块间的混合使用情况[91]。

关于水平空间范畴的测度是规划领域研究机构和学者比较关注的。美国城市用地学会（The Urban Land Institute）对土地混合使用的定义为：3种及以上以营利为目的的土地使用[92]。也有学者认为混合是针对单一而言的，因此1种以上的功能即被认为是功能上的混合，例如商业与居住的混合[93]。

布朗（Brown B.）等认为混合指标应包括步行距离、土地使用性质和设施规模等要素。步行距离可以是以公园、公交站点为出行目的地，设施使用性质则包括零售、办公、教育、娱乐等项目[94]。实际上布朗的指标内容既包含了混合的内容，也表明可达性是功能测度的根本目标。

显然测度土地使用混合程度的指标设定，取决于研究者对于混合概念的理解和对混合度的具体规定。下面对已有的比较常用的混合度测度指标做一归纳，主要包括功能种类和数量、信息熵、就业岗位强度三方面。

（1）功能数量统计

依靠一定范围内的土地使用功能种类数量表征混合度的办法通常有两种：

一是划定地块，统计内部功能种类的方法，例如弗兰克（Frank L.）等定义的土地混合度包括缓冲区内居住单元的数量和密度、街区中不同用地类别数量以及道路交叉口的数量[95]。

二是计算不同功能之间的建筑面积数量关系，例如殷秀梅等设计了商住比（RCR）来刻画商业与居住两种功能的混合程度。商住比等于商业使用总建筑面积除以住宅使用总建筑面积[93]。

综合看来，后者由于限于用地种类较少的情况下功能之间的相对关系，尚不能完全表示混合的状况，而前者概念更为清晰明确，但必须划定相对适中的尺度进行计量，否者要么尺度过大，涵盖功能数量的区分度不高，导致不能体现不同区位的差异，要么尺度过小，导致各个地块功能完全单一。相较之下步行范围是一个较为合适的尺度。

（2）信息熵（Entropy）

科克尔曼（Kockelman）借用"信息熵（Entropy）"的概念来测度旧金山湾地区居民住家周边的土地混合情况[96]。信息熵是对平均信息量的定义。一些学者认为信息量能够表征对象的不确定程度，潜在的趋势、情景或可能性越多，信息量就越大，使得能够收集到的信息规模和频率也产生差异。也因此可以用来度量城市中土地使用类型的多样性和混合度。

借助信息熵概念推导的土地混合度公式如下：

土地混合度$=(-1)\left[(b_1/a)\ln(b_1/a)+(b_2/a)\ln(b_2/a)+\cdots\cdots+(b_i/a)\ln(b_i/a)\right]$

式中指标都假定对受调查者出行有影响：

a 指缓冲区内所有种类用地的总面积；

b_i 指在缓冲区内某类用地的面积；

i 指缓冲区内用地种类的数量。

黄经南等使用了上述测度公式对武汉市区住家周边土地混合度与家庭日常交通出行碳排放之间的关系进行了相关研究。研究确定了7类土地使用性质，包括居住、商业、工业等用地功能[97]。然后他们使用了缓冲区分析法和上述计算方法，对案例周边的区域混合度进行了测量。以表达不同用地功能类型对混合度的影响。

（3）就业岗位强度

钱林波从就业岗位强度的视角考察土地使用的混合程度[98]。这是由于土地使用的区位因素决定的就业岗位强度，没能够在不同功能种类之间得到充分反映。另外，土地使用混合程度应该是一个可比较的归一化数值，能够充分反映多种类的土地使用性质以及区位因素决定的就业岗位因子。他认为人口与就业岗位密度的熵指数模型能够准确反映土地使用的混合程度。

土地使用混合程度熵指数模型如下：

$$Phh = Abs(RKMD \times \log_{t0}RKMD) + \sum_{k=1}^{n} Abs(EM_K \times \log_{t0}(EM_K))$$

式中：

Phh——片区土地使用混合率；

$RKMD$——片区人口密度（人/公顷）；

EM_k——片区内第k类就业岗位密度（个/公顷）；

Abs——数值的绝对值运算符。

就业岗位强度和信息熵虽然在公式表述上有差异，但实际上都是借用了物理学和信息论中"熵"的概念和公式[99]。由于这一计算方法对于数据详细程度要求较高，使得其实际应用较为烦琐，推广程度有限。

2.2.2.2　设施可达性（Accessibility）

设施可达性（也称交通可达性、空间可达性等）是指从研究空间范围内任意位置（某个栅格）到某类公共服务设施的相对困难程度。陆化普等总结了5种计算可达性的模型，包括"空间阻隔模型、累积机会模型、空间相互作用模型、效用模型、时空约束模型"[100]。林康等把测度可达性的方法分为"缓冲区分析法、最小距离法、行进成本法和吸引力指数法等4种"[101]。总结上述研究，基本出发点是两个，一是从使用者角度出发，评价使用者到达某类公共服务设施的数量和难易程度；二是从公共设施角度出发，评价公共服务设施服务的范围和提供服务的质量。由于使用者的实际出发位置是多元的，而公共服务设施的位置相对确定，所以本研究选择从公共服务设施角度分析其可达性测度的两种方法进行详细阐述，分别是缓冲区分析法和最小距离法。

（1）缓冲区分析法（buffer zone）

缓冲区分析法作为一种分析公共服务设施可达性的基本方法，伴随ARCGIS等地理数据分析软件的广泛传播被经常使用。其计算过程可分为以下几步：首先，确定需要分析的设施点位置，也就是缓冲源。然后，确定设施的缓冲区半径，例如可确定缓冲半径为500米（可达性好）、500～1000米（可达性一般）、大于1000米（可达性差）等。最后，结合研究范围人口、建设用地的分布情况，计算不同缓冲区的可达性程度。缓冲区分析法是以距离设施远近不同的空间圈层内测度数据作为测度可达性的依据。

Song and Knaap视交通站点服务范围为基本缓冲区。对社区的可达性和混合度进行了测度[102]：他们将研究的空间范围划定为225个交通分析区TAZ（Traffic Analysis Zone），每个交通站点周边的用地作为一个分析区。划分出五类基本的用地功能：①商业卖场，②多户住宅单位，③工业区，④公共机构，⑤公共公园。测度五类基本的用地功能与站点之间的位置关系，分析其可达性。

（2）最小邻近距离法（minimum distance）

最小邻近距离法是基于物理的空间距离来确定，某类设施的平均出行长度或者最小服务半径，把距离作为测度可达性的依据，也包括通过测度研究范围某栅格到最近公共服务设施的直线距离，来考量服务设施的可达性。使用ARCGIS等地理图形软件中的邻近分析命令可以查询某位置到公共服务设施的最小邻近距离。主要分析过程分为如下三步：首先，确定邻近分析所需要的原始数据；然后，运行ARCGIS等软件，执行邻近分析命令，生成所有网格到公共服务设施的最小邻近距离；最后，使用GIS分析模块和SPSS等统计分析软件对所测得的最小邻近距离进行相关分析。

吕斌等使用公共服务设施的最小服务半径测度方法对我国城市空间形态的环境绩效进行了评价。文中具体选择了中国35个不同规模、不同地域的城市作为样本，并基于2007年各城市GIS数据，计算城市建成区内的商业服务、教育服务以及医疗服务三种设施的平均服务半径，用来说明城市的环境绩效差异[103]。此外，该团队在2013年还从实现低碳城市的视角，在前面三种功能基础上增加了文化娱乐功能，以4种服务设施布局为基础，构建了城市功能空间紧凑度指数，对不同规模、不同地理条件类型的8个案例城市进行定量研究[79]。

此外，行进成本法（travel cost）由于更多的用于经济费用的比较，而吸引力指数法（gravity

index）与测度紧凑度引力模型法有许多类似的地方，本研究在这里不再赘述。

对功能测度的几点总结：

（1）测度混合度时必须与具体的空间尺度相关联，测度功能数量本身更容易被理解和可操作性强；

（2）测度公共服务设施的可达性，距离是关键因素，缓冲区分析是个简便易用的方法；

（3）功能混合度和设施可达性之间具有某种关联性，取决于测度者的定义。

2.2.3　综合性测度与测度方法

土地使用模式测度的综合性反映在两方面：一是指标本身涵盖内容的综合性；二是指标数量的综合性，即用多指标和指标体系对土地使用模式进行测度。

2.2.3.1　作为综合性指标的密度（Density）

从指标内容的综合性上来看，密度是最常使用的反映城市土地使用模式的指标，包括人口密度、居住单元密度、总建筑面积密度（容积率）等。密度指标的综合之处在于通过人口等信息将形态与功能链接起来，简化地表达土地使用模式的平均状况。例如，在交通与土地利用等研究领域，通常把高人口密度与高密度的土地使用模式等同起来。

（1）人口密度

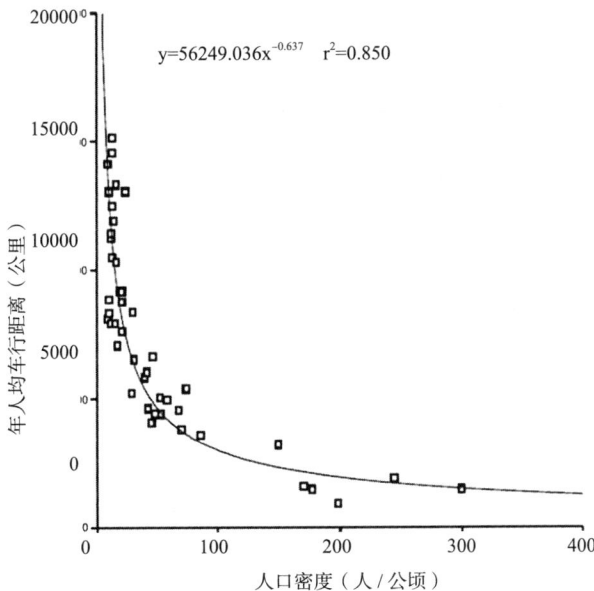

图2-3　城市人口密度与平均出行距离

资料来源：Kenworthy J R, Laube F B. Patterns of automobile dependence in cities: an international overview of key physical and economic dimensions with some implications for urban policy. Transportation Research Part A: Policy and Practice, 1999, 33（7）：691-723.

英国研究者伊丽莎白·伯顿（Burton E.）通过人口密度等指标对城市紧凑程度的进行衡量[104]。她使用不同系列的衡量指标测度三个类型的"紧凑城市"土地使用模式：即高密度型（highdensity city）、混合使用型（mixed-use city）和密度加强型（intensified city）。香港大学的陈海燕、贾倍思使用了人口密度作为测度紧凑度的指标，对中国45个特大城市（人口超过100万）的统计数据进行分析，探讨城市密度与城市环境，包括公共设施的可达性、基础设施的使用效率、城市公交系统的发展、资源能源的人均消耗以及环境污染等问题之间的关系[105]。澳大利亚学者纽曼和肯沃斯对人口密度与交通能耗关系的研究是这类工作中最为著名的，被广泛引用。作为系列工作的一部分，肯沃斯等还对人口密度和小汽车出行距离之间的关系进行了量化研究[106]（图2-3）。

（2）容积率（FSI、FAR）

容积率，是总建筑面积与总用地面积的商值，因此也被称为总建筑面积密度。在英国和荷兰等国家用Floor Space Index（FSI）表示这一概念[107]（图2-4），在美国等国家使用Floor to Area Ratio（FAR）表示同样的范畴。虽然这一指标是对建筑三维形态规模的表征，但由于区位差异（中心、边缘）、使用功能的不同（商务区、住宅区）、人口密度等都与容积率有某种客观的联系，使得这一指标被作为综合性指标广泛使用。

FSI 0.76   FSI 0.78   FSI 0.77

图2-4　同样容积率情况下不同的建筑密度和高度

资料来源：Berghauser Pont M，Haupt P. Spacematrix: space，density and urban form. Rotterdam: NAi Publishers, 2010:78-82.

"关于在保持总建筑面积密度不变的同时，使密度做局部性的变化以取得不同的效果，就是一个既很简单又很难理解的问题，这个问题在柯布西耶没有说清楚以前，很少有人能够充分的明白它"[108]。彼得·霍尔评述了柯布西耶在总建筑面积密度工作中的贡献。围绕着同一容积率情况下，多种土地使用模式的情况，代尔夫特理工大学的Berghauser和Haupt则进行了较为深入的研究。同时在通过多指标对土地使用模式的表达方法上进行了创新[109]（具体内容将在测度工具与方法中进行介绍）。

此外，除了人口密度、容积率等，在研究中还经常使用其他类型的密度概念。例如，通过轨道和公交线网密度、站点密度实现对土地使用模式公共交通功能和形态关系的测度。

2.2.3.2 综合的指标体系

（1）指标体系

从指标数量反映出的综合性上来看，指标体系的方法最具代表性，并且应用广泛。欧洲可持续发展城市报告使用了20个指标对51个欧洲城市物理环境的质量进行分析，这些指标包括：城市模式（人口、土地使用覆盖、衰败区重建和城市流动），城市流（水的消耗和浪费、能源、货物运输、废物产生、处理和回收），城市的环境质量（空气和水的质量、噪声、交通安全、住房条件、无障碍绿地和野生动物多样性）[110]。纽约市政府通过对住房和社区、公园和开敞空间、棕地治理等9个方面的29个可以量化统计的指标来衡量城市的可持续发展能力[111]。

我国也有学者采用指标体系综合分析的方法对城镇群紧凑度进行了测度，得出了与使用引力模型测度方法类似视角的结论。方创琳等通过城市群产业紧凑度、城市群空间紧凑度和城市群交通紧凑度等3个方面9项指标，对中国23个城市群紧凑程度进行了测度。分析后认为，城市群紧凑度总体不高，且空间差异性大，根据这种差异，采用聚类分析法将中国城市群综合紧凑度划分为高度紧凑、紧凑、中度紧凑、低度紧凑和不紧凑（分散）5个等级类型。该研究认为适度的紧凑度是城市群综合效益最大化的集中体现，城市群紧凑度过高、过低都不利于城市群的健康发展[112]。

综合指标体系方法在微观层面也有使用。吕斌针对大学绿色校园建设目标，在综述国外有关大学绿色校园评价指标体系研究的基础上，提出本土化的大学绿色校园评价指标体系[113]。该指标体系由8个准则层，29个指标构成，包括了能源（E）、水（W）、空气（A）、交通（T）、建成环境（BE）、资源与废弃物（RW）、土地（L）、空间形态（S）等几个主要方面。

综合指标体系也成为一些学者对该领域工作全面归纳后的成果。李琳等将"紧凑度"定义为"城市空间相对土地使用效率以及相对市民行为质量的衡量"[83]。把相对于土地使用效率的衡量称之为"客体紧凑度"，把相对于市民行为质量的衡量称之为"主体紧凑度"。她认为为了提高城市的客体紧凑度，需要提高土地使用的密度分配效率；而提高主体紧凑度则要增加土地使用的功能混合度，提供更多可供选择的交通出行方式等。在李琳的"客体紧凑度"指标中有17个指标项目和算法，在"主体紧凑度"指标中有29个指标项目和算法。

（2）多指标法

多指标分析也是较为常用的综合测度方法。中山大学的陈逸敏、黎夏等通过使用多指标的办法测度城市土地使用模式和能源消耗之间的关系。本书选取珠江三角洲的五个城市（广州、东莞、深圳、佛山、中山）作为研究对象。依据2005—2008年的卫星遥感影像用来揭示城镇土地使用、土地使用的动态变化。然后使用了一套地景指标（Landscape Metrics），数据分析城市土地使用模式和能源消耗之间的关系。这项研究发现：①城市建成区面积的大小与能源消耗成正相关；②土地使用的碎片化/不规则与能源消耗成正相关；③居于主导地位的最大城市斑块与能源消耗成负相关[114]。这里"地景指标"包括建成区面积、最大城市斑块面积、城市碎片数量、人均能耗等。

法国学者薛杰（Serge Salat）使用建筑密度、连接性、功能混合以及可达性，量化地分析了城市的结构模式、网格布局、改造以及不同尺度的隐藏秩序和分形、对称等因素，提出了可持续城市的规划与构造方法[115]。

此外，也有学者使用多指标测度功能和形态，并分析两者之间相关性的综合研究。沈清基、徐溯源对城市多样性与紧凑性之间的关系进行了定量分析。他们把多样性分为3个方面8项指标，把紧凑性分为3个方面5项指标。通过对广西3个城市9个1.5公里×1.5公里的用地图形量化分析，认为多样性与紧凑性之间呈正相关性[116]。

2.2.3.3 测度工具和方法

前面主要讨论了已有研究中使用的主要测度指标。当确定所要进行测度的指标项之后，第二步就是确定数据来源，而数据来源与获取数据的工具是相对应的，第三步选择分析工具和分析方法。通过这三步实现对所要测度指标的数据获取、计算、分析完整过程。

从数据来源看，目前对于土地使用模式的分析由于指标项目的不同，数据来源很多，包括：从卫星影像图或者其他图纸上提取的数据、通过问卷或者抽样调查得到的一手数据、权威机构发布的统计数据、引用他人的数据等。笔者在这里只针对获得一手数据的两种主要方法，再结合后续分析中常被使用的方法做一简要梳理。

（1）基于3S（RS、GIS、GPS）技术的卫星影像数据分析

测度工具往往和所使用的数据来源有关，方法的选择则和研究问题设定的目标有关。RS、GIS、GPS已经广泛用于土地使用模式分析领域之中。其中比较常见的是用于监测土地使用/土地使用覆盖变化的研究[117]。主要的研究机构是以地理学背景为主的各类科研院所和高校，例如中国科学院、中国地质大学等机构，例如顾朝林利用20世纪70年代、80年代和90年代（SPOT卫星）3个时段北京市土地使用资料进行土地使用/覆盖研究，分析其变化机制[118]。从1960年代加拿大政府委托IBM公司开发一款自动扫描仪用以开发地理信息系统数据库，到1970年代美国国家航空航天局（NASA）发射第一颗地球资源卫星[119]，再到今天我们每个普通人都可以借助互联网获取全球任意地点的卫星地图数据，短短50年间，技术进步带来的冲击是巨大的。这也影响到数据统计分析领域。

（2）基于大数据（Big Data）的统计抽样调查法等

大数据（Big Data）指的是所涉及的数据规模大到无法在合理时间内，通过手动实现截取、整理而为研究者所解读的信息、资料，因此也称为巨量数据、海量数据。大数据的常见特点是4V：Volume、Velocity、Variety、Veracity（数据量大、输入和处理速度快、数据多样性、价值密度低）[120]。近年来，伴随着各类互联网技术迅速发展，科学研究领域在数据获取与处理方法上出现了许多新的创新性尝试。秦萧、甄峰等将这些特征概括为如下几个方面：数据挖掘、智能卡信息获取、互联网社交媒体地理信息以及可视化[121]。运用这些网络技术能够获取大量数据，并且将这些数据运用到空间分析研究之中，能够使研究在深度和广度、说服力和直观性方面得到很大程度的提升。同时互联网还将研究成果迅速地推广，增加科学研究的社会影响性。

"大数据"其实并不是今天才出现，统计学领域一直面对大数据的调查对象。如国家的人口信息、土地使用信息等等。统计调查方法中"抽样调查"是最常用的方法之一。

（3）分形、空间句法、空间矩阵（Space matrix）等分析方法

英国学者米歇尔·巴蒂（Michel Batty）比较早地把分形概念引入到城市研究领域之中。而同一学校的比尔·希利尔（Bill Hillier）教授等则从拓扑空间的角度发明了空间句法（Space syntax）工具，用来分析城市形态的功能之间的联系。荷兰的一些研究机构和院校也对城市形态方面进行了比较深入的研究，比较有代表的是著名建筑师事务所MVRDV所进行的最大化概念FORMAX的研究[122]。而代尔夫特理工大学的Berghauser和Haupt则在多指标分析方法上进行了较为深入和细致的工作[109]。他们提出了密度的多变量测度方法，把之称为空间矩阵（Spacematrix）。包括四个核心变量：容积率（Floor Space Index，FSI）、建筑密度（Ground Space Index，GSI）、建筑高度（Building Height，L）和开敞空间分配率（Open Space Ratio，OSR）（图2-5）。

在空间矩阵方法中城市的密度问题被从不同角度予以展现，容积率在y轴上表示，x轴展示了地块的建筑密度。建筑高度L和开敞空间分配率OSR则以扇面梯度形式展示。这四个变量赋予每种土地使用形态唯一的"空间指纹"。

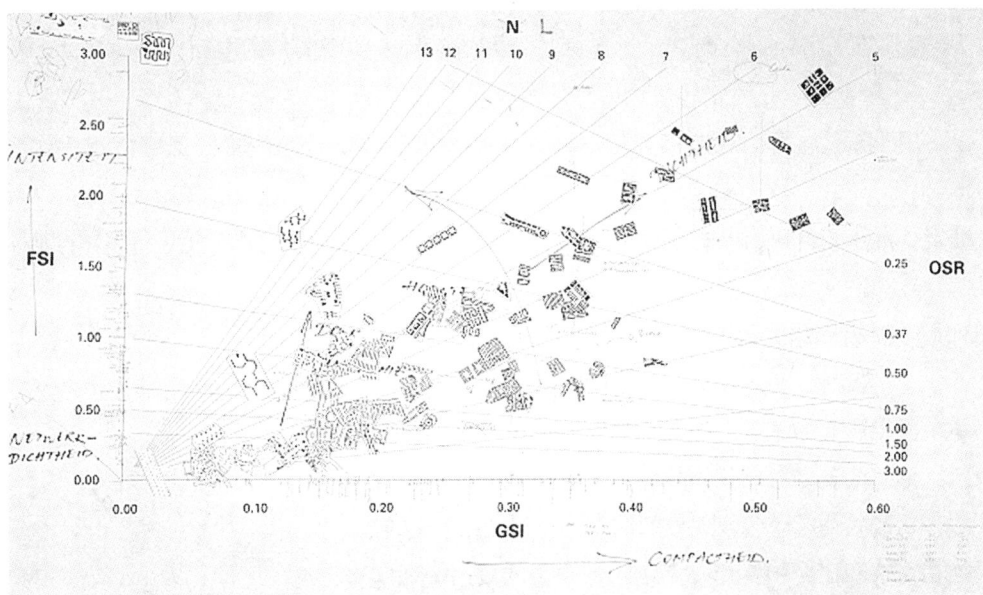

图2-5　空间矩阵对于城市微观形态的多指标表示

资料来源：Berghauser Pont M，Haupt P. Spacematrix: space，density and urban form. Rotterdam: NAi Publishers，2010:201.

此外，使用模型进行城市模拟的应用也比较广泛。常见的有元胞自动机（Cellular Automaton，CA）、交通职住模型模拟等。香港大学叶嘉安院士领导的相关研究等，利用元胞自动机CA等模型进行城市形态拓展模拟分析[123]。清华大学建筑与城市研究所在"北京2049"研究中对北京土地使用形态扩张的三种情景进行了模拟[124]。龙瀛等利用约束性CA

模拟城市规划空间形态，并以北京为例提出政策建议[125]。运用交通模型案例数据预测、交通、可达性的比较研究非常广泛，彼得·牛顿（Peter Newton）运用了综合的土地（Land）—交通（Transportation）—环境（Environment）模型来探讨墨尔本地区土地使用与环境指数之间的关系。研究预测了不同土地使用模式在容纳更多的人口和就业，满足其不同交通设施供给的情景下几类重要的环境指数变化[126]。

（4）对测度指标研究的总结

1）单指标的方法。优点是针对性强，方便理解、交流和使用。缺点是单一指标往往不能全面的表述同一指标数量下，不同构成方式的差异。

2）综合指标体系方法。优点是涵盖全面，缺点是数据获取的难度和工作量，还有最后是否归一化处理。如果进行归一化处理往往将测度工作引向一个"排行榜"，而有些指标体系又因为涵盖面过于广泛使其无所不包，失去针对性。

3）多指标法，是上述两种方法优点和缺点的折中。在全面性上不如指标体系，但比单指标更能够反映个体差异；在针对性上，能够将工作重点侧重于几个重要的核心问题。

基于以上认识，本研究提出对指标研究的3点主张：

1）主张采用多指标来测度土地利用模式。包括通过多指标测度形态和功能，以及形态与功能之间的关系。

2）主张测度指标要名副其实，还原其本来的面目。测度指标的名称应直接反映测度的内容。

3）不同指标与同一现象相关性不同。主张选用最能切合测度目标问题的指标作为参数项。

为此，需从土地使用模式本身出发，对其涉及的可持续发展相关指标项进行整体性架构。

2.3　特大城市地区测度的复杂语境

本节所要明确的五点：

（1）形态的测度对现象的测度；

（2）功能的测度既包含现象的测度，也有效果的测度；

（3）在空间研究中常用一个语汇把现象和效果关联起来，比如紧凑、多中心等，必须澄清这些概念并不是效果本身，人们追求紧凑是为了节约土地、节约能源；

（4）把现象与效果之间的关系厘清，是测度工作的重点；

（5）特大城市地区的复杂性决定需要对所研究的问题进行适当简化。

2.3.1　形态与现象语境（密度、距离、分割、破碎）

道萨迪亚斯提出人类聚居学中需要两种基本类型的量度：对现象的测度和对效果的量

度[127]。需要明确的是我们这里对土地使用模式的"测度"是对现象的测度，而土地使用模式的效果则需要从其他方面的统计数据或相关研究中取得。两者之间的相关性，正是研究所要正视的问题。

现象与效果之间作用机制十分复杂，而特大城市地区较中小规模的城市而言，将这种相互作用过程的复杂性又加深了一步。对复杂问题的简化，观点的提炼反映为科学研究中的关键词。下面以点出关键词的形式阐述现象、效果、空间关联三方面的研究热点。

2.3.1.1 密度、距离、分割、破碎

虽然戈特曼（Gottman J.）比较早地阐述了大城市地区连绵发展的地理现象，但对于这一现象的认识视角如今呈现出日益多元化的趋势。2009年世界银行出版的年度世界发展报告，重新审视了关于城市化地区和区域一体化发展的经济地理现象，将密度、距离和分割视为当前世界经济地理的三个基本特征[128]。

密度（Density）指每单位面积的经济产值，它展现了经济的集中程度，往往是经济产值密度越高的地方，越富裕；

距离（Distance）指商品、服务、劳务、资本、信息和观念在空间中传递的难易程度，应重新定义为相对于经济聚集区的落后地区，偏远不单指空间距离，更严重的是由于基础设施落后和制度障碍形成的经济鸿沟；

分割（Division）指国家间、地区间商品、资本、知识和人员流动的限制条件，一言以蔽之，就是阻碍经济联系可见和不可见的壁垒。显然上述视角给出了对当下特大城市地区面临的经济地理失衡的现实问题。

并且对现象多元化的认识不止于上述三点，破碎现象也是一部分学者关注的重点。破碎（Fragmented）指脱离开特大城市核心建成区单独成片的小规模建设用地。即所谓的"碎化"现象。美国使用都市碎化指数（Metropolitan Fragmentation Index）指标对300多个大都市进行了详细的统计分析，从而获得了美国大都市碎化的全面认识[129]。麦克·詹克斯等（Mike Jenks）在2008年编著的《世界城市和城市形态——破碎化、多中心、可持续》则把这种破碎的空间形态现实与紧凑的空间政策交织作用展现在读者面前，通过对欧洲、亚洲、南美洲等地区城市案例的研究，阐述了空间破碎化现象在世界范围内普遍发生，虽然各自的机制不同，但他认为一个共同的趋势是城市多中心的空间形态可能加剧空间的破碎化程度[130]。

2.3.1.2 解释性理论的模式

以上提到的分析方法都表现了解释性理论的特征，其在城市理论分析中应用的非常广泛：芝加哥学派圈层模式、扇形模式、多中心模式等，林奇、亚历山大、罗布克里尔、科斯托夫、芒夫汀等学者使用的方法都属于这类研究，核心是对城市区域运用类型学的语言进行分析描述，是由物及形的抽象概括。其哲学基础来源于F.培根的归纳法。

2.3.2 功能与效果语境（质量、多样、可达性、控制力）

关于多样和可达性的研究前文已有提及。下面围绕当今比较热点的质量和控制力的观点进行论述。

2.3.2.1 质量、控制力

空间质量（Quality）：空间质量是德意志银行资助的研究报告重点关注的问题。这篇由英国伦敦政治经济学院担纲的研究报告，其主要观点分别在2008年和2011年出版的《无边的城市》（The Endless City）[131]、《生活在无边的城市》（Living in The Endless City）[132]系列书籍中以案例的形式阐述，研究运用了比较分析的方法，对纽约、上海、伦敦、墨西哥城、约翰内斯堡、柏林6个城市地区土地使用、经济密度和人口密度进行三维表达。关注特大城市地区人口增长对人类的生存状况和环境造成的影响。将这些城市空间质量和社会结构、竞争能力之间的关联，放置在全球范围内城市发展的大趋势中来认识，并试图提出整体性的解决方案。

控制力（Control）：美国学者弗里德曼（Friedmann）、沃尔夫（Wolf）、萨森（Sassen）等开展的世界城市、全球城市等研究，在经济全球化的背景下，将具有全球影响力的特大城市崛起看作是新经济现象和当代社会发展新趋势，揭示特大城市在世界经济中的全球意义、地位和控制作用。1996年，伦敦大学学院在伦敦、巴黎、纽约、东京4个特大城市比较研究的报告中，关注到东南亚新兴的特大城市新加坡、香港、上海等在全球竞争中崛起对伦敦传统地位带来的挑战，建议改革伦敦的城市管理体制，加强国家在区域发展战略方面的协调力，提升伦敦对世界经济的控制能力和在全球竞争中的地位[133]。对特大城市地区来说，战略层面的效果考量多以提升竞争力和控制力为目的。

2.3.2.2 规范性理论的模式

上述对于效果的研究通常带有价值判断，这类研究体现出规范性理论研究的特征。在早期城市理论中带有价值判断的土地使用模式研究可以被称为理想模型派：代表人物有马塔、霍华德、柯布西耶、赖特等，核心是建立一套完整的城市用地布局模型，而这个模型中最能体现他们对城市土地使用模式的价值判断。其哲学基础来源自柏拉图的理想国。

2.3.3 现象与效果关联的空间语境（紧凑、流动、多中心）

一些学者试图在现象与效果之间建立某种关联，进而阐述其的理论。除了前面介绍的紧凑视角的城市理论外，还有许多学者在流动、多中心、一体化等方面的提出理论观点，试图解释现象和效果之间的逻辑联系和发展趋势。

2.3.3.1 流动空间与多中心

流动空间（Space of flows）。新马克思主义学者曼纽尔·卡斯特（Castels），以信息社会发展趋势为切入点，从城市经济联系、信息传递和人员交流等流动空间要素出发，研究经济、信息、人员等在特大城市地区的流动模式和作用影响，认为城市发展的关键节点更多的集聚于对外交通联系的通道、交通设施周边、信息终端附近。

多中心（Polycentric）。"多中心"是强调实现均衡和可持续发展的欧盟空间发展战略（European Spatial Development Perspective，ESDP）的重要手段和发展认识。这一认识在彼得·霍尔教授的领导"POLYNET"研究项目中给出结论，该研究项目对8个欧洲特大城市地区展开了定性与定量相结合的研究，通过对交流与联系程度、高级生产者服务业集聚、演变和创新发展、场所空间关系等等方面，运用地理学和形态学的量化分析方法研究特大城市地区内各中心之间的关系。他的研究对象是多中心特大城市地区，是城镇集群，认为这些城镇之间虽然在物质空间上分散，但在劳动力空间上却不断集聚，呈现一种网状系统的多中心现象。他认为"多中心概念对尺度十分敏感，它不能被简单地绘制在固定的巨型城市区域形态之上——政策需要考虑不断变化的功能和联系，他们构成另外区域地理的基础"[134]。包含三个特点：

（1）城镇群在物质空间上是分散的；

（2）流动空间发达，网络化；

（3）区域性的中心出现在一些重要的节点。

可以把上述使用紧凑、流动、多中心等具有综合性特征的空间研究视角称之为空间学派。

2.3.3.2 空间学派试图在现象和效果之间建立关联

效果语境提出的是城市的价值判断，提出城市应如何，现象语境重点在城市是怎样，空间学派则试图在二者之间建立关联。这些研究的核心是找出空间现象和效果之间的关联，这也是测度研究的核心目标。其主要逻辑基础和哲学基础来源自笛卡尔的演绎法。

以上这些基本观点是下文构建土地使用模式测度理论架构的理论假设出发点和基本前提。

2.4 本章小结

本章首先回顾了基于可持续视角的土地使用模式理论研究背景，然后追踪了土地使用模式的测度研究进展，最后针对性地分析了特大城市地区的测度研究的复杂语境。总结得到如下认识：

第1节通过对可持续土地使用模式的理论研究综述：认为形态紧凑相对于蔓延来讲，被认为是更加可持续的土地使用模式；功能多样性、混合获得普遍支持，功能升级，特别是高端服务业发展对特大城市地区具有重要意义；而综合了形态和功能的土地使用模式研究还缺乏较为宏观、系统和针对性的观点。

第2节测度指标研究的最新进展表明：单指标的方法更具针对性，综合指标体系方法涵盖全面，多指标法能够结合上述两种方法的优点，在形态和功能的测度中更具适用性。在测度工具方面综合运用3S、互联网、统计调查方法获取一手数据并进行量化分析是研究发展的趋势。

第3节则明确了特大城市地区的复杂性决定需要对所研究的问题进行适当简化，阐明：形态的测度是对现象的测度；功能的测度既包含对现象的测度，也有效果的测度，效果同时也体现在环境和资源等可持续性指标中；把现象与效果之间的关系厘清，是测度工作的重点。

最后通过对已有的研究成果确定工作的边界。这里需要强调测度的对象是"土地使用模式"，而不是"城市"这个更加复杂的对象。针对特大城市地区测度的复杂语境，现象、效果、空间关系三个视角对应到土地使用模式的形态、功能及其相互关系。上述工作是第3章建立理论框架的基础，是第4、5章确定测度指标和方法的依据，是第6章比较特大城市地区土地使用模式的落脚点。

基于可持续视角的土地使用模式理论框架

基于上一章的最后结论，我们认为对特大城市地区土地使用模式进行多指标测度，需从土地使用模式本身出发，对其涉及的可持续发展相关指标项进行整体性架构。这种架构依赖于理论分析框架和作用机制的明确。本章的基本内容可以分为三部分：

第一部分，从正面对于什么是土地使用模式的可持续性进行探讨和回答，明确提出三条前后相继的假说。

第二部分，分析形态、功能的组成要素及其对可持续进程的影响。

第三部分，结合特大城市地区的特殊性探讨其土地使用模式与可持续性间的作用机制。

普通范式下对于可持续性的分析，通常会将经济、社会、环境三方面的因素做综合考察，土地使用模式虽然和这三方面都相关，但这三方面相互制约相互影响，错综复杂。为了研究简明、清晰起见，我们分析土地使用模式的可持续性时，从城乡规划学科研究的视角出发，结合已有的研究基础和基本认识，主要围绕土地使用模式对"环境和资源"可持续能力的影响，经济和社会都是建立在环境基础上的范畴，并且受到环境和资源条件的制约。而明晰土地使用模式如何影响环境和资源使用是深入分析测度指标的前提。

已有研究证明不同土地使用模式在环境可持续性上差异巨大。影响因素不止密度问题。现有的关于可持续土地使用模式理论探讨形成了一些基本的理论观点：形态紧凑、功能混合、抑制小汽车出行（鼓励步行、非动车和公共交通）……其中"能源"问题一直是被关注的重点。普遍的观点认为"能源"是可持续发展的核心要素。除了能源外,在大量相关研究中涉及的"环境"领域包括空气、水、地表土壤等方面。

结合前面对土地使用模式本身和可持续性的分析,有以下问题需要在本章中得到回答:土地使用模式的可持续性是什么?支撑这种可持续性的土地使用模式具有什么样的特点?其构成要素有哪些?不同要素与能源消耗之间如何作用,又是如何影响空气环境、水环境、地表环境的?特大城市地区的土地使用模式与可持续性间的作用机制是怎样?

3.1 土地使用模式的可持续性假说

3.1.1 定义土地使用模式的可持续性

3.1.1.1 可持续性研究图式的转变

《布伦特兰报告》(1987年)对可持续发展的定义是:当代人满足自身发展需求的同时又不损害后代人满足自身发展需求的能力。

主流的可持续发展研究者将这一概念进行了范畴上的分类解释,通常从环境、社会和经济三个方面入手分析人类社会所面临的可持续发展问题。在这种认识论下,可持续发展的研究图式发生了一系列转变,笔者通过对这一过程的分析和趋势的判断,提炼出本研究所持的可持续发展观,对后面界定土地使用模式的可持续性至关重要。

英国剑桥大学地理系教授亚当斯(Adams W.)对可持续发展过程中的理念图式进行了归纳总结[135],他把可持续发展理念图式的转变分为三个阶段类型,第一类是为支柱型,第二类为同心圆型,第三类为联锁环型(图3-1)。

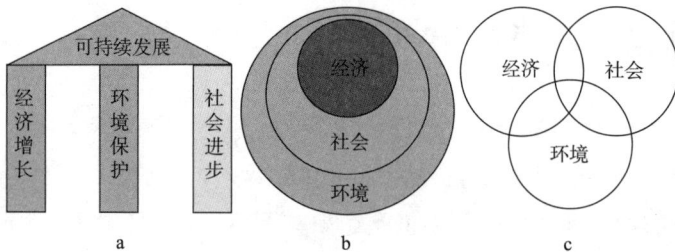

图3-1 可持续发展理念图式的转变
资料来源:Adams, W.M. The Future of Sustainability: Rethinking Environment and Development in the Twenty-first Century. 2006:2.

a- 支柱型;b- 同心圆型;c- 联锁环型

虽然三者在图式表达上差别很大,但一个基本的核心思想是在这三者之间实现一种平衡。第三种交叉连锁圆环的模式被认为是目前研究实现可持续发展多元平衡的普遍范式。在这个背景之下,又衍生出了两个亚型分析方式。

第一种分析方式是在时间轴上做动态平衡分析(图3-2),最左侧为理论上的平衡关系,中间为当下经济、社会、环境发展失衡的现状,右侧为我们需要行动做出改变换取未来的平衡。

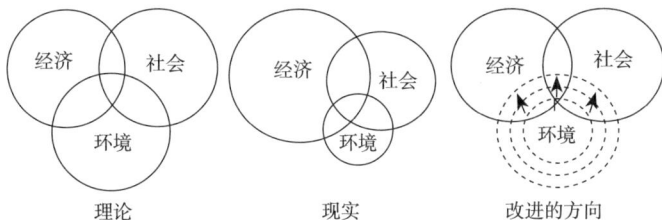

图3-2 可持续发展平衡模式亚型1

资料来源：Adams，W.M. The Future of Sustainability: Rethinking Environment and Development in the Twenty-first Century. 2006:2.

第二种分析方式是在空间轴上做范畴交叉分析（图3-3），这种认识图式的一个基本认识是经济、社会、环境三者都相交覆盖的部分是可持续的，社会与经济交叠的部分书写公平性（equitable），经济和环境交叠的部分书写可维持性（viable），环境和社会交叠部分书写可忍受性（bearable）。

本研究将借用第二种空间轴上的分析方式，从经济、社会、环境所交差范畴视角，探讨三者实现平衡的基本原则。以所确定的基本原则作为深入研究的前提条件，考察土地使用模式中哪些要素和指标项目能够反映这些基本的原则。

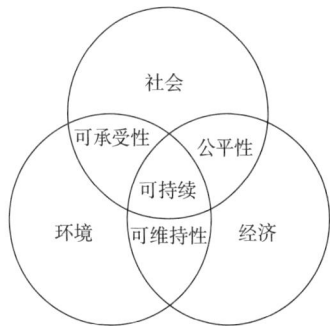

图3-3 可持续发展平衡模式亚型2

资料来源：于洋. 绿色、效率、公平的城市愿景——美国西雅图市可持续发展指标体系研究. 国际城市规划，2009，06:46-52.

在众多研究者中，对于三个范畴都相交定义为可持续性是没有异议的。但不同学者在支撑起平衡所选取的基本原则上是有区别的。

如果按照图示的理解，实现最终的平衡至少应该包括三点原则，通过三种交叉方式的情景分析来进行说明：

（1）环境的原则——生态（Ecology）。第一种情景能够同时实现经济与社会的可持续，但是环境不可持续，这种情景类似于发达国家经济腾飞之初，整个社会经济和社会都迎来进步，但却忽略了自然环境的承受能力，没有实现环境友好型的发展，最终爆发的各类环境问题再反作用于人类社会和经济发展。这里延伸出来的基本原则应该是"生态"原则，即环境友好型社会与经济。一个比较著名的例子是关于复活节岛的研究，一个有限资源下，忽略环境可持续可能带来整个文明的覆灭。

（2）社会的原则——公平（Equitable）。第二种情景能够同时实现经济和环境的可持续，但是社会不可持续，这个类似于发达国家的富人区，环境美好，生活富足，但是社会财富在全部阶层的分配却不是这样的均衡，社会发展的不可持续必然导致人类社会的内部斗争，最终的失衡。这里延伸出来的基本原则应是"公平"原则，即作为社会的人获得经济发展和环境资源的权利与机会的平等。

（3）经济的原则——效率（Efficiency）。第三种情景能够同时实现社会和环境的可持续，但是经济不可持续，这就意味着贫穷，这种情景类似于那些经济不发达的偏远乡村，社会和睦，环境优美，人们对于物质的需求即便得不到完全的满足，也能够忍受，实际上这就是陶渊明笔下的"世外桃源"。但是这个推论的前提是社会规模稳定在一定比较小的数量，且是封闭的，没有外来作用力的前提下，因为如果一旦发生自然灾害、外来入侵等等条件的改变，比如饥荒来临、侵略战争，人类社会内部、人与环境之间的平衡也会被打破。人类社会并不是生存在一个封闭的环境之中，规模也不是足够的小，所以此种社会和环境的可持续基本上只能是人类历史上一个短暂的片段，或者局部地段的一个插曲，毕竟"生存"是人类面临的最大命题。可持续发展的出发点也是源于此处。一代人比一代人更好的活着，起码不退步应该是个基本的底线。经济的基本原则应是有限的条件下提供最大的满足。所谓最优化方案，也就是"效率"应是经济的第一原则。

3.1.1.2　扩大融合的可持续发展观

笔者的可持续发展观：经济、社会、环境三方面交集不断扩大，走向融合、平衡的可持续发展观。这就意味着，必须将3E（Ecology、Equitable、Efficiency）平衡的原则应用到那些缺失的环节和领域中去。

具体的概念图示如图3-4所示。从左至右，三个领域的交集不断扩大，实现时间上的递进和空间上的均衡。在只有两个领域交叉的范畴不应该只关注已经拥有的优势和原则，而是考虑如何兼顾还缺少的那个原则，从而实现核心区域的不断扩大和增长。

在这样的原则下，有如下推论：在经济活动和社会行为方面应当更加注重减小，乃至消除对环境的不利影响；在经济收益分配、公共资源供给、获取良好环境机会方面更加注重公平原则；在社会组织、资源环境使用中也应注重效率原则，最大化地发挥其应有的作用。

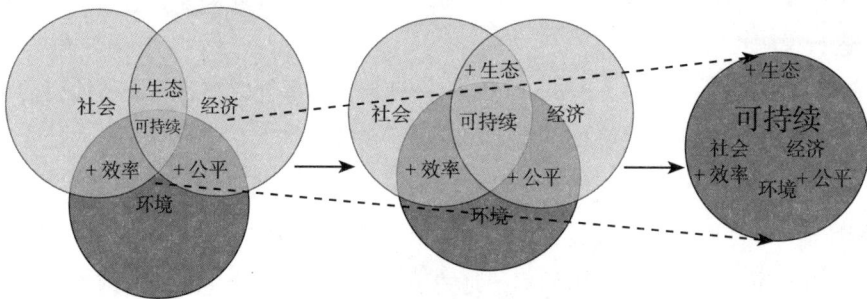

图3-4　可持续发展时空平衡观

这三点推论对应到土地使用模式的可持续性建设中即意味着：

土地使用的形态、强度应当是环境友好型，城市的土地开发使用过程中和建成后都应尽可能降低对环境的冲击；

土地使用的功能、结构应当是社会友好型，尤其公共设施等功能安排，应布局合理，照顾公平原则；

土地使用形态与功能的关系应当维护效率原则，即考察前两者（形态与功能）是否能够匹配、融合、协同。

形态（Form）——生态（Ecology）

功能（Function）——公平（Equitable）

协同（Cooperation）——效率（Efficiency）

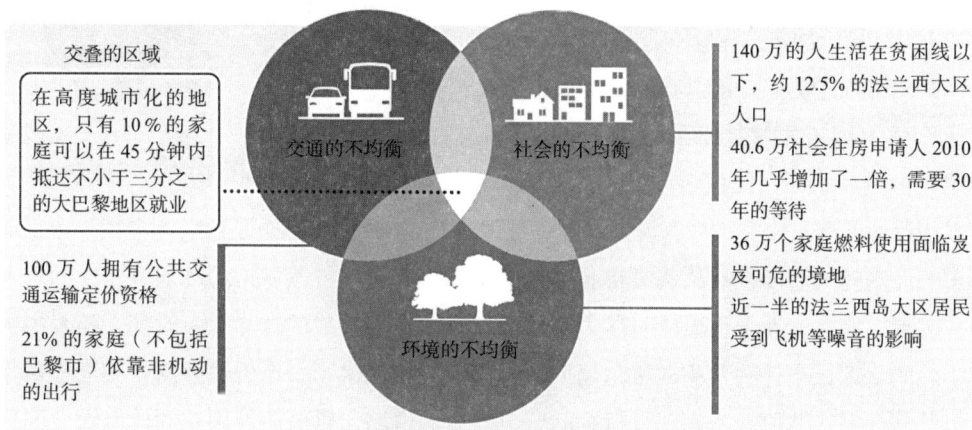

图3-5　大巴黎可持续发展的不均衡挑战

资料来源：Conseil régional d'Île-de-France. Île-de-France 2030. DÉFIS，PROJET SPATIAL RÉGIONAL ET OBJECTIFS.2012:21.

在大巴黎地区规划（IDF，2030）使用了上述重叠交叉分析的方法，探讨大巴黎地区的三个方面的不均衡及均衡协同的现象（图3-5）。该报告以"挑战：促进社会，经济和环境的转型"为题，分析了巴黎到2030年面临的人口增长、社会住房紧缺、生态环境恶化三方面议题。研究认为在大巴黎高度城市化的地区，三方面的不均衡显著的暴露出来，分别是[136]：

社会的不均衡：140万的人生活在贫困线以下，约12.5%的法兰西大区人口；40.6万社会住房申请人2010年几乎增加了一倍，需要30年的等待；

环境的不均衡：36万个家庭燃料使用面临岌岌可危的境地，近一半的法兰西岛大区居民受到飞机等噪音的影响；

交通出行的不均衡：100万人拥有公共交通运输定价资格，21%的家庭（不包括巴黎市）依靠非机动的出行。

而在三者交叠的区域，显示只有10%的家庭可以在45分钟内抵达小少于三分之一的大巴黎地区就业。意味着，大巴黎地区只有10%的家庭在交通、住房、环境方面获得均衡的覆盖，可以被视为协同的区域。

3.1.1.3　土地使用模式的可持续性定义

可持续性的概念依赖于人类的观察和定义。目前学术界还没有对"土地使用模式的可持续性"形成公认的定义。对于土地使用的可持续性来说：如果简单认为是能够连续满足城市建设的土地需求的一种能力的话，就是非常狭隘的一种理解。这只是看到了土地稀缺本身，但对于建立其上的未来潜在的巨大"空间消费"（指人造空间中各种资源的消耗）视而不见。

这些"空间消费"包括：

（1）对资源的消耗：建筑材料、水资源、建筑能耗、交通能耗等；

（2）对环境的冲击：降低不透水地面比例（这样可以影响到水循环和热岛效应）、温室气体排放、垃圾废弃物等。

什么样的城市模式能够降低空间消费？彼得·霍尔给出了他的判断——田园城市。在《社会城市——埃比尼

图3-6　3E原则支持下的可持续土地使用模式

泽·霍华德的遗产》中文版序言说到这本书的两个意义时，"第一个是帮助阐释霍华德田园城市的思想及当时的重要性；二是，将我们关于霍华德对于可持续城市的规划重要性的思考带给中国读者。兼之，在全世界同时尽力应对全球气候变暖挑战的这样一个时期，随着中国通过新一轮的生态城市计划领头迎接这场挑战，田园城市提供了一个解决办法，甚至连霍华德也从未曾领会到：这可能是实现可持续的城市发展的道路，以资源使用减到最低限度和环境冲击减到最低程度为基础"[137]。彼得·霍尔认为田园城市能实现可持续道路是以资源使用最小和环境冲击最低为基础的。本研究也以此为基础定义土地使用模式的可持续性：

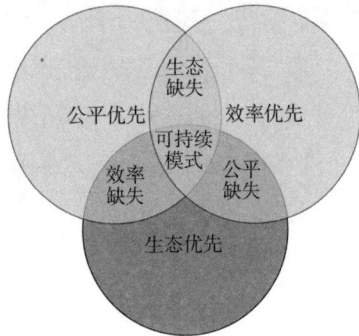

土地使用模式的可持续性归根结底就是建立在土地基础上的一种空间资源利用的最优化能力，这种土地使用模式在满足城市人基本需求（居住、工作、游憩、交通），创造同样多的空间时（人均建筑面积相同），资源消耗更少（土地、能源、水、建筑材料等资源），环境冲击更低（碳排放、热岛效应、地下水漏斗等）（图3-6）。

比较这种最优化能力包含1个前提条件，2个评价要素。

对特大城市地区来说前提条件是：同样的人均建筑面积，意味着和经济消费水平相当的人均建筑空间占有水平相等或接近，这和土地使用模式直接相关联。

2个评价要素包括：（1）资源消耗更少，可以用人均能耗来作为表征项；（2）环境冲击更低，可以用人均碳排放水平来说明，或者其他环境指标。

综合上述对土地使用模式可持续性的梳理，本研究对于土地使用模式可持续性的实现过程，从微观和宏观两个层面进行考察。在微观层面是符合可持续原则的土地使用模式单元数量比例越来越高；在宏观层面则是上述表征可持续能力的数据比较。

在文献综述和上述定义、关系界定的指引下，特提出下面三条前后相继的假说，作为可持续土地使用模式研究的基本理论框架。

3.1.2　假说一：形态的紧凑程度

把"紧凑"定义为，物质形态上的紧凑，构成土地使用形态的物质单元（建筑单体、居住单元、楼层等）之间距离更近视为更紧凑，可以用多指标进行衡量，如建筑密度、容积率等。

3.1.2.1 前提：在总建筑规模相同的情况下

紧凑城市的理论假设：认为形态紧凑，比扩张更具有可持续性。这里推论的前提条件是在同等规模下，这种同等规模对于土地使用模式来说，表现为总建筑规模的相同。结合比较可持续性前提条件中人均建筑面积相同的规定，意味着同样的建筑规模下，人口规模也相同。由于实际比较时情况千差万别，很难一一对应，因此，在实际比较中假定作为一个城市人各项基本需求共性更多，差异性少，即不同地区的理想城市人，不因其肤色或者国别、经济水平的差距，对满足基本的居住、工作、游憩、交通需要来说，从人的尺度出发，对于空间的尺度要求都是相似、相近的，所以当人均建筑面积差异并不显著的时候可以认为具有比较的条件，对于显著性的规定可以由研究者设定。本研究中设定：当比较对象之间人均建筑面积的浮动范围不超过平均值的20%时被认为是较为合适的范围。

3.1.2.2 适度原则体现在对生态、公平的兼顾

本研究在假说中强调形态的"适度"紧凑原则，是采取了折中派的观点，肯定集中和分散的各自优点，更重要的是避免将"紧凑"与"拥挤"等同起来。片面的追求经济效率，往往会导致环境与社会的失衡，适度体现了对生态和公平原则的兼顾，希望能够留有自然循环过程所需的基本空间，又能满足人们对开敞空间和安全的需要。适度紧凑有利于城市整体的可持续发展，可以通过对开敞空间的规定来抑制过度紧凑，防止由"紧凑"演变为"拥挤"。

3.1.2.3 形态紧凑是功能可达性好的前提

形态紧凑是基于可持续视角的功能可达、结构合理的前提；虽然研究的过程中出于测度的需要，将形态与功能二者分离出来进行独立考察。但实际上，就具体的空间来说，形态与功能一直都是重叠，相互依存而又深刻互动的一组关系。如果从空间形态作为功能安排的物质基础来看，形态上的紧凑为功能混合、可达性好提供了的前提和基础。城市地区这种集中化的可能性开始为促进高密度的生活方式铺平道路……紧凑城市应该为人们提供一个愿意去居住的环境，它所提供的服务、设施和交通可以鼓励人们采取更具可持续性的生活方式[138]。

3.1.3 假说二：功能的可达程度

功能的可达程度：指从研究区域内任何一点（某个网格）到某项功能位置的相对难易程度。本研究从公共设施角度出发，测度公共服务设施服务的范围和提供服务的质量。从宏观视角看，它也包含三条连续的论点：功能的不断升级是功能多样性增加的表现，功能多样性为功能混合提供支撑，功能混合能够提升功能的可达程度，为城市人提供更加便利接触空间的机会。

3.1.3.1 功能升级是多样性增加的表现

通常认为特大城市地区能够提供更加多样化和高质量的功能服务，这依赖于城市功能的

不断演进。

不断发展前进的城市与区域相关理论呈现了特大城市地区功能不断演进的趋势，这一历程主要包括城市区域理论、新时期的世界/全球城市、全球城市区域、多中心大城市地区等方面，以及后现代城市空间生产与消费理论等。其中，地方用地功能系统是全球城市区域响应跨国竞争的基本空间单元，由功能升级所形成的全球竞争力是新时期城市功能多样化的主要特征。

3.1.3.2 功能多样性是功能混合的支撑

功能多样性是功能混合的前提条件，也是进一步增强混合程度的支撑。从目前世界特大城市地区的发展趋势来看，这一多样性增加的趋势促使了混合逐渐走向多元化的发展路径。

从起初的水平层面的功能混合，到建筑综合体的广泛大量出现，再到24小时城市概念的流行。混合在空间和时间交叉领域不断扩大，此外还包括地上、地下空间不断被综合利用的发展趋势，潜力被进一步挖掘。具体的混合发展路径有城市更新、棕地开发、填空式发展、重要节点的改造、结合交通设施的大型综合体的建设、地下空间的整合再利用。这些都是在城市功能多样性不断增加、分工越来越精细化趋势下作用的结果。

3.1.3.3 功能混合能够提高设施的可达性

功能混合有利于提高可持续的交通出行方式比例；功能混合有利于提高公共服务设施的可达性。从已有的混合使用案例中可以发现混合对于可达性提升的作用。这些混合使用的情况包括：商务区的混合使用，将办公和商业混合使用来提高土地利用的效率和强度；结合交通节点的混合使用，结合交通设施进行的综合体建设，如办公场所、购物场所、公寓住房等多功能集合，以减少交通拥堵，提高节点活力；棕地开发项目中的混合使用，包含娱乐、文化、居住等功能，对城市功能进行了重构，多见于城市转型过程中；社区邻里的混合使用，适当增加小规模的商业设施和公共服务设施；旧城更新过程中的土地混合使用，通常可以带来更大的旅游吸引力和城市活力；高教区的混合使用，包括研究中心和咖啡吧、餐厅、会议场所、休闲场所等，能够提供不同领域人才之间的交流场所和接触机会的创新空间。很难例举出所有的混合情况，但上述混合使用都表明混合还是应聚焦微观领域，以人的步行活动范围为尺度。必须强调这里的可达性不是指小汽车的可达性，基于可持续视角的可达性应是"按照步行、自行车、公共交通工具、小汽车的顺序排列"[62] 221。

3.1.4 假说三：形态与功能的协同程度

基于城市人使用便利的视角考察形态与功能相协同的定义：一定时间内，以某种功能设施为出发点，基于走路、骑自行车和搭乘公交等选定的低能耗出行方式能够服务到的理想城市人规模。可以通过考察设施的服务范围内的建筑规模来测度其协同程度（Cooperation Index）。

形态与功能寻求协同的微观基础来自于梁鹤年提出的"城市人（Homo Urbanicus）"。梁鹤年在《城市人》一文提出"城市人是理性选择聚居去追求空间接触机会的人；不同种类的'城市人'追求不同类别的空间接触机会，因此选择不同种类的聚居形式（人居，Human Settlements）。'规划者'（包括所有参与规划设计、城市决策、实施环节的人）的职能是匹配不同'城市人'与不同人居环境。"[139]。形态与功能相协同是理想城市人花费最少成本（经济、社会、环境），获取最大空间接触机会的途径。

3.1.4.1 步行导向的中心形态

步行本身是一种重要的交通方式，以北京为例，步行在市区出行总量中约占三分之一[140]，另外，在公共交通、非机动交通、小汽车等其他交通方式中也包含着步行交通。

扬盖尔在《人性的城市》一书中指出传统步行城市的特点"大多数城市中心的面积在1平方公里左右，行人只需走不超过1公里的距离便可到达所有主要的公共设施"[141]121（图3-7）。特大城市由于其庞大的规模和不断的增长，城市中心不局限于

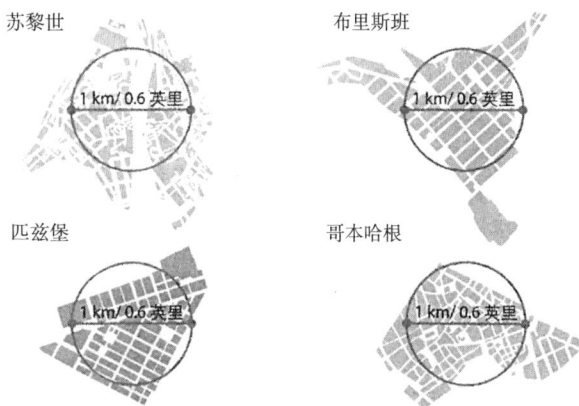

图3-7　步行尺度的城市中心

资料来源：扬·盖尔.人性化的城市.北京：中国建筑工业出版社，2010:121.

单一位置和数量，但拥有适宜步行尺度的多中心组群是步行与形态协同的参数之一。基本公共服务设施的步行可达——和居民日常生活相关的商业、小学教育、公园、绿地等公共服务设施的服务半径应该尽可能覆盖城市居住生活区。此外，轨道交通站点服务半径内的步行环境、就业中心（CBD）、重大公共服务设施周边的步行环境都是步行尺度城市形态应当关注的重点区域。

3.1.4.2 非机动车导向的流线网络

完善的自行车道路系统、提供安全、健康的出行环境是作为环保的自行车出行方式与城市形态协同的关键，特别是人们环保意识逐渐增强与气候变化加剧的今天。安全问题是目前自行车交通出行方式中备受关注的问题，从欧洲城市的经验来看，自行车交通出行比例的增加，不会增加交通风险事故，反而有助于减低该类事故的发生。丹麦哥本哈根的数据表明骑自行车的数量增多，骑行事故的风险和实际事故、严重受伤的人数会大幅下降，当街道上有很多人骑车时，汽车司机会更加留意自行车交通[141]186（图3-8）。

与欧洲自行车交通出行重新受到重视形成强烈对比的是北京，北京自行车出行受到严重的排挤，出行率由1980年代的60%下降到2010年的16%[142]。自行车长期以来一直是北京市

民的主要代步工具。随着小汽车保
有量的迅猛增长，自行车行路权受
到侵害，出行空间不断受到排挤，
骑车环境日益恶化。明确非机动车
出行的流线网络与中观尺度的城市
空间形态之间的互动关系日益变得
重要。

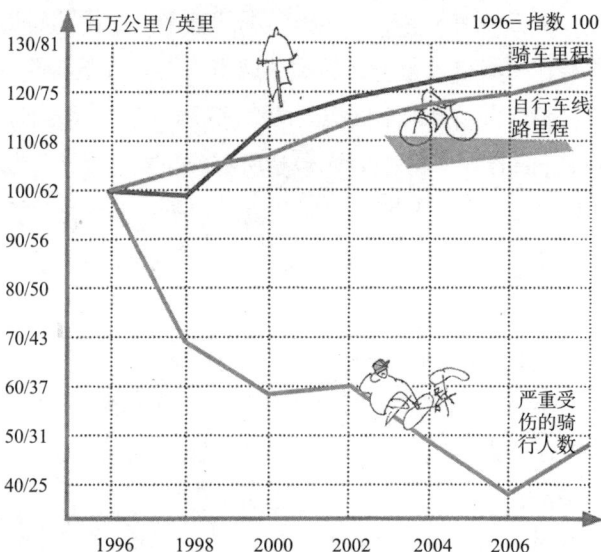

图3-8　哥本哈根自行车骑行数据
资料来源：扬·盖尔.人性化的城市.北京：
中国建筑工业出版社，2010:186.

3.1.4.3　公共交通导向的区域

公共交通线网和站点的空间配
置——公交线网的密度、结构、站
点的覆盖一定程度体现着城市公共
交通发达和合理程度，并影响居民
的出行方式选择。

在分析城市形态对公交交通系
统的影响的众多研究中，王辑宪认
为目前已经在4个方面形成了较为深
刻的基本共识，包括"居住密度、就
业密度、可达性、邻里设计"[143]。
其中，居住密度、就业密度、可达
性反映宏观层面的城市形态特点，
而邻里设计则在微观层面上影响公
共交通系统。城市形态通过这几方
面左右人们日常的活动地点和出行
方式的组合，除此之外，城市人口
的统计类型特征、经济发展水平和
私人汽车拥有量也对道路网络和公
共交通服务系统产生影响。对特大

图3-9　哥本哈根指状规划的轨道站点周边土地开发图
资料来源：哥本哈根区域规划2005

城市地区来说，依附于形态紧凑之上的公共交通可达性对于整体层面和使用者都很重要。

在哥本哈根地区规划总体规划方案（2001年）中体现了上述理念。图3-9所示，图中深色表示的地区是建成区。圆圈表示距离车站1000米的步行范围，地方自治体期待城市功能在该范围内进行选址[144]。2005年的"哥本哈根地区规划"继承了这一想法，提出15处位于"手指"和"手掌"交通节点附近的城市开发与再开发地区。

以上是从可持续的交通方式视角讨论了形态与功能相协同的方式，而形态与功能相协同的方式并不限于此，还可以从诸多方面进行形态与功能相协同的探索。例如，区域层面土地使用模式中公共绿地和城市中心的配合，居住和就业地点、公共服务设施的位置关系等。

3.2 土地使用模式的形态与功能要素

影响土地使用模式可持续性的要素分为形态要素与功能要素。这里的形态与功能要素指需要被测度的要素种类。

3.2.1 形态要素

3.2.1.1 建筑物

建筑物的体形系数、建筑物的高低和建筑物之间的组群关系等方面都可能对土地使用模式的可持续性带来影响。

建筑物的体形系数。在同样建筑面积情况下，体形系数小，意味着建筑外表面积小，节省建筑材料的同时，也有利于使用过程中降低室内控制系统的能耗，包括冬季采暖、夏季降温等，具体分析见3.3.2建筑节能机制内容。

通常认为建筑高低变化及建筑物组团之间的空间关系会对城市的通风，污染物的扩散和热岛效应有影响。例如，中东地区传统建筑为了降低夏季热烈的太阳辐射的副作用，建筑物之间的间距较小，增加建筑物的阴影遮挡面积，制造风压，有利于空气流动。在马斯达尔新城的设计中也采用这一原理（图3-10）。

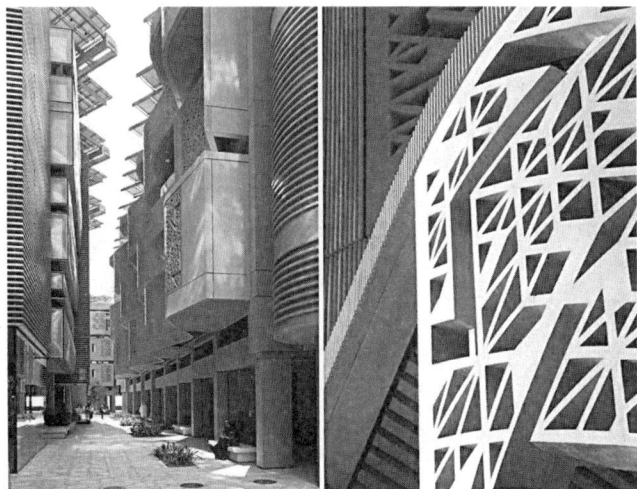

图3-10 马斯达尔学院建筑建成后的效果和建筑细部
资料来源：马斯达尔学院

3.2.1.2　道路和广场

道路广场等硬质界面对于土地利用模式可持续性的影响包括道路面积、宽度、广场的规模、铺地材料的透水系数等方面。

非透水地面（硬质界面）的面积。通常单一界面的道路、广场等硬质界面规模过大，会对城市热导效应造成不利影响，一个比较显著的例子是飞机场的硬质界面。法国学者通过对巴黎城区热岛效应的调查研究，发现巴黎北部的戴高乐机场和南部的奥利机场热岛效应非常显著[145]（图3–11）。

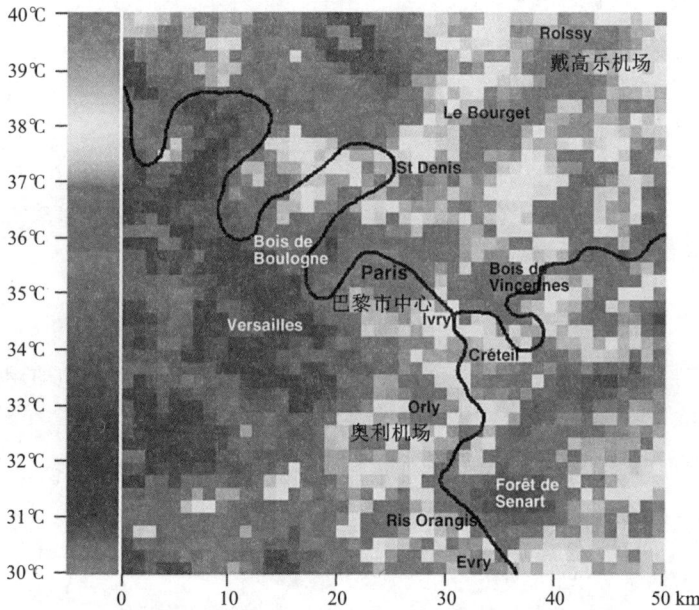

图3-11　巴黎夏季白天的热岛分布

资料来源：Dousset B, Gourmelon F. Satellite multi-sensor data analysis of urban surface temperatures and landcover. ISPRS Journal of Photogrammetry and Remote Sensing, 2003, 58（1）：43–54.

铺地材料的透水系数。比较早期的城市建设用沥青等材料进行道路硬质工作取得了进步，但随着人们全面评估自身行为对环境的综合影响，逐渐意识到降低城市地区的硬质界面比例，提高地表的渗透能力有利于水资源的自然循环过程。这种益处最终会回馈给人类社会自身。

在英国、法国等欧洲国家，已经广泛使用透水材料进行地面铺装。特别是在一些公园中使用碎石子、沙砾代替不透水材料进行硬化处理。我国也有专门的技术规定，比如人行路面的可渗水地砖的使用。但在实践中这方面的理念并不突出，尤其反映在公园、广场的设计和建设中。

此外，道路广场的形态还会影响到汽车交通的使用，进而影响交通能耗水平。关于这一点会在作用机制一节专门讨论。

3.2.1.3　绿地和水体

绿地、水面等透水地表对于土地使用模式的可持续性影响，就形态方面来说，主要体现在其规模、形状、边界的复杂程度等方面。

规模：通常认为绿地和水体规模越大，越有利于生态系统的稳定[146]，对于缓解城市地区的空气污染、热岛效应、地下水补给、增加生物多样性都有好处（图3-12）。

形状：绿地系统的格局，江河、溪水的走廊，湖泊水面的分布与季风方向、城市建成区相对位置关系，会调节城市地区的微气候，包括夏季的通风散热、冬季的阻挡寒流等作用。

边界的形状复杂程度：部分研究证明，一定规模、同样面积下，绿地的边界复杂程度越高对缓解城市热岛效应越有利。

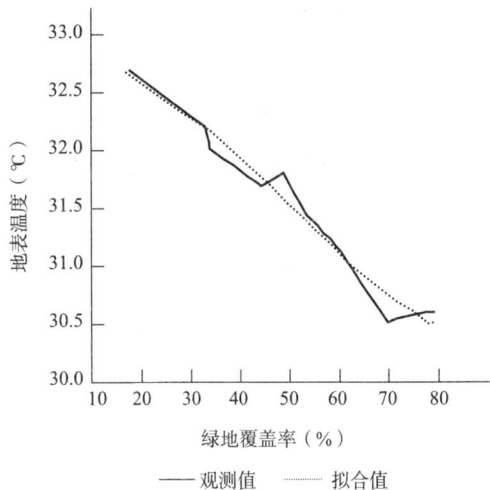

图3-12 地表温度与绿地覆盖率的负相关性

资料来源：李俊祥，宋永昌，傅徽楠. 上海市中心城区地表温度与绿地覆盖率相关性研究. 上海环境科学，2003，22（9）：599-601.

3.2.2 功能要素

功能要素包括功能种类、功能位置、功能单元与交通方式。功能要素对土地使用模式可持续性的影响主要反映在与之关联的生活方式上。不同功能的空间位置关系，空间距离的远近，往往直接影响人们的出行方式选择。所以我们把不同空间层次的功能位置关系和交通方式看作是功能要素的延伸，这一意义是由可持续发展理念带来的。除此之外，表征功能要素的指标还有功能种类本身的层次性和丰富程度、功能混合程度。

3.2.2.1 功能种类

用地功能的种类具有显著的空间层次属性，在每个单独的空间层次上也具有多样性与丰富性的特征。

用地功能的空间层次属性可以按照全球、国家、地方进行论述。

在全球层面，人类观察到的土地功能属性往往从大的地被分类学角度进行研究，森林、沙漠、绿洲、农田、人类聚落等。

在国家层面，除了上述分类方法以外，可以进行更细致的划分。在我国土地功能分类中有两家权威行政部门，国土资源部和城乡建设部。在编制用地分类行业标准方面两大部门在用语使用上具有一定差异，国土部门的称为土地利用分类标准，如《土地利用现状分类》①，城乡建设部门则主要使用"城市用地"或"土地使用"而避免使用"土地利用"一词，例如《城市用地分类和规划建设用地标准》②。虽然管理部门从各自的职责和范围划定功能的分类，但是生活在土地上的人并不受这些分类拘束。由此引出地方层面的用地功能认识。

---

① GB/T 21010—2007

② GB/T 50137—2001

在地方层面。《雅典宪章》对此曾作出经典的概括，把城市生活分为四大功能：居住、工作、游憩、交通。虽然这种简单化概括转化为"功能分区"理念，被机械的使用，带来许多问题，但并不影响它对城市基本生活内容判断的简明扼要性。可以从上述四种基本功能出发，分别分析其能源使用和环境冲击，也可以从其相互的位置关系，组合方式，来探讨城市人行为方式与可持续性之间的关系。

例如，工作所涉及的不同用地功能类型与能耗水平有较显著的相关性。制造业、资源加工型行业的人均能耗通常要高于服务业的人均水平。

3.2.2.2 功能位置

功能位置指不同功能之间相对位置关系。一个常用来描述居住、工作、游憩之间关系的测度指标是混合度。而它们三者之间的截然分开或者是充分混合，影响着人们在不同空间尺度上的交通出行方式选择。代尔夫特理工大学博士范·登·霍克（Van Den Hoek）开发了土地混合使用指数（Mixed Use Index，MXI）分析工具来说明居住、工作、设施三类功能在总建筑面积中的构成关系[147]，如图3-13所示。

该指数针对的是建筑空间。居住（Housing）功能是简单明确的；工作（Working）指的是工业和办公类建筑；设施（Amenities）指除去居住、办公以外的服务性建筑（服务可以细分为商业、文化和娱乐及公共服务，包含部分游憩功能）。大的等边三角形一共由10行100个小的三角形组成，意味着构成比例之和总是100%。三角形的每个顶点对应于一个单独的非混合的功能类型，然后分为两两组合和三种功能都有的情况。上图所示的混合程度超过了80%。

图3-13 用地功能混合的分类与界定

资料来源：Mashhoodi B, Berghauser Pont M. Studying land-use distribution and mixed-use patterns in relation to density, accessibility and urban form. 2011.

除此之外，在城市规划领域中职住平衡也被认为是扭转不同功能位置空间分异，特别是居住就业通勤距离加大趋势的一种努力方向。

3.2.2.3 功能单元与交通方式

主要包括：步行的功能尺度、非机动车的功能尺度、公共交通工具的功能尺度。

（1）在微观层面，在同等规模性下，步行出行需要紧凑的中心形态和结构相配合，构成适宜步行的功能单元。

（2）在宏观层面，公共交通运输体系的发展也依赖于适度的城市人口密度，功能混合、非小汽车出行导向都以紧凑的形态为前提。

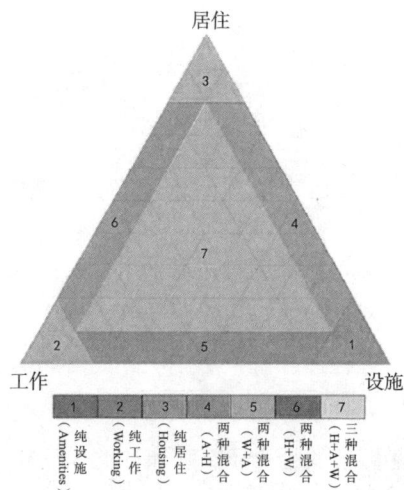

（3）功能层级、交通设施及其服务半径覆盖的范围可能会影响城市的能耗，乃至碳排放水平。

功能单元是城市微观层面的组成单位，众多的功能单元构成一个宏观层面的城市功能体系。而城市的能源使用效率往往体现在两个层面的组织协同效果。一个比较著名的比较案例是，巴塞罗那和亚特兰大之间的比较，两座城市人口相近，在250万~280万之间，1990年亚特兰大的人口密度为6人/公顷，巴塞罗那为176人/公顷，亚特兰大地铁系统长74公里，但是距离地铁站点在800米以内的人口仅为4%。巴塞罗那的地铁系统长达99公里，而居住在地体站点600米以内的人口达到60%。亚特兰大人均二氧化碳排放量是400吨，而巴塞罗那只有38吨[148]。

3.3 特大城市地区土地使用模式与可持续性的作用机制

特大城市地区土地使用模式与可持续性的作用机制分为能源约束机制和环境约束机制。土地利用模式的可持续性通过能源、环境对形态、功能要素的约束而表现出来。因而将其分为能源约束机制和环境约束机制。必须澄清的是两者并不是截然两分的。能源与环境也是相互联系，互为反馈的。能源的过度消耗会改变环境条件，而环境的变化也会影响到能源的使用。差异在于是建立正反馈的机制，还是恶性反馈的机制。以热岛效应为例，它将导致一个恶性的反馈环；而努力减弱它，则有利于建立一个正向的反馈机制。

能源约束机制。土地使用模式的能源约束机制主要表现在交通能耗约束和建筑能耗约束两方面。有学者认为产业能耗是能源约束的核心，特别对于现阶段的中国城市发展来说。但土地利用模式和产业能耗之间的关联机制很复杂，和政策、技术水平、城市资源特点、经济发展阶段等方面都有关联。对特大城市地区而言，一个广泛发生的规律是服务业占经济产值的比重越来越高，服务业逐渐取代制造业成为特大城市地区的产业支柱，而服务业的能耗主要体现在建筑和交通领域。近年来，特大城市地区交通和建筑领域的能耗比例在逐渐上升，制造业能耗逐渐下降。鉴于此，本研究只讨论这两方面的土地使用模式和能耗的关联机制。

3.3.1 土地使用模式与交通能耗

3.3.1.1 小汽车交通模式与能耗

已有大量的研究文献将能源消耗与交通方式、土地使用关联起来，这其中最为著名和被广泛引用学术研究来自于纽曼（Newman）和肯沃斯（Kenworthy）对于"交通能耗水平和城市人口密度相关性"[149]的分析。研究关注的核心是小汽车交通方式为主的分散式土地使用与人均交通能源消耗之间的相关性。在这一研究中，纽曼和肯沃斯认为随着城市建成区人口密度的增加，城市的人均能耗水平显著下降，这一论点的确立是基于北美、大洋洲、欧洲、亚洲等地32个城市案例数据分析得出的。具体分析结果如图3-14所示。

研究显示，人口密度较低的休斯敦市人均交通能源消费要超过高密度城市的香港18倍。从平均水平来看，10个美国城市的人口密度是12个欧洲城市的1/5，但在人均交通能耗水平方面，美国城市则是欧洲城市的3.6倍。从地区分布来看，北美的城市人均能耗水平最高，其次是澳大利亚，然后是巴黎、伦敦为代表欧洲城市，而人均交通能耗水平最低的则是东京、新加坡、香港所代表的东南亚高密度城市。研究者将人均能耗水平较低的原因归结高密度使得私家车的保有量和使用频率较低。这项研究的结论成为后来反对小汽车交通主导的土地使用蔓延模式的主要理由。

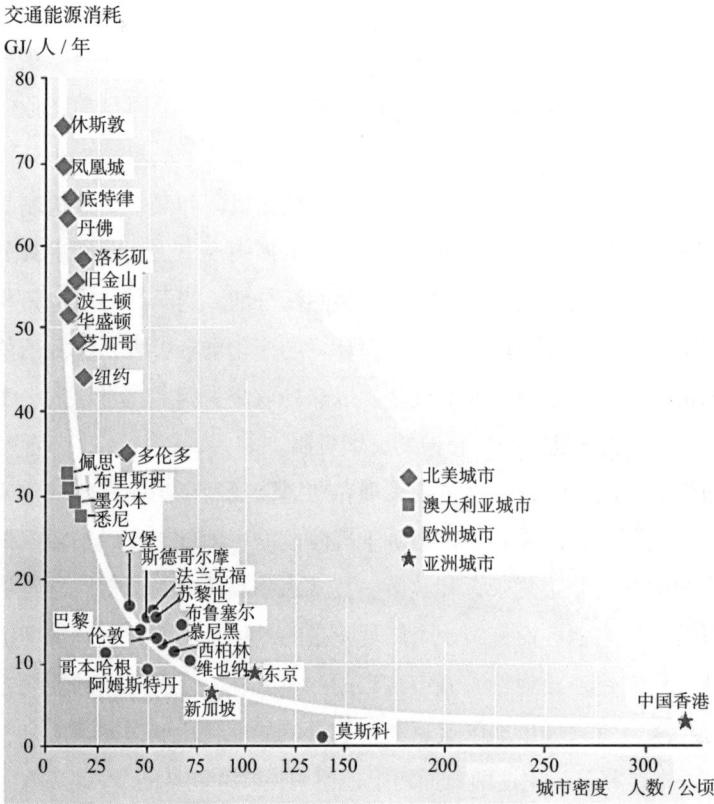

图3-14 交通能耗水平和城市人口密度相关性
资料来源：纽曼和肯沃斯，1989（转引自参考文献[150]）

但来自北美和澳大利亚的一些学者对这一研究提出质疑，质疑者认为研究人员没有考虑其他因素的影响，这些因素包括：

（1）收入水平和汽油价格。伊班妮斯（G-Ibannez），认为研究者没有考虑北美汽油价格较其他城市更为便宜，这种低廉的燃料价格对于人均交通能耗水平较高所带来的影响没有纳入到比较的范畴中[151]。

（2）城市规模。一些研究者认为城市能耗水平可能与城市规模有关。雷科比（Rickaby）、斯特德曼（Steadman）、巴雷特（Barrett）选取20个人口在5万～15万之间的英国城镇，重新验证纽曼和肯沃斯的研究，发现对于这种较小规模的城镇来说，人口密度的高低对于交通燃料使用的影响微乎其微[152]。

（3）理性就业。李维森、孔玛也抱有和戈登和理查德森同样的观点，北美的土地使用扩张是人口与就业一同向外分散的结果，并没有因为密度降低而带来人均交通出行距离的增加，同时还避免了传统大城市中心、边缘式的通勤交通方式[153]。

以上是较为早期的批评者的意见，他们还是从这一问题的内部来质疑。而越靠近近期，一些最新的研究则从这个问题的外部来质疑土地使用模式对于交通能耗有显著的影响。试图证明高密度对交通能耗的影响远不如研究数据所显现的那样显著，以此来批评上述研究在宏观层面上是站不住脚的。

（1）法规和政策的影响。澳大利亚学者纽曼认为交通管理法规和城市政策对小汽车的使用比单纯物质空间形态的影响要大得多[154]。

（2）产业结构的影响。来自亚洲的一些学者通过对发展中国家城市能耗构成的研究，指出产业结构对于能耗水平的影响要占主导地位。刘卫东、陆大道等人对中国目前产业结构、生活消费、交通运输和商业服务对于碳排放贡献度的研究结果显示，产业结构是能源使用、碳排放的主导因素，在58%～64%左右；道路交通节能贡献度所占的比重很小，只有2%～3%[155]。清华大学谭纵波教授据此认为近期我国实现节能、减排的主要努力方向并不在与城市规划关系最为密切的道路交通领域[78]。

（3）白领的生活方式。英国剑桥大学专门研究土地使用和交通问题的教授马歇尔·埃切尼克等认为土地使用对能源消耗的影响是非常温和，相较而言，白领的生活方式更能左右人均交通能源的消耗[46]。

显而易见，生活方式和土地使用模式、通勤方式是关联的。在高密度土地使用模式是否能够导致人均交通能耗水平降低的问题上学者们兜了一圈，政策法规、产业结构等视角实际上是对当前以紧凑高密度为主流的城市规划理论语境进行质疑。对于高密度的土地使用模式降低交通能耗作用大小产生怀疑。

布雷赫尼评论到：尽管纽曼和肯沃斯的研究从价值观到方法论上都受到质疑，但连那些质疑者也不得不承认，较为密集的土地使用模式在功能混合、公交出行等方面具有显著的优势[156]。彼得·霍尔也认为纽曼和肯沃斯的研究清楚明白地证明了能源的使用量和公共交通（特别是轨道交通）、小汽车交通有很大的关联度。"在反对意见中汽油价格、收入的差距和汽车效率只能解释其中部分原因；理性就业的视角也只是讨论了美国的情况。即便我们重复纽曼和肯沃斯的工作也会得到大致相同的结论。对于大城市地区而言，重要的是城市结构。在城市中心区有良好的就业中心和发达的公共交通系统，比就业地点分散在郊区的城市在能源利用上的效率要提高很多"[43]。

密集的城市环境中，肯定不会自动地意味着运输和能源消耗少。一些研究者也发现在没有形成有效的公共交通供给情境下，额外增加城市地区的人口密度将不可避免地增加交通拥挤和污染[157]。在确认小汽车与交通能耗之间的关联之后，城市地区面临的新挑战是，在增加人口密度情境下，如何确保居民日常生活中更多地使用公共交通，而不是小汽车。由此，学者们将目光转向了与土地使用模式相适应的公共交通系统。

3.3.1.2 公共交通模式与能耗

彼得·霍尔较早地关注到20世纪70、80年代发生在欧洲城市一些做法，许多城市在限制小汽车使用和建立快速大运量轨道交通系统两个方面进行努力。如巴黎的RER，德国的S-Bahn系统。这些地方将大运量的交通系统运营于城市传统的高密度地区，同时在这些地区采用3种办法限制私人汽车的使用：

（1）CBD步行化，并有便捷的公共交通联系；

（2）设置机动车噪声影响区域，尤其是在内城区；

（3）中心区道路收费。

这些方法已经用于伦敦和挪威的主要城市。然而在广大的郊区和偏远地区仍然主要依靠小汽车。彼得·霍尔描述到彼得·丹尼尔（Peter Daniel）的研究：欧洲城市多中心模式出现以后，人们的生活中心从市区转移到郊区中心，出现了两个相互矛盾的现象：通勤距离短了，但在郊区更多的出行由公共交通转向了小汽车交通。巴黎、法兰克福、旧金山等地都是如此，郊区和郊区之间的通勤量大幅增长。巴黎和法兰克福在公共交通上花费巨大投资，但对于郊区和郊区之间的小汽车交通增长仍然无能为力。尽管如此，纽曼和肯沃斯认为欧洲的模式比北美的情况要好，但彼得·霍尔则指出他们观察到的只是单中心城市市区内的情况，实际上私人小汽车的问题已经转移到市区之外，进而提出"规划师应当把土地使用和交通放置在一个完整的网络里考虑，将两者完美的结合"[43]。

除了上述对于城市宏观整体层面的研究外，也有学者对微观层面的城市社区进行土地使用模式与交通能耗水平相关性的研究，我国学者姜洋、何东全等在2011年对济南的不同时间跨度和类型的城市社区进行了调查和比较研究，城市街区形态对居民出行能耗的影响研究结论显示是济南市区2000年以后建成的超大街区型居住区人均能耗水平更高[158]。这个结论的不足之处在于，不能确定这是家庭拥有小汽车所致，还是形态所致，家庭收入、拥有小汽车与出行能耗相关性更大。但一个显而易见的结论是——生活在济南BRT公交走廊附近的家庭平均能耗要低于其他区位的住区。

此外，英国学者玛斯纳维（Masnavi）选择了英国2个城市的4个社区进行了分析比较，来说明不同城市人口密度（高密度或低密度）和土地使用方式（多用途或单一用途）对能源消耗的影响[159]。并且不仅于此，他还分析了生活质量和社会交往方面所受到的影响。他认为：城市根据自身的情况，街区的形态、密度和功能组织对于城市的可持续性而言往往同样重要；可持续发展需要有道路结构、公共交通设施与高密度土地使用模式相配合才能实现。

至此，我们可以对于土地使用模式和交通方式的能耗水平研究做一些总结：

（1）公共交通主导的紧凑型土地使用模式是城市人均交通能耗水平较低的重要因素；

（2）对特大城市地区而言，公共交通系统发挥着至关重要的作用，特别是轨道交通系统；

（3）轨道交通要想发挥作用需要与土地使用模式相配合，形成一个完备的系统。规划师要做的是把这些放置在一个更为完备的分析框架之中进行讨论。

3.3.2 土地使用模式与建筑能耗

对能源消耗的问题，现在政策制定者和专家之间已形成一个的共识，那就是提高能源利用效率与节能。彼得·霍尔在《明日城市》一书中提到，城市规划与设计缺乏一种驱动力，类似让土地使用更有效率和减少不可持续的创新和实验。如果个人对空间及依附其上各种资源、能源的消费逐渐导致人类社会在气候变化和资源枯竭的道路上越走越远，我们可能需要重新考虑的一些因素，包括过去自由的空间政策[160]。在西方社会，1990年代一直未被重视的能耗问题现在被逐渐提上政府工作的重点日程安排。那就是建筑的能耗问题。

在英国，建筑的运行能耗占到了总能耗50%，2010年纽约的建筑能耗更高，甚至达到75%[161]。根据清华大学江亿院士的研究（图3-15），"2008年我国民用建筑能耗约占总的能源消耗量（包括商品能和非商品生物质能）的30%"[162]。

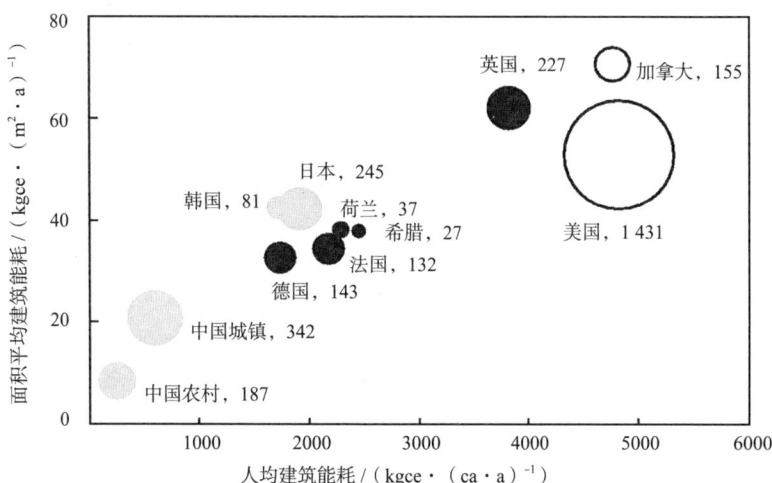

图3-15　各国建筑一次能耗比较（2005年）

注：图中数字为该国建筑一次能源总消耗量，单位为：百万吨标准煤

资料来源：江亿.我国建筑节能战略研究.中国工程科学，2011，06:30-38.

国内学者对北京的能耗结构也做了相关研究，北京居民生活和第三产业能耗比例在2000年处于30%到40%之间，而到2010年，这一比例已经上升至60%[163]（图3-16）。这样看来一些学者依据节能贡献度判断城市规划在节能减排中不起主导性作用，在国家层面或许有效，但对于一些发达的特大城市地区来讲，形势发生了改变，建筑能耗比重将日渐升高。谭纵波认为建筑节能"更多地取决于建筑本身的设计与建造，城市规划仅在引导方面可以有所作为"[78]。

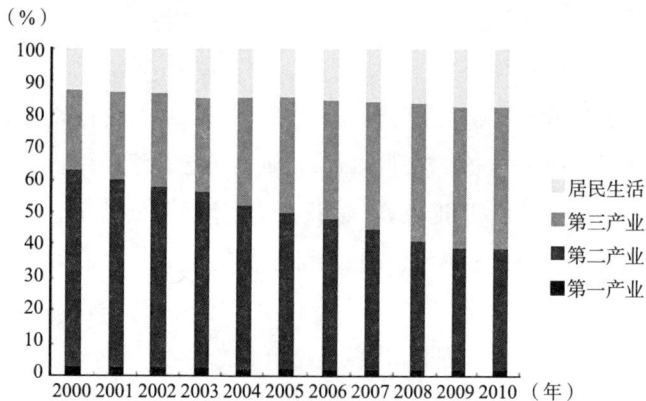

图3-16 北京市能源消费构成（2000—2010年）
资料来源：田闻旭等.节能减排目标下北京能源消费布局优化分析.中国能源，2012，09:31-33+41.

图例：
- 居民生活
- 第三产业
- 第二产业
- 第一产业

3.3.2.1 建筑形式与能耗

集合住宅的建筑形式是我国人均住宅建筑能耗低于发达国家的重要原因。江亿院士的研究报告认为：我国目前城市民用建筑的单位建筑面积能耗和城市人均建筑能耗水平严重低于发达国家，与美国相比大概在10倍左右。他认为主要有三点原因造成前述中外建筑能耗水平显著不同：第一点是建筑形式的影响；第二点是建筑环境控制系统模式与理念不同；第三点是室内环境效果和服务质量差异。

其中第一条原因"建筑形式"和土地使用模式直接相关：他从居住建筑和公共建筑两个视角分析该问题。从居住建筑能耗水平来看，我国住宅建筑广泛采用的大体量多层形式，其体形系数比之于欧美单体或双拼别墅建筑形式（single or detached house）要小得多，使得传热损失少，冷风渗透量也相对较小。这是我国人均住宅建筑能耗水平低于发达国家的一个重要原因。

3.3.2.2 公共建筑与能耗

从公用建筑能耗来看，"我国公共建筑面积占城镇各类建筑总量的34%，不同类别公共建筑在除了采暖外的建筑能耗水平上差异非常大。采用中央空调的大型单体公建，其除去采暖以外的单位建筑面积能耗可达每年70~150 kW·h/m²。而一般公共建筑的同条件能耗一般为每年30~50 kW·h/m²"[162]。我国大多数公共建筑建成后，能够自然采光，可以开窗通风，这是"一般公建"平均能耗水平低于发达国家的重要因素。

发达国家的特大城市地区在公共建筑的能耗方面，面临更为严重的挑战。根据纽约市长办公室的报告，到2030年纽约市85%的建筑，至少今天已经存在。所以，纽约的能源效率战略将集中在现有建筑物上。这就提出了一个复杂的问题，纽约有近百万栋建筑物。相关的研究证明，2%左右的大型物业（22000栋建筑物）占据了所有建筑物的能源消耗的45%左右。这些大型建筑类型有：商业、工业、机构、多户住宅，包括混合使用的建筑物[164]。

针对我国目前公共建筑的数量还在不断增长的趋势，江亿也提出对于我国目前发展形势的担忧：越来越多的大型公共建筑盲目引入西方"全空间，全时间"的室内环境控制模

可持续视角下特大城市地区土地使用模式测度研究
——北京与世界城市比较

式，这种模式相较于我国"部分空间，部分时间"的室内环境控制系统与运行模式，能源消耗有几倍之差。他建议控制公共建筑的总建筑规模，降低单位面积的能耗水平。具体建议有：

（1）严格控制公共建筑总体规模，以120亿平方米总建筑量控制政策，将指标分配到各级行政单位，实行严格控制；

（2）对各类公建实行全过程的用能定额管理制度；

（3）建设符合中国传统、与自然和谐的公共建筑设计与环境控制系统。

（4）通过技术创新使各类高发热量的机器设备建筑空调通风耗电量不超过机房设备耗电量的35%；

（5）健全公共建筑运行能耗监测管理系统和相应的监管机制。

此外，布雷赫尼也提出了针对建筑布局和能源使用方面的建议[66]：

（1）有效提升建筑的能源利用效率，达到满足可持续性的最低标准；

（2）增加可再生能源在能源使用中的比例；

（3）更多的使用本地能源，提高热力和电力的综合利用效率；

（4）注重被动式能源利用设计，改善微气候；

（5）使建筑的形体与布局更好地节能。

总体来看，关于降低建筑能源方面的建议更多的聚焦到了建筑设计和具体的技术层面。

至此，我们可以对土地使用模式与建筑能耗之间的关联做一个总结：

（1）建筑能耗问题隐藏在土地使用模式之中不易被发觉。低能耗水平的建筑形式和公共建筑规模的总量控制，这两方面是未来城市建筑运行能耗下行的关键；

（2）同等建筑规模下，集合住宅由于体形系数小，在节能方面优于独栋式、联排式的居住建筑；

（3）对特大城市地区来说，控制大型公共建筑能耗和办公楼能耗水平需要深入研究和加强规划引导。

3.3.3 土地使用模式与环境约束

土地使用模式可持续性的环境约束主要包括，空气环境、水环境、地表环境三方面内容。

从一定意义上说，城市密集地区能否实现可持续发展的目标，取决于环境问题的解决和环境质量的改善，在实践中如何将环境健康与经济增长有效地协调起来，仍是西方城市密集地区发展与规划面临的重要难题[165]。显然今天这一难题同样困扰着中国。

著名建筑师理查德罗杰斯对中国城市的土地使用模式评价道："数量和大小被当成浦东发展的首要问题，而不是质量和宜居性。现在这里烟雾弥漫、交通拥挤、建筑环境低劣。如果我们好好规划，通过响应环境的规划和建筑设计，我们能够将这种模式的能量消耗减少80%"[166]。

3.3.3.1 空气环境机制

空气环境的约束机制主要反应在空气污染、热岛效应与土地使用功能、形态之间的关联。

（1）空气污染与土地使用功能

土地使用功能带来的污染，主要是工业排放的烟尘、有害气体、臭味等。包括工业产生过程中的污染，其产生原因有原料加工破碎过程中产生的粉尘，因动力需要或工艺过程中的燃料燃烧或不安全燃烧产生的粉尘、二氧化碳及其他有害气体泄漏等，这类污染源的污染物的强度与工业区的类型有直接关系。

土地使用形态与空气污染也有一定关系，通常土地使用强度越高的地方空气污染越严重。2008年，联合国规划署研究认为，"大气褐云"对气候环境、经济发展和公众健康都会产生复杂的危害，而快速城市化进程和温室效应是造成这种现象的主要原因。这种云团带来的不利影响在13个世界大城市地区较为严重，其中就包括北京、上海和深圳[167]。在科学研究领域显然不满足于对于空气污染成因的宏观性解释，而空气污染与土地使用之间的关系也成为一部分学者的研究重点。

大量分析空气污染来源的文献是从能源使用造成污染气体排放的角度出发的。例如二氧化硫（SO_2）、一氧化碳（CO）和氮氧化物（NO_x），主要是由燃料燃烧过程中产生的。其中汽车在燃料使用中的污染物排放越来越多的关注，因为在西方许多城市，工业和建筑物污染物的排放量是稳定或呈现下降趋势的，而汽车尾气的排放在上升。目前中国特大城市地区也在经历欧美1950到1990年代类似的过程，甚至要更加复杂。PM2.5是近年来国际和国内社会广泛关注的空气环境问题，倪维斗院士认为其产生的来源非常广泛，"主要来源于燃煤和汽车燃油的燃烧"[168]。

部分研究显示，就发展中的特大城市地区而言，空气污染越发具有复合型特征。中国科学院生态环境研究中心系统生态国家重点实验室的张菊等分析了近20年来北京市城近郊区空气环境质量的变化趋势及影响因子。结果表明，"空气污染处于由煤烟型向机动车尾气型转变的过程中，表现出典型的复合污染特征"[169]。与上述复合型污染特征成因表现出一致性。从能源使用部门和空间位置看，无外乎道路交通、建筑、工业生产等，由于前面已经分析了交通和建筑能耗问题，这里不再赘述。而工业的污染气体排放是城市规划进行工业用地布局要考虑的重要方面。其基本原理已经比较成熟。主要通过识别城市主导风向与风频，确定有污染的工业用地与主要城区相对位置关系。

（2）热岛效应与土地使用形态

许多气象学者研究显示城市化显著改变了空气温度变化的边界，热岛效应呈现强度增大、面积扩张的趋势。林学椿等利用北京地区20个站近40年年平均气温资料，结合北京40年间人口、基本建设投资总额和城市基础设施投资总额、房屋竣工面积和住房竣工面积的变化，研究了北京城市热岛效应变化与城市建设之间的关系。研究发现北京市中心城区的增温率是城市郊区的9倍[170]。季崇萍等则发现北京城市热岛强度和总人口对数呈线性相关关系，其长期变化相关系数为0.76，城市建成区的范围与城市热岛影响范围呈同步变化趋势[171]。

东京也出现城市下垫面过度的硬化使得空气辐射温度过高，在1908至2008年间，东京城市里面的温度上升了3.2℃，城市中心的局部温度可能高出周边3.8度[172]。城市热岛效应产生了一个恶性循环：更高的温度下创造更大的空调使用需要，进一步加强了的热岛现象。

城市热岛效应与土地使用形态的关联主要来自城市街道、停车场和可以吸收太阳能的屋顶、阳光烤炙过的沥青、水泥和铺屋顶的焦油。还有建筑的布局如果阻碍了空气流动，填埋了风行廊道，可能加剧热岛效应。此外，公园、绿地规模与形态，水面等会起到减缓热岛效应的作用。

日本环境厅专门设立了委员会来商讨控制"热岛效应"，选定东京等5个城市作为案例标本，尝试控制热岛效应带来的不良影响。实验的研究报告建议借鉴德国城市规划中"风道"设置的经验，编制新的城市规划方案时，要使具有通风作用的使用性质功能组成廊道，设计要点包括道路走向、公园布局、森林和建筑组群的空间关系等[173]。

至此，我们可以对土地使用模式与空气环境之间的关联做一个总结：

（1）城市下垫面形态与土地功能布局直接影响空气污染物和热岛效应的产生、强度、扩散和消解；

（2）建筑物阻隔、绿地和通风廊道，对空气流动、降低污染物浓度、热岛效应有显著作用；

（3）建成区的硬质化程度（非透水地面比例）和热岛效应呈正向相关；

（4）对特大城市地区来说，城市绿地规模和结构、建成区硬化程度应受到规划控制和引导。

3.3.3.2 水环境机制

水环境的约束机制主要反映在地下水补给、瞬时洪峰与土地使用形态之间的关联。

地下水补给与土地使用形态。地表不透水面积过大的坏处不止上面提到的热岛效应，同时也被认为是阻隔自然界的水循环过程的重要因素。在一些特大城市地区出现地下水漏斗、地面沉降现象[174]，虽然有研究将原因指向农业过分的抽取地下水资源，但也有学者指出，自然降水的不能回补也是一个重要因素。地表过度硬化导致降水短时间大量积聚，提升了瞬时洪峰的上限，对城市排水设施提出更高要求，而这一个循环链条使得大量降水被直接排走，常年积累使得地下水始终得不到有效补给，也为地面沉降留下隐患。

瑞吉斯特以伯克利为案例说明了上述状况，在伯克利，35%的城市面积是街道、停车场和人行道，25%是建筑物，还有40%是开敞空间，主要是渗透性很好的草坪。这60%的硬化地面和40%的半硬化开敞空间，大约80%的下垫面使得大部分雨水都流失掉了。我们的城市应保护水资源，并尽可能使水的内在循环系统不受干扰。应严禁破坏土壤的可渗透性，尽量让街道和停车场的雨水就地入土[34]234。

此外，瞬时洪峰也和土地使用的硬化程度相关。日本学者市川正已的调查表明不透水地表面积扩大，导致河流的流量及最大峰值产生变化，缩短了达到高峰流量的时间。多摩市大栗川流域的监测数据显示在1968到1971年，洪峰时间从降雨开始后5.5小时缩短为2小时[175]。为了应对类似的情况，德国著名的生态城市弗莱堡在对河岸两侧的绿地进行自然整治的过程中，对河岸进行自然状态恢复，保持其自净能力，同时对城市所有硬化地面（公路除外）进行彻底拆除，改造成为了能渗透雨水的有机地面材料。这大大地提升了雨水的自然循环率，提高了地下水位的高度。这些结论均展示了城市土地使用方式对水循环的影响（图3-17）。

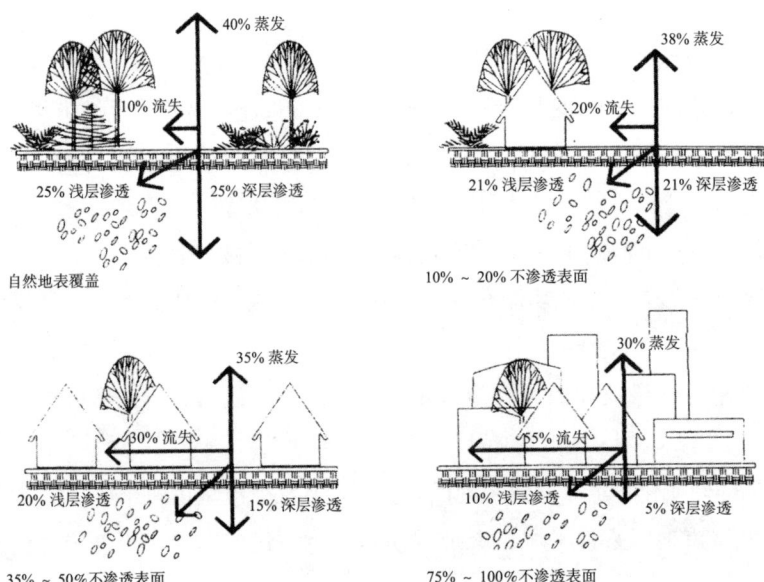

图3-17　不同地表覆盖差异带来的水分流失变化
资料来源：Berke P，Kaiser E J 等著 . 吴志强等译 . 城市土地使用规划 . 北京 : 中国建筑工业出版，2009:163.

至此，我们可以对土地使用模式与水环境之间的关联做一个总结：

（1）建成区的硬化程度高会阻碍地下水的补给，进而形成地下水漏斗，引起地面沉降等灾害现象；

（2）建成区的硬化程度高会加大雨后地表径流峰值，并缩短峰值到来的时间，增加城市内涝风险和抵御灾害的成本；

（3）和空气环境一样，对特大城市地区而言，城市硬化程度、绿地规模、比例和结构应受到规划控制和引导。

3.3.3.3　地表环境机制

地表环境的约束机制主要反应在生物多样性降低及相关影响与土地使用功能、形态之间的关联。

特洛伊在分析澳大利亚城市政策和城市面临的环境压力时，指出土地使用强度增高可能带来的不良环境影响：使得城市居民自己生产食品变得更加困难；由于减少了能够净化空气并使城市地区变得凉爽得树木和灌木的生长空间，空气质量恶化；减少了用作燃料的木材种植的可能性，减少了鸟类和其他本地动物群落的栖息地[40]。阿尔伯特（Albert）的研究指出，农田、森林等非城市用地转变为城市用地将对生物物种的多样性产生极大负面影响，因此必须在城市区域内考虑城市形态改变的环境影响[176]。

从环境要素的分析来看，土地使用模式对于空气、水、土壤的影响，主要源于微观层面的城市下垫面改造，这类问题往往积少成多，不易被察觉，当破坏累积达到一个人类不能接受的程度时候才被广泛注意到。这是需要转变发展观念和制定法律规范化进行预防。

3.4 本章小结

本章首先界定了土地使用模式的可持续性，并提出形态适度紧凑、功能可达性好、形态与功能相协同的3条理论假说；然后列举出土地使用模式的构成要素；最后详细地分析了特大城市地区土地使用模式各要素与可持续性间的作用机制，包括能耗约束机制和环境约束机制。总结得到如下认识：

（1）土地使用模式的可持续性是建立在土地基础上的一种空间资源利用的最优化能力，这种土地使用模式在满足同等消费水平，创造同样多的空间时（人均建筑面积相同），资源消耗更少（土地、能源、水、建筑材料等资源），环境冲击更低（碳排放、热岛效应、地下水漏斗等）。

（2）土地使用模式的形态要素包括建筑物、道路广场、绿地水面，功能要素包括用地功能种类、位置、基本功能单元与交通方式。这些构成要素是测度指标需要关注的内容。

（3）特大城市地区土地使用模式对能源的影响主要集中在交通和建筑领域的能耗，制造业能耗比重逐渐降低。交通能耗取决于与土地使用模式相适应的公共交通模式选择。建筑能耗需要控制大型公共建筑能耗水平和总量，而居住建筑形式也会影响总体的人均建筑能耗水平。

（4）特大城市地区土地使用模式对环境的影响主要体现在土地使用形态和功能要素改变所造成的空气污染、热岛效应、地下水补给缺乏、瞬时洪峰、生物多样性降低等方面；比较重要的要素是，土地使用中地表的硬化程度、建设强度、绿地规模和形式。土地使用的硬质化程度与热岛效应、地下水漏斗、瞬时洪峰、生物多样性等方面都相关；土地使用的建筑高度，强度，布局模式会对空气污染、三废排放等方面带来负担和影响其扩散、排解；绿地、水体、通廊等开敞空间对于缓解环境问题具有正向积极作用。

上述基本框架和要素条目是中篇测度指标设定和实证比较的基础。

中篇

土地使用模式的
测度方法和实证

本篇需要回答的核心问题是"如何测度土地使用模式"。包括三个子问题，第一是测度的指标体系是怎样的；第二是具体的方法及操作流程；第三是对方法的应用及检验。通过实证比较检验方法的有效性，同时对上篇中提出的理论假说进行验证。目的是为"下篇：土地使用模式优化策略和路径"提供量化分析的支撑。

本篇的"研究思路"分为三步：第一步是研究"如何将土地使用模式的各要素整合进测度框架"；第二步是研究"用怎样的方法获取测度指标所需的数据"；第三步是研究"针对特大城市地区进行方法的实证，获得每个测度参数项的统计学特征"。第一步将在第4章中阐述，第二、三步将分别在第5、6章中分别阐述。

本篇的"研究对象"主要是"现象"，即五个特大城市地区具体的土地使用现象，包括形态与功能在地表上的分布状态。主要来源包括卫星影像地图，权威机构发布的数据资料等。

本篇的"研究方法"是"逻辑演绎"、"案例实证"和"比较分析"。首先，通过"逻辑演绎"分析各个测度指标之间的关系，对土地使用模式的测度指标体系进行整体建构。其次，通过对测度方法的创新和综合运用，实现对土地使用模式形态和功能两方面指标的具体测度，而形态与功能间的协同关系则根据概念界定，通过指标之间的逻辑关系推演出来。最后，通过相关"案例研究"和"案例实测"、"比较分析"三方面来验证特大城市地区土地使用模式测度方法体系的科学性，形成基本结论。

本篇的"写作方式"采用"递进结构"，共三部分：第一部分是第4章，确定土地使用模式测度指标的建构依据及其相互关系；第二部分是第5章，根据测度指标的特殊性确定测度流程，包括数据基础、分层抽样、数据提取、方法检验4项步骤；第三部分是第6章，依据前两部分测度的具体数据，比较五个特大城市地区土地使用模式的特点，验证在本书第3章提出的理论假说，同时也为本书最后一部分铺平道路。

第4章

土地使用模式的测度指标

　　土地使用模式的基本构成，分为形态与功能两个部分。通过对形态紧凑和功能可达的测度，获取对土地使用模式的整体性认知。进而分析其与可持续性指标的相关性。本章主要为土地使用模式的整体性认知服务，可以分为三部分，具体如下：第一部分确定测度形态紧凑程度的指标。形态：就是客体的三维，是对物质第一属性的测度，也就是用三维数据将客体存在形式进行语言再现。第二部分确定测度功能可达程度的指标。功能：对客体使用性质的人为规定和描述。第三部分确定测度形态与功能协同程度的指数。协同：对形态与功能作用机制达成效果的一种规定性。

4.1 形态紧凑的测度指标

4.1.1 形态指标的选取依据

本研究借鉴空间矩阵（Space matrix）的表达方法，并在其指标的基础上增加两项原始数据指标。虽然空间矩阵方法中有4项指标项目（容积率、建筑密度、平均建筑层数、开敞空间分配率），但其中原始数据指标只有2项，即建筑密度和平均建筑层数，容积率为建筑密度和平均建筑层数的乘积；开敞空间分配率也是由这两项原始数据指标计算得出。本研究为表达测度范围的宏观建成区规模和透水地表面积比例信息，增加2项原始数据指标，分别为建成区覆盖率和透水地表面积比例。

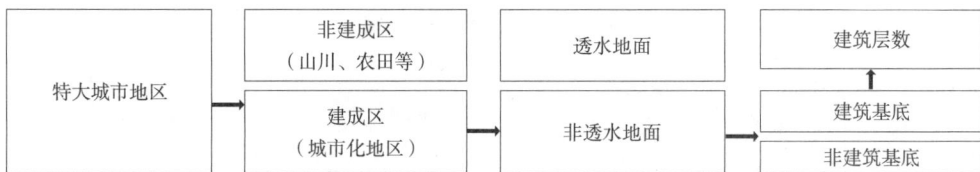

图4-1 特大城市地区土地使用形态测度层次分析

如图4-1所示，通过对特大城市地区四个空间层次的逐级分析，我们就可以测度出所需要的水平和垂直的4项主要原始指标数据。而研究分析中要运用的其他指标数据可以通过这4项原始数据推导、计算出来。

确定"6项形态指标"主要是根据测度对象特征以及研究目的需要。具体的选取理由如下4点：

（1）前人已有的工作是确定测度指标的主要来源。文献综述中将形态的测度指标分为"覆盖率"和"紧凑度"两类，6项指标中建成区覆盖率、透水地面比率、建筑密度属于覆盖率指标，容积率、开敞空间分配率、建筑层数直接与紧凑度相关。

（2）测度方法对指标使用的限定。在第2章土地使用模式研究综述与测度研究进展中第2.2.3.3节"测度工具和方法"中重点介绍了本研究形态测度中使用的核心测度方法"空间矩阵（Space matrix）法"，空间矩阵分析法中涉及4项原始指标，分别是：建筑密度、建筑层数、容积率、开敞空间分配率。本研究的创新之处就在于在空间矩阵方法基础上增加了建成区覆盖率、透水地面比率2项新的宏观层面覆盖率指标。

（3）指标的常用性及指标间严密的逻辑关系。容积率、建筑密度、建筑层数是土地使用模式中最常用的指标项。加上开敞空间分配率在内的上述4项指标之间具有数学上的逻辑关系，容积率和开敞空间分配率是由建筑密度和建筑层数合成。

（4）指标对土地使用形态表述的完整性。区别于地理学宏观研究偏向于二维的特点，本次测度指标中强调了对土地使用三维特点的测度，指标"建筑层数、容积率和开敞空间分配率"都包含了这样的特点。

在本研究中把构成土地使用形态的指标从宏观到微观4个层次按序加以说明和定义，并列举计算公式。下面以直径100公里（D100）范围的特大城市地区为例进行说明（选取D100公里作为研究范围的原因在于五个案例地区连绵的城市建成区主要都分布在这一圆形地域范围内，详情可见章节5.2.1人工解译后的图纸）。

4.1.2 建成区覆盖率

层次1：城市用地占城市地区面积比率（建成区覆盖，Built–up Area Coverage）。第1层次是从研究范围总体用地中分离出农业地区和山区、大的河湖水面等具有宏观地貌特征的区域类别。

定义：建成区覆盖率为规定范围内的建成区面积与规定范围面积的比值，用百分数表示。

计算公式：建成区覆盖率$=A/A'$　　　　　　　　　　　　　　　　　　　（1）

其中：A为建成区面积，A'为统一规定的测度范围面积，对于本研究来说，A'等于直径为100公里（D100）的圆形面积。

本研究计算公式是借鉴了科尔公式（Cole，1964）的紧凑度公式，使用统一的"测度范围面积"代替了原公式中"建成区最小外接圆面积"，也可以理解为规定了同一大小的外接圆，而考察其中建成区面积的差异。这样的规定是处于比较研究的实际需要。同时也规避了原科尔公式实际操作中建成区边界划定标准的争议（主观上认识的差异、是否跨行政区边界等）。这样的建成区覆盖率实际测度的数据反映的是该范围内的建成区规模。鉴于紧凑度指标中结构视角和引力视角不如科尔公式直观，同时计算烦琐、需要数据量大予以舍弃。

4.1.3 透水地面比率

层次2：透水地面占城市用地比率（透水地面比率，Permeable Surface Ratio）。第2层次是从城市用地中分离出透水地面和非透水地面。"透水地面"主要是城市用地中裸露植被的地表和水面等，由于我们依赖于卫星影像图的目视解译，规定树冠等绿色覆盖的水平投影均视作非硬质界面。那么实际调查统计的"非透水地面"主要包括除去上述透水地面以外的建筑屋顶、建筑基底和道路广场等所覆盖的地表界面。该指标与可持续性成负相关，主要影响城市热岛效应和地下水补给。

定义：透水地面比率为建成区内的透水地面面积与建成区面积的比值。用百分数表示。

计算公式：透水地面比率$=P/A$　　　　　　　　　　　　　　　　　　　（2）

其中：P为透水地面面积，A为建成区面积。

（注：非透水地面面积为道路广场等铺装地面和建筑基底面积之和，如使用了渗水地面材料需单独计算系数，转化为等价的非透水面积数）

为了实现对透水地表的测度，美国水域保护中心（1998）还提出了其他几种测度方法[80]：

（1）直接测度。通过航拍照片或者卫星影像地图测算。这一方法是最准确也是最昂贵的。

（2）分类估计。通过对用地分类（如单户住宅、商业等）估算不透水表面，确定每一类别用地的不透水表面系数。这项技术费用适中，能较为精确的估算出不透水表面的面积。

（3）路网密度。通过路网密度（单位面积中的道路长度）估算不透水面积。方法比较容易使用，但有时不够精确。

（4）人口。通过人口数据估算不透水表面。该方法快捷而廉价，但不同区域之间的差别可能很大。

4.1.4　建筑密度

层次3：建筑密度是常用概念。我们借鉴空间矩阵方法中建筑密度的表示方法，用GSI（Ground Space Index）表示建筑密度。第3层次在第2层次的基础上进一步分离出建筑基底面积，也就是建筑外轮廓投影面积作为"建筑密度"的分子，分母则使用建成区面积。

定义：建筑密度为建成区内的建筑基底面积与建成区面积的比值，用百分数表示。

计算公式：建筑密度$GSI=B/A$　　　　　　　　　　　　　　　　　　　　　　（3）

其中：B为建筑基底总面积，A为建成区面积。

在层次2中，我们已知透水地面比率，再加上层次3中的建筑密度，通过这2项指标我们还可以计算出道路广场等非透水地面的数值。

4.1.5　建筑层数及其他指标

层次4：建筑层数或者建筑高度（又称平均建筑层数）。这个指标实际是通过对建筑高度和层数的测度来获得建成区整体建筑规模的重要参数项。

定义：建筑层数为建筑面积与基底面积的比值，用比数表示。

计算公式：建筑层数$=B'/B$　　　　　　　　　　　　　　　　　　　　　　（4）

其中：B'为总建筑面积，B为建筑基底面积。

在Mata的空间矩阵研究中用建筑高度（Building Height，L）指代这一数据，但实际中高度与建筑层数之间并不是严格的对应关系，和建筑的使用性质、材料、设计等因素都相关。本研究使用谷歌地图街景功能或者百度地图全景功能目视读取建筑层数信息，获得原始数据因此本书中把建筑高度还原为测度中实际测量的数据类别，即建筑层数，用小写f（floor）表示。

至此，前4个层次的原始指标已经明确。通过这4项指标还可以计算出其他几个重要的参数项，包括容积率、开敞空间分配率等。

其他相关指标只要包括容积率和开敞空间分配率。容积率（FSI）和开敞空间分配率（OSR）的计算公式如下：

$$FSI_x = GSI_x f_x \tag{5}$$

$$OSR_x = (1 - GSI_x) / FSI_x \tag{6}$$

两个公式中：x表示测度的地块编号，单位都是比值。GSI表示建筑密度，f表示建筑层数。

容积率是建筑密度和平均建筑层数的乘积，表征着建筑开发强度，即抽样地块内部总建筑面积与单位地块面积之比值，通常用于微观层面。在本研究中，为区分微观的地块层面和宏观的圈层/地区层面，将宏观层面的"容积率"概念称之为"土地使用强度"，计算公式与英文缩写不改变。由于土地使用强度在参数构成上的综合性特点，能够更清晰地表达出实际建设情况，有利于后续研究时进行综合分析和描述。

开敞空间分配率相当于在纽约市区划中提到的开敞空间比例（New York Department of City Planning，1990）。在区划条例中规定在很多地区的发展项目必须提供一定的开敞空间。它被看作是最大限度的建筑规模需求与公众拥有足够的休憩空间愿望之间谋求平衡的一种表现。

4.2 功能可达的测度指标

4.2.1 功能指标的选取依据

鉴于特大城市地区土地使用功能层次的多样和复杂，本研究在此部分进行适当简化，主要测度4项内容，包括3类公共设施的可达性指标和1项功能混合度指标。主要测度的3类公共设施分别为公共交通、公共服务设施和公共绿地。

4项功能指标选取的依据来自于对特大城市地区土地使用功能层次的多样性认识和对复杂现象的简化，具体理由包括如下4点：

（1）虽然特大城市地区功能如此复杂，但基本可以分为居住、就业和其他公共设施，居住和就业在本研究中作为缓冲区分析法研究对象的面状要素，而缓冲区"源"的选取，即要与城市规划专业特点相关，又要与城市可持续性相关，这就是城市规划对城市公共利益和公共空间的安排和设计。由此引出了公共利益领域中和规划最直接相关的3类公共设施，包括公共交通、公共服务设施、公共绿地。

（2）选取这3项功能指标一定意义上还源于数据的可获得性，即处于"目视解译"的识别范围之内。

（3）最终确定主要测度用地功能的4项指标，包括3类公共设施的可达性指标和1项功能混合度指标。

（4）缓冲区分析法本身对点状和线状要素的要求决定了指标的选取特征。确定使用缓冲区分析法是由于其相较于最小距离法更加直观、简练，同时有保留了个性特点，而不是简单的平均值特征。

缓冲区分析法依据公共设施所在的位置设定3个空间层作为缓冲。以步行尺度为缓冲区的划分依据。规定缓冲半径为500米（可达性好，步行5~10分钟）、500~1000米（可达性一般，步行10~20分钟）、大于1000米（可达性差，步行20分钟以上）。在计算设施的服务覆盖范围时，还要考虑到公共交通、服务设施、公共绿地具体测度对象的差异，比如就公共服务设施中的小学来说500米是可达性好能接受的距离，而对于轨道交通站点和绿地来说这个距离可以适当扩大到1000米，在哥本哈根规划以及后续许多规划研究中都采用了这一标准，说明这一尺度的确定比较符合规划常识。

4.2.2 公共交通（轨道交通）

对特大城市地区来说，大运量快速轨道交通在公共交通运输工具中占据重要地位，这也是特大城市研究的特点所在。本研究选取的五个案例城市地区都拥有大运量的快速轨道交通客运系统。因此，采用轨道交通线路和站点作为公共交通的直接测度对象。

轨道交通是线状要素与点状要素的结合（线网、站点），在测度中分为两个方面测度：一是通过图示的办法，对线路结构，相互关系，站点位置在空间中展现出来；二是对具体站点缓冲区数据的测度。

在轨道交通可达性测度中主要的测度指标为轨道交通站点缓冲区覆盖率。原因在于轨道交通线网是通过站点实现人与用地功能的衔接和转换。轨道交通站点覆盖率的缓冲区半径为1000米，除此之外还有几项辅助测度可达性的指标项，具体内容见表4-1。

公共交通（轨道交通为例）可达性测度指标　　　　表4-1

指标名称	计算公式与方法	备注
站点服务覆盖率	=缓冲区覆盖面积/建成区面积（7）	为主要测度指标
轨道交通线网密度	=线网长度/建成区面积	其他辅助性指标： 设施规模的评价 单位站点的服务规模 （叠加部分不累计）
轨道交通站点密度	=站点数量/建成区面积	
平均站点间距	=线网长度/站点数量	

4.2.3 公共服务设施（小学）

在各类公共服务设施中，小学与居住用地的关系最为密切，也是步行出行频率较高的目的地，同时在特大城市地区各个空间圈层中分布较为均衡，具有一定的代表性。

选择小学作为测度研究的基本公共服务设施，基于下面几点原因：

（1）从个人的生命周期来看，求学、工作、休闲是不同年龄阶段的三个主要行为内容，求学过程中，小学阶段时间长，步行去学校的频率高，居住用地与小学位置的相关性强。来自比利时列日大学的研究者对不同教育阶段的出行能耗进行了研究，认为对于不同层次的教育设施，由于出行方式的差异，能耗的差异很显著。幼儿园和小学使用了非常低的本地能源消耗，并鼓励更多的步行和骑自行车[81]（图4-2）。

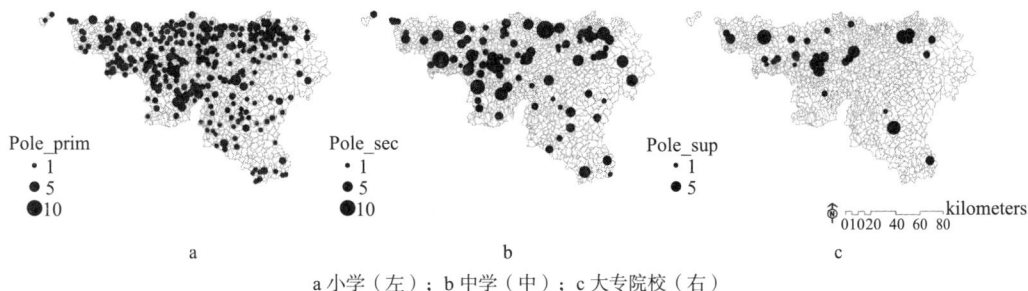

a 小学（左）；b 中学（中）；c 大专院校（右）

图4-2　比利时瓦隆地区的教育设施位置与规模

资料来源：Marique A F, Dujardin S, Teller J, et al. School commuting: the relationship between energy consumption and urban form. Journal of Transport Geography，2013，26: 1–11.

（2）规划理论。从邻里单位理论到邻里导向开发模式（TND），住区规划理论一直将小学作为衡量一个居住区域的基本单元。也是基于此理论许多的规划把小学的服务半径作为一个居住社区的用地规模范畴。

（3）实际状况。现实中，规划设计也是按照上述原则选址、操作实施。新版的城市用地分类标准中，已将原先划在居住用地里的小学用地调整到A3教育科研用地之中①；我国《城市居住区规划设计规范》中也写明小学的服务半径不宜大于500m②；

（4）数据的可获得性。本研究通过使用谷歌地图工具检索与抓取数据获得各个案例地区小学位置的分布。具体检索的关键词为：小学（中文、日文）、Primary school 、Elementary School（英文），école primaire（法文）。

基于上述理由，在本研究中选择小学作为具体的公共服务设施测度对象。具体的测度指标如表4-2所示。

公共服务设施（小学为例）可达性测度指标　　　　表4-2

类别	500米之内	500～1000米之间	1000米之外
小学服务覆盖率	步行缓冲区覆盖率（8）	—	—

备注：叠加部分不累计

小学服务覆盖率是小学步行缓冲区覆盖面积与建成区面积的比值（叠加部分不累计），用百分数表示，是主要测度指标。除了小学以外，本研究在实际测度中还对博物馆和国际机构总部的数量和空间分布进行了采集，使之与小学的分布相对比，前两者很明显的集中于中心地区，而对于区域来讲，小学的分布更加均衡，这也是支持使用小学作为测度指标的理由之一。除了上述设施以外，一些学者也从人均医院病床数、人均图书拥有量、人均

① 新版《城市用地分类与规划建设用地标准》GB 50137—2011。

② 城市居住区规划设计规范 GB 50180—93（2002 年版）

体育场馆座位数、人均演出场所座位数来衡量一个城市的公共服务水平和设施可达性，限于研究数据获取难度和笔者精力的限制，本研究暂不涉及这些内容。

4.2.4 公共绿地（公园等）

公共绿地的可达性是指从空间中任意一点到达该公共绿地所花费的成本大小或困难程度强弱，其相关指标有距离、时间、经济成本等，本研究中以距离最为主要测度参数，采用缓冲区分析法，使用公共绿地服务覆盖率指标对研究范围内的所有公共绿地的综合可达性进行测度。除此之外还有一些辅助性测度指标，具体计算方法如表4-3所示：

公共绿地可达性测度指标　　　　　表4-3

指标名称	计算公式与方法	备注
公共绿地服务覆盖率	=公共绿地缓冲区面积/建成区面积（9）	主要测度指标
人均公共绿地面积	=公共绿地面积/人口数	辅助性指标
覆盖率	=公共绿地面积/建成区面积	人均拥有量
平均公园规模	=公园面积/公园数量	公园大小与生态保育功能

备注：叠加部分不累计

公共绿地服务覆盖率是缓冲区的覆盖面积与建成区面积的比值（叠加部分不累计），用百分数表示，是主要测度指标（表4-4）。具体测度中以公共绿地外边界进行步行缓冲区计算。

公共绿地缓冲区覆盖率测度指标　　　　　表4-4

指标类别	500 米之内	500 ~ 1000 米	1000 米之外
公共绿地服务覆盖率	步行缓冲区覆盖率		—

备注：叠加部分不累计

由于实际状况中，建成区外的绿色空间（山川、河流、农田等）也是城市人有权利接触的公共空间。如英国规定农地，即便是私有的农田，必须留出小路使人步行可以到达。这部分绿色空间对于城市土地使用形态的影响与建成区内部的公共绿地有着不同的影响效果。在测度实证比较一章有专门论述。

4.2.5 功能混合度

为方便起见，在除去交通和公共绿地功能之后，我们对每个城市用地功能按照5类划分和描述，分别是居住、商业、办公、公共服务设施（教育、医疗等）、工业和物流，划分的依据是人工解译可以目视识别这些不同使用功能的建筑形态。这里采用美国城市用地学会（The Urban Land Institute，1987）对土地混合使用的定义，单位抽样地块以内超过3种功能以上的，视为多种混合。以规定范围内拥有的功能种类数量作为标定混合程度的参数。这样就存在从1至5，由低到高，共5个混合层级。对于单位测度地块来说，从1至5的等级按照下面公式计算对应的混合度数值分别为0.2、0.4、0.6、0.8、1.0。

计算公式如下：

$$混合度 = \sum_{k=1}^{n} (m/a)/n \qquad (10)$$

a 指测度范围内所有用地类型数目，本研究中具体数值为5；

m 指第n块抽样地块内的使用功能总数目；

n 指测度范围内抽样地块的数目。

本研究混合度是基于500米×500米地块内的建筑功能混合情况而言，确定该尺度的依据是地块尺度过大则导致地块内囊括的功能种类数量过多，地块尺度过小则功能单一，两种极端情况都不能反映不同地块之间功能混合的差异程度。除此之外，确定该尺度还有人工解译、建筑尺度等其他方面原因，详情见第5章第1、2节的具体分析。表4-5为功能可达性主要测度指标汇总结果。

功能可达性主要测度指标汇总　　　　　表4-5

设施类别	500米之内	500～1000米	1000米之外
轨道交通站点	步行缓冲区覆盖范围		—
小学	步行缓冲区覆盖率	—	—
公共绿地	步行缓冲区覆盖范围		—
混合度	基于500米×500米地块内的建筑功能种类数量与总功能数的比例		

备注：叠加部分不累计

4.3　形态与功能的协同性测度

形态与功能相协同的定义：一定时间内，以某种功能设施为出发点，基于步行、自行车和公共交通等选定的低能耗出行方式能够服务到的理想城市人规模。可以通过考察设施的服务范围内的建筑规模来测度其协同程度。形态与功能相协同是理想城市人花费最少成本，获取最大空间接触机会的途径。除了土地使用形态和土地使用功能在数量、规模与可持续性相关以外，两者的相互构成关系、匹配程度可能显著地影响着城市的可持续发展表现。

限于自行车交通数据获取的难度，本研究只围绕步行和轨道交通出行方式来对用地功能与形态之间的关联进行测度。

协同性的测度以形态、功能的测度为基础，主要分为4个方面：

（1）形态与轨道交通的协同性（公共交通导向的区域模式）；

（2）形态与公共服务设施的协同性（以小学为中心的步行可达程度）；

（3）形态与公共绿地的协同性（以公共绿地为中心的步行可达程度）；

（4）形态与功能的综合协同性（综合上述设施进行整体分析）。

4.3.1 形态与轨道交通的协同性测度

形态与轨道交通的协同性定义为：在轨道交通站点1000米服务半径内能够到达的建筑面积占城市总建筑面积的比例，用百分数表示，比例越高，城市土地使用形态与轨道交通协同性越高，与之相对，比例越低，有两种可能，一是公共交通设施不发达，尚在完善中；二是形态与结构匹配不合理，尚未实现轨道交通导向的土地使用开发。具体计算方式见表4-6。

形态与轨道交通协同性测度 表 4-6

设施类别	缓冲区半径		
	500 米之内	500 ～ 1000 米	1000 米之外
轨道交通站点	形态指标	形态指标	形态指标
协同指数（1）	服务覆盖区内建筑规模占总建筑规模的比例		—

备注：叠加部分不累计

在具体测度中使用总建筑面积代替城市人数量，是由于城市人在空间中分布的多样和不确定性，而建筑的位置更为确定，便于数据获取。除了测度上述主要指标外，还有其他相关性因素可以进行分析。例如：土地使用形态各项指标与轨道交通站点缓冲区半径变化的相互关系。

4.3.2 形态与公共服务设施的协同性测度

形态与公共服务设施的协同性定义，以小学为例进行说明：在小学服务范围500米内能够到达的建筑面积占城市地区总建筑面积的比例，用百分数表示，比例越高，城市土地使用形态与小学协同性越好，与之相反，比例越低说明步行去小学校的难度更大，步行出行概率降低，城市土地使用形态与小学协同性不好。小学的缓冲区半径确定为500米，低于轨道交通和公共绿地的1000米是考虑到使用者年龄以及步行的可接受程度。具体计算方式见表4-7。

形态与公共服务设施（小学）协同性测度 表 4-7

设施类别	缓冲区半径		
	500 米之内	500 ～ 1000 米	1000 米之外
小学	形态指标	形态指标	形态指标
协同指数（2）	服务覆盖区内建筑规模占总建筑规模的比例	—	—

备注：叠加部分不累计

除了测度上述主要指标外，还有其他相关性因素可以进行分析。例如：土地使用形态各项指标与小学缓冲区半径变化的相互关系。

4.3.3 形态与公共绿地的协同性测度

形态与公共绿地的协同性定义为：在公共绿地1000米服务半径内能够到达的建筑面积占城市总建筑面积的比例，用百分数表示，比例越高越能反映城市形态与公共绿地的协同性越好。具体计算方式见表4-8。

形态与公共绿地协同性测度 　　　　　表 4-8

设施类别	缓冲区半径		
	500 米之内	500 ~ 1000 米	1000 米之外
公共绿地	形态指标	形态指标	形态指标
协同指数（3）	服务覆盖区内建筑规模占总建筑规模的比例		—

备注：叠加部分不累计

除了测度上述主要指标外，还有其他相关性因素可以进行分析。例如：土地使用形态各项指标与公共绿地缓冲区半径变化的相互影响。通常认为公共绿地服务半径范围内的土地使用强度应高于其周边没有公共绿地的地区。通过测实际情况度可以检验这一常识性认识和发现相关规律。

4.3.4 形态与功能相协同的综合测度矩阵

前面提到的土地使用形态与3类功能设施的协同性测度，是从每种设施服务的建筑规模视角切入的。在进行综合性测度过程中，必须指出，对于同一地块来说，相对于3类不同的公共设施距离和位置，存在着多种的组合关系。一个地块可能处于下图平面中任意位置。图4-3中分别标示了轨道交通站点、小学、公园500米以内、500~1000米、1000米之外的空间范围，地块的区位条件组合关系存在27种可能性。

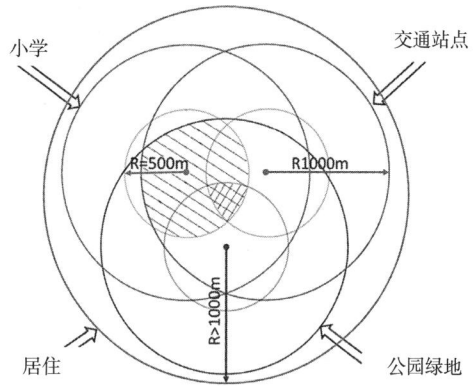

图4-3　基于城市人的步行机会最大化的协同模式概念图

每个位置的设施可达性都有差异和独立性。从设施所服务的建筑规模视角来看，综合协同指数定义如下：位于轨道交通站点1000米以内，小学500米以内，公共绿地1000米以内（须同时满足上述3点）的建筑面积占总建筑面积的比例（重叠的空间不累计）。即图中阴影部分所标示的区域。而在斜线区域内网格部分范围则表示着该地块距离轨道交通站点、小学、公园都在500米范围之内，应是协同性潜力最大的范围。具体的计算方式如表4-9所示。

形态与功能综合协同指数的测度			表 4-9

形态与功能协同	缓冲区半径		
	500 米之内	500 ~ 1000 米	1000 米之外
设施类别	小学	轨道站点、公共绿地	—
综合协同指数（4）	服务覆盖区内建筑规模占总建筑规模的比例		—

备注：叠加部分不累计

　　需要在这里明确的是，虽然本节被称为协同性的测度，实际上是通过界定协同性的概念，使用形态与功能的测度指标结果进行综合计算。并不是真正意义上的实际测量，所以在标题中没有使用"指标"这一具有测量概念的提法，而在正文中使用计算指数的概念同样表示上述理念。在此，将上述形态、功能测度指标和协同性计算指数汇总见表4-10。

特大城市地区土地使用模式测度的多指标					表 4-10
测度项目	指标名称	数值	案例 A	案例 B	案例 C
形态紧凑的多指标	建成区覆盖率（1）	$1>BAC>0$			
	透水地面比率（2）	$1>PSR>0$			
	建筑密度（3）	$1>GSI>0$			
	建筑层数（4）	$f \geq 1$			
	容积率（5）	$FSI>0$			
	开敞空间分配率（6）	$OSR>0$			
功能可达的多指标	轨道站点服务覆盖率（7）	$1 \geq C1 \geq 0$			
	小学服务覆盖率（8）	$1 \geq C2 \geq 0$			
	公共绿地服务覆盖率（9）	$1 \geq C3 \geq 0$			
	功能混合度（10）	$1 \geq M \geq 0$			
形态与功能的协同性	形态与交通协同指数（1）	$1 \geq CI1 \geq 0$			
	形态与小学协同指数（2）	$1 \geq CI2 \geq 0$			
	形态与绿地协同指数（3）	$1 \geq CI3 \geq 0$			
	综合协同指数（4）	$1 \geq CI4 \geq 0$			

备注：叠加部分不累计

4.4　本章小结

　　本章根据第3章的理论框架和土地使用模式的构成要素、作用机制，并结合特大城市地区的实际情况，按空间层次分解出了6项测度土地使用形态紧凑的指标，其中包括4项原始测度指标和2项合成指标；然后按照设施类别确定了4项测度土地使用功能可达性的指标，其中就选择小学作为公共服务设施测度指标进行了专门说明；最后综合功能测度中各类设施的缓冲区，并基于步行和公共交通的出行方式能够服务到的建筑规模比例来定义形态与功能的协同程度，确定4项协同指数。目标是使理想城市人花费最少成本（能源、环境），获取最大的空间接触机会。

第 **5** 章

土地使用模式的测度方法及应用

本章的主要内容分为三部分：

第一部分是对数据基础的规定，主要包括数据来源、尺度与位置的规定以及数据精度的确定。

第二部分是本章的核心，主要讲解获得原始数据的基本方法和流程，总称为人工解译与分层等比例随机抽样调查法。

第三部分是对抽样结果的展示和方法科学性的验证以及阐述方法的适用范围和局限性。

综合来看，本章是按照土地使用模式测度的操作流程来组织写作顺序。主要回答如何测度土地使用模式这一问题。

5.1 数据基础——以特大城市地区测度为例

数据基础的确定和具体的测度对象规模有关，本研究选取特大城市地区作为示例。基于第4章结论，对特大城市地区土地使用模式进行形态与功能的测度一共包含8项原始数据指标分别是建成区覆盖率、透水地面比率、建筑密度、建筑层数、轨道交通站点位置和数量、小学的位置和数量、公共绿地的位置和数量、用地功能种类信息，其中轨道交通站点、小学和公共绿地的位置和数量信息可以通过"谷歌地图（google earth）"软件搜索、读取并下载。剩余5项指标则需要通过卫星影像地图通过人工解译和抽样调查获取。

5.1.1 基于卫星影像图的数据提取

本研究使用的基础数据源是网络下载的卫星影像地图。不同于遥感软件分析卫星影像地图依赖于光谱矢量数据，本研究使用的数据源是可视觉认知的地图图像本身，这种方法的优点是数据来源多（可以通过许多种地图软件进行下载），成本低（只需要能上网的电脑即可获取），使用方便（不需要专门分析遥感数据的软件也可使用此方法）；缺点是人工成本、时间成本高。

本研究所选取的五个案例城市地区的卫星影像地图数据均来自"谷歌地图（google earth）"软件。卫星影像地图的拍摄时间和获取时间见表5-1。

基础数据拍摄及获取时间表 　　　　　　　　　表 5-1

案例城市	卫星图像拍摄时间	卫星图像获取时间
伦敦	2010.06	2011.05
巴黎	2010.04	2011.05
纽约	2010.06	2011.05
东京	2010.06	2011.05
北京	2010.05	2011.05

资料来源：笔者根据 google earth 数据整理

5.1.2 地图数据尺度与位置的确定

本研究的空间尺度是特大城市地区以100公里长度为直径的圆形范围。如果按方形获取图像，则描述为，100公里×100公里的方框内接圆形影像数据，方形的几何中心、圆心与城市中心重合。

城市中心的确定一般为案例地区核心城市建成区的几何中心，具体位置的确定还依赖于案例城市中心的公众认知特点和研究者的选择。例如，北京案例数据选取的中心位置为天安门广场、人民英雄纪念碑中轴线与长安街中心线的交点，伦敦的中心点位于金融城中心，巴黎的中心点位于西岱岛（CiteIsland），纽约的中心点位于世贸中心原址，东京的中心点位于皇宫；虽然不同研究者选取的中心点位置会有部分差异，但由于城市建成区的中心认知现象的客观存在，这种差异不会对研究结果产生实质性改变。

为了使不同城市能够在一个统一的空间层次进行数据比较，增强比较研究的科学性，研究过程中对研究范围按照距离城市中心空间距离进行分层，并细化比较的尺度，制定基本模数。由此形成了直径25公里（D25）、50公里（D50）、75公里（D75）和100公里（D100）四个圆形区域。同时用D0～25、D25～50、D50～75、D75～100表示四个圆环[1]。具体理由如下：

选取100公里为直径的圆形作为研究范围原因在于，研究涉及的五个特大城市地区的建成区覆盖范围和直径100公里的圆形大小相当，面积约为8000平方公里（图5-1）。同时这也是特大城市地区通勤交通的辐射范围。

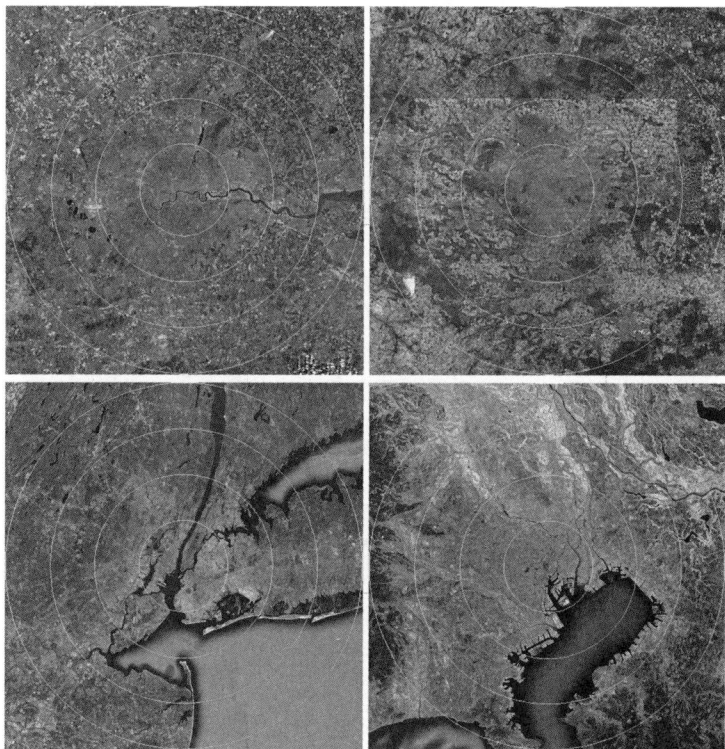

图5-1　基础数据地图（最外层圆形直径100公里）（2010年）[2]

选取25公里为基本模数的原因有两点：一是该模数与各个城市的建成区分布规律较为吻合。从五个特大城市地区建成区空间分布来看，中心位置集中连片的建成区都位于直径25公里的圆形范围内（相当于北京五环以里），而包括新城和主要机场的建成区基本都位于直径50公里的圆形范围内（相当于北京六环以里），面积约为2000平方公里。二是该模数与五个

---

① 为书写方便，后文以此符号标记对应的空间范围。

② 特别说明，本研究所使用的地图数据版权归谷歌公司及相关发布机构所有，本研究所涉及地图数据仅作为科研使用。

特大城市地区的行政边界能够较好地吻合。直径25公里的圆形范围与内伦敦、巴黎市及其周边三个省、纽约核心三区、东京23区相当；直径50公里的圆形范围与大伦敦、纽约市、北京城六区的行政区边界和规模相当；直径100公里的圆形范围与大巴黎、纽约都会区、北京山前平原区的行政区边界和规模相当。

本方法并不局限于此研究，如若扩大研究范围，可继续增加圈层，如若缩小研究范围，可以缩小基本模数。

5.1.3 地图精度的确定

地图精度确定的基本原则"按需求，确精度"。

谷歌地图上的基础地图数据来源有美国QuickBird、WorldView系列和法国的SPOT-5等数据卫星拍摄获得，最高分辨率从0.5米到2.5米不等。鉴于卫星地图精度越高，数据量越大的特点，本研究采取"按需求，确精度"的办法。根据研究选取的参数特点，选取不同精度的卫星图像地图。

特大城市地区土地使用模式的数据调查可以分为宏观和微观两个基本层面。

宏观层面获取建成区覆盖信息的卫星影像地图精度要求相对低些，要求能识别建成区边界和农田、森林、绿地、水面等即可，分辨率要求在50~30米左右。

微观层面获取建筑基底覆盖率的卫星影像地图精度要求相对较高，要求能识别建筑物屋顶轮廓线、小区道路边界、硬质铺地、树木等，分辨率要求在5~2.5米左右。宏观和微观的样图，以北京为例，如图5-2所示。

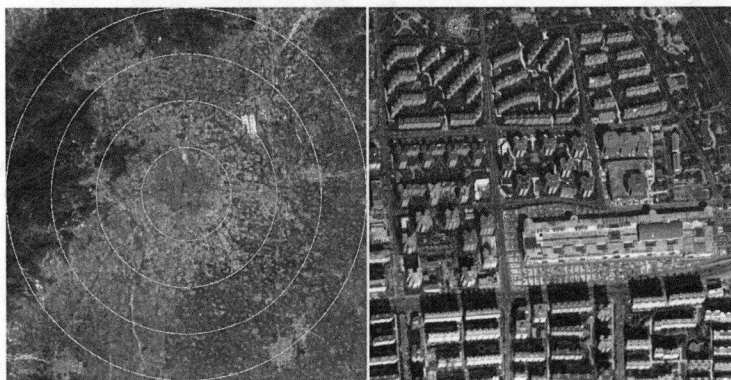

图5-2 宏观（左，100km×100km）和微观（右，1km×1km）地图精度对比（2010年）

5.2 人工解译与分层抽样调查法

人工解译是通过人眼识别卫星影像图所反映出的不同地物特征，通过绘图软件将其边界范围矢量化，并进行分类处理的过程。这种方法在进行宏观层面和微观层面数据调查时都要使用。

在进行人工解译的工作中，我们也可以直接获取高分辨率的卫星影像，进行全面的人工解译，但这是极其耗费人力和时间成本的工作，因此在保证调查数据有效的情况下，进行统计抽样调查无疑是规避上述缺点的好方法。

统计抽样则是在进行微观层面数据调查时专门运用的方法。我们运用统计抽样的调查方法主要目的是为了减少工作量，提高可操作性，同时保证调查结果的准确性。本节后部分主要对分层抽样及流程做详细说明。

5.2.1 人工解译

人工解译工作按空间层次分为两个阶段。

第一阶段是宏观层面的解译：对案例地区D100范围内的建成区、水面、外围绿地空间进行识别和矢量化。

第二阶段是微观层面的解译：对抽样地块内建筑轮廓，道路广场等硬质界面，树木、绿地等透水地表分类识别，并矢量化。

其中，第一阶段宏观层面的人工解译应作为抽样调查的前置工作，这样可以减小工作量，并保证后续抽样样本都位于建成区内；而第二阶段微观层面的人工解译则在抽样结果得出以后进行。为了叙述方便本研究在这一并进行介绍。

5.2.1.1 宏观层面的解译

在获得上述卫星影像数据之后，我们通过人工解译（目视解译）的办法，获得每个案例的城市建成区边界、范围和面积数。这为后面微观层面数据获取提供了前提条件，即获取抽样范围，方便进行总样本数目的计算等。

图5-3为宏观层面的解译结果，具体数据见第6章特大城市地区土地使用模式的建成区覆盖率比较。

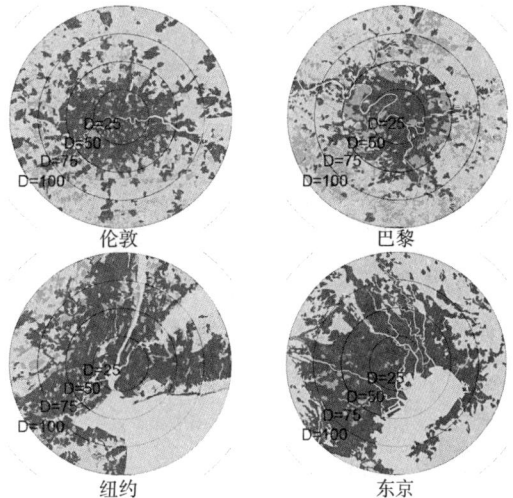

图5-3 基础数据地图人工解译后建成区覆盖状况（2010年）

5.2.1.2 微观层面的解译

为了清晰简明，本研究选取了伦敦中心区一个1公里×1公里的地块作为案例，进行说明。

将1公里×1公里的地块分为4等分，每块为500米×500米。通过目视解译，可以识别出建筑轮廓和树冠、绿地等信息。而建筑高度、层数信息，可以借助于google earth、google map等软件上照片和街景功能进行目视识别（图5-4）。根据研究的需要对土地使用形态矢量化，并进行信息提取，在本研究中还对该地块所处的位置、与地铁站点等设施的关系、用地功能种类等信息进行录入计算机，具体的信息采集表格如表5-2所示，采集获得的原始数据见附录A。

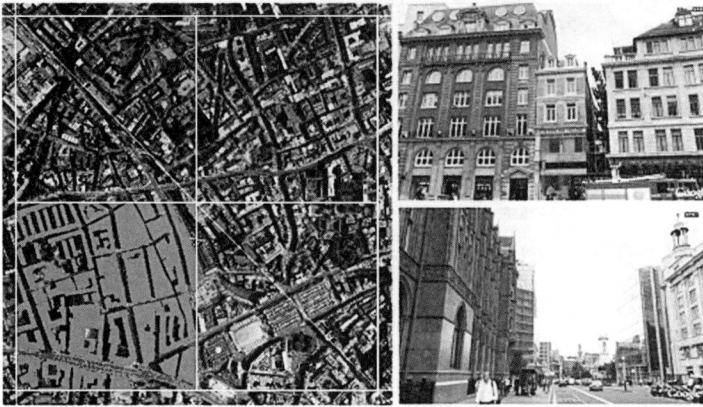

图5-4　微观层面的
解译——以伦敦为例
（2010年）

在单位抽样地块信息采集表中除了透水地面、建筑投影、建筑层数信息外，还利用CAD的统计功能提取了单体建筑数量信息，可以用来分析不同区位的建筑规模、体量等信息。在确定人工解译作为数据识别的基本方法后，接下来的工作就是抽样调查。

单位抽样地块的土地使用模式测度指标样例　　　　　　表 5-2

抽样地块坐标编号	形态测度指标				功能测度指标			
	单体建筑数量	透水地面面积	建筑投影面积	平均建筑层数	用地功能种类	距离轨道站点	距离小学	距离公共绿地
1，−1								
−4，−49								
填表说明	单体建筑数目	单位：平方米		≥1	数值在1～5之间	标明500米内、500～1000米间、1000米外		

5.2.2　分层等比例随机抽样

5.2.2.1　分层抽样

分层抽样（stratified sampling）是把被抽样的对象分成不相交且穷尽的组成部分，每一部分即层（stratum），也称为子总体。然后在每层中独立进行抽样，各层样本之和称之为总样本，汇总每层样本数据实现对对象总体的测量计算[82]。

实际上，分层抽样是分类学与抽样原理的恰当结合，前者是把属性相近的抽样样本分为相应的层或组，以减少抽样样本之间的区分度；后者是在抽样原理指导下运用抽样方法抽取样本。因此，通常情况下分层抽样比简单随机抽样等抽样方式更具针对性，结果更为精确，能够使用较少数量的样本推断出相对准确的结果，与统计抽样的基本原则相一致，特别是面对大数据时，即全及总体数目较大、需要统计的数据内部结构复杂，使用分层抽样通常能取得符合研究需要的效果。

本研究涉及的数据量大、结构复杂，因此选择分层抽样方法作为测度原始数据的基本方法。

5.2.2.2　抽样模式与原则

抽样模式还可以按照各分层之间抽样比的差异进行划分，抽样比相同的被称为等比例分层抽样，抽样比不同的被称为非等比例分层抽样；

按照抽样机制不同，还可以分成随机抽样、等距抽样等模式；

本研究选用最常用的分层等比例抽样与随机模式的结合，所以研究所使用的完整抽样方法名称应为"分层等比例随机抽样调查法"。

用符号来表达，首先是将总体N分成互不交叉、互不重复的L个层，以h表示层的编号，即h=1，2，…，L；则第h层的子总体总数为N_h，然后在每个层内随机选出样本1、2、3……n个，计作n_h，每个分层的抽样容量为（$n_1+n_2+\cdots+n_h$）。

根据上面的符号则有如下公式：

$$（1）N = \sum_{h=1}^{L} N_h ；\qquad\qquad （2）W_h = N_h/N ；\qquad\qquad （3）f_h = n_h/N_h ；$$

W_h表示层权：指h层子总体占总体的比例，本研究中按照不同分层方式中该层建成区面积占总建成区面积的比例确定层权；

f_h表示抽样比：指代h层中抽取的样本数占该层子总体的比例，抽样比例f_h按照抽样精度及误差要求确定，下文具体介绍。

5.2.3　抽样精度与数目

5.2.3.1　样本精度的确定

所谓样本精度指抽样样本的空间尺度。样本精度要求根据所测度指标数据的特征，能够具有代表性，同时兼顾减少抽样数据规模。德国德累斯顿大学（TUD）数学博士Nguyen Xuan Thinh等，对建成区地块划分尺度进行了详细对比研究。本研究借用他的研究结论，以500米×500米为人工解译微观层次的栅格尺度，同时为保证抽取的建成区具有足够的代表性（避免抽到面积小于1平方公里的村庄建设用地）和缩小抽样数据规模，以1000米×1000米为单位样本的划分尺度。这样能够保证每个抽样样本至少包含4个连续的微观解译栅格，规定选取具体城市中心点最近的栅格作为微观层次解译的对象（如遇到宏观层次解译误差可以调整至其他3栅格中进行选择）。

以500米×500米为人工解译微观层次的栅格尺度两条理由的具体说明：

（1）从城市尺度上看，Nguyen Xuan Thinh等编制了专门的程序来运算数据，以减小对116个城市研究的工作量。数据被输入地理信息系统ARC/INFO进行分析。为了确定合理的栅格尺寸，研究者把栅格尺寸分为十等：100米×100米，200米×200米，……1000米×1000米。通过计算机运算，确定不同的网格尺寸与所测得116个城市紧凑度之间的相关性。最后推荐500米×500米的栅格尺寸，其与116个城市的紧凑性的相关系数为0.99[87]。

（2）从建筑的尺度上看，除去机场等大型交通建筑外，五个特大城市地区的最大单体建筑尺度在200~500米范围内。其中北京最大的单体建筑是金源时代购物中心，东西长500米左右，位于北京西北三环外的远大路北侧；另外中国国家会议中心南北长400米。伦敦最大的单体建筑是位于泰晤士河边的千禧穹顶，直径365米；巴黎、纽约、东京最大的建筑主要是体育场馆和展览馆，长度也都在200米左右。综上所述，从建筑的尺度上看选取500米为基本测度精度单位符合本研究所设定的微观层面目视解译调查要求。

5.2.3.2 抽样数目的确定

根据人工解译的结果，目标城市在直径100公里的圆形范围内，建设用地的面积约2000~4000平方公里。估计每个城市调查的全及总体N在2000~4000之间。空间圈层分为4层，每层的单位数约500~1000。按建成区面积确定层权，按随机原则进行等比例抽取。

根据分层抽样的统计误差和置信度确定抽样样本的总体数目，具体计算公式如下：

$$\Delta_x = t\mu_x = t\frac{\sigma}{\sqrt{n}}$$

$$\therefore n = \frac{t^2\sigma^2}{\Delta_x^2}$$

公式中：

n 表示所要确定的样本抽样数目；

t 表示置信水平的t统计量，当取95%置信水平时，t统计量为1.96；

σ 是全及总体的标准差，为取最小样本数，一般取方差最大值0.5；

μ_x 表示抽样平均误差，实际上是样本指标的标准差；

Δ_x 表示置信区间的0.5倍，在实际抽样应用中就是调查误差，或者称为容许误差，本研究中存在调查误差，设为10%。

规定：调查要求置信度为95%，抽样误差不超过10%，查表得t=1.96，σ=0.5，Δ_x=10%。因此：n=1.96²×0.5²/10%²=96，说明此次调查每个案例地区所需最小样本量是96。

为方便统计起见，取整数100作为本次调查的样本量。根据全集样本总数2000~4000间，抽样率约5%~2.5%。

5.2.4 抽样分层以及抽样框制作

5.2.4.1 空间分层与事后分层

本研究中使用空间分层，即分层的依据为空间条件，包括按距离划分的圈层、不同功能设施的缓冲区等。在具体统计分析抽样数据时，还使用到"事后分层"[179]93-96方法，即按圈层抽样后，在实际分析数据时可以将抽样数据再按照其他空间要素进行分层，包括前面提到的按照不同公共服务设施的缓冲区分层。本研究中依据空间距离圈层式分层来进行抽样，来测度土地使用形态的数据；依据公共服务设施缓冲区进行事后分层，也就是抽样后分层，来测度土地使用功能的数据，以及形态与功能的结构关系。

抽样过程中，层权W_h按照每层建成区面积占该案例建成区总面积的比例确定，这样做的好处是能够在抽样样本数不变的情况下，增加抽样样本对每层的代表性，也有利于在后续抽样后重新分层时，考察其对不同层的代表性。

具体的抽样分层与抽样数目分配计算见表5-3。

抽样分层与抽样样本数分布表　　　　　　　表5-3

城市名	所在圈层	D0 ~ 25	D25 ~ 50	D50 ~ 75	D75 ~ 100	总计
伦敦	建成区面积（km²）	434.5	991.4	736.9	693.9	2856.7
	层权（%）	15.2	34.7	25.8	24.3	100
	抽样数（个）	15	35	26	24	100
巴黎	建成区面积（km²）	432.6	856.0	532.0	316.9	2137.5
	层权（%）	20.2	40.0	24.9	14.8	100
	抽样数（个）	20	40	25	15	100
纽约	建成区面积（km²）	327.2	944.7	1123.6	1218.6	3614.1
	层权（%）	9.1	26.1	31.1	33.7	100
	抽样数（个）	9	26	31	34	100
东京	建成区面积（km²）	429.0	1073.5	1380.9	976.6	3860.0
	层权（%）	11.1	27.8	35.8	25.3	100
	抽样数（个）	11	28	36	25	100
北京	建成区面积（km²）	452.7	745.5	464.4	467.9	2130.5
	层权（%）	21.2	35.0	21.8	22.0	100
	抽样数（个）	21	35	22	22	100

5.2.4.2　抽样框与象限坐标法

抽样框是用来代表总体、抽选样本的一个框架，准确、完备的抽样框是执行抽样操作的前提条件。在获得各个分层抽样数以后，在抽样软件中对全及总体也就是样本总体进行赋值和分层处理。然后运用抽样软件，输入总样本参数和抽样样本数制作成抽样样框。最后操作抽样软件进行运算，抽取实际样本。

象限坐标法。在本研究中，运用象限坐标参数的办法将全及总体分为四个空间象限，以圆形中心点为原点，x轴表示东西方向，y轴表示南北方向。赋予每个样本个体唯一的空间坐标。例如，第一象限（1，1）……；第二象限（–1，1）……；第三象限（–1，–1）……；第四象限（1，–1）……。然后筛选出被建成区覆盖、面积大于等于1平方公里的栅格坐标，通过抽取坐标值来实现抽样过程。

具体的抽样坐标点分布，见图5-5。抽样坐标点数据见附录A。

抽样样本的空间分布规律：按1公里×1公里的尺度规划栅格，这样每个层的总栅格数和统计面积数变化规律相一致；从抽样分层与抽样样本数分布表中可以看出不同城市地区由于建成区空间分布不均衡，抽样地块数量的分布也不均衡，以保证样本对整体的代表性。这种规律在实际抽取的样本空间分布图（图5-6）更直观的显现出来。

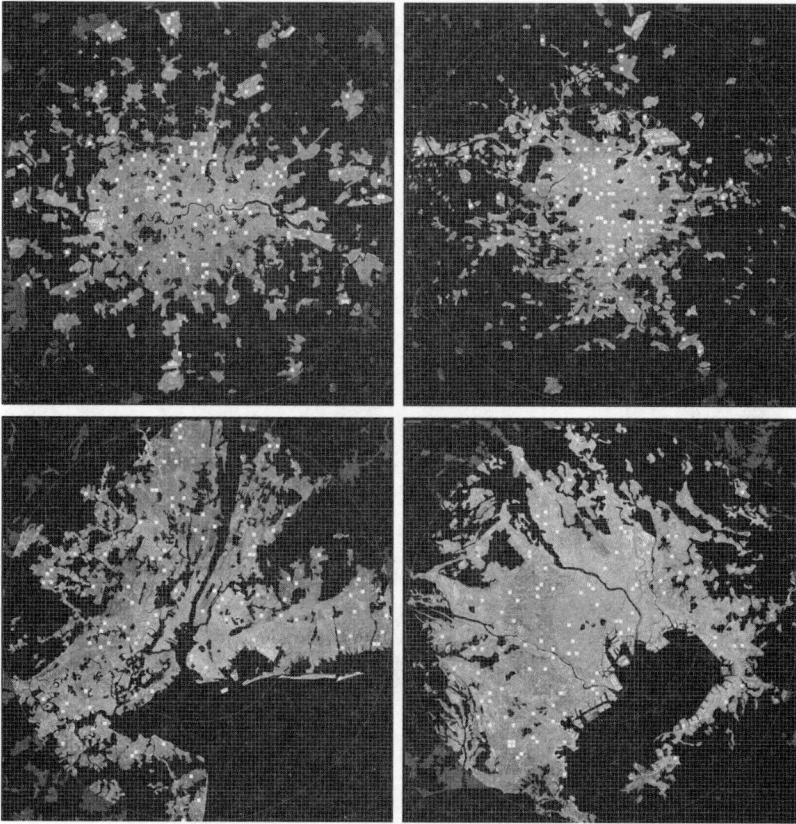

图5-5　基础数据地图抽样样本分布（2010年）

图5-6　北京基础数据地图抽样样本分布（2010年）

　　在确定抽样样本之后，可以进行高清晰度的卫星影像图获取工作，同时展开微观层次的人工解译。对每个抽样获得的栅格指标进行计算。算出抽样栅格的建筑密度、平均建筑层数和土地利用强度、建筑数量等，进而得出每个分层乃至整个城市地区整体的平均土地使用强度指标和总建筑规模，从而实现最初工作设定的工作目标，完成整个抽样实践的流程，然后进入数据统计和验证误差范围环节。

5.3 实证检验与方法的适用范围

本节首先展示五大城市地区抽样结果分布，对样本进行验证，并分析其误差来源，最后分析该调查方法优势劣势与适用范围。

5.3.1 五大城市地区调查数据结果

各个抽样地块的原始调查数据见附录A。案例数据比较分析具体见第6章。

5.3.1.1 形态测度数据结果
表5-4展示了通过抽样调查汇总的数据表。建成区覆盖的数据在抽样数目计算一节已经列出，此处不再重复展示。表中地块指500米×500米的解译地块。

五大城市地区形态抽样数据统计表　　　　表5-4

城市名	项目	D（0～25）	D（25～50）	D（50～75）	D（75～100）	D100
伦敦	地块平均建筑个数	264	187	143	174	189
	建筑密度	26.0%	16.2%	17.7%	16.8%	18.3%
	平均层数	4.85	3.28	2.67	3.07	3.52
	透水地面比率	35.4%	45.0%	45.7%	45.6%	43.6%
	容积率	1.26	0.53	0.47	0.52	0.64
巴黎	地块平均建筑个数	147	144	96	160	140
	建筑密度	29.1%	18.0%	15.0%	17.5%	19.7%
	平均层数	5.67	3.28	3.32	2.96	4.43
	透水地面比率	34.8%	46.4%	53.5%	49.8%	43.3%
	容积率	1.65	0.59	0.50	0.52	0.96
纽约	地块平均建筑个数	131	266	150	113	168
	建筑密度	31.0%	20.5%	15.5%	12.4%	17.4%
	平均层数	6.59	3.20	2.53	2.63	3.49
	透水地面比率	20.3%	35.9%	52.5%	59.9%	47.1%
	容积率	2.04	0.66	0.39	0.33	0.61
东京	地块平均建筑个数	410	337	246	240	297
	建筑密度	39.6%	31.4%	26.2%	29.5%	30.3%
	平均层数	7.21	4.08	4.30	3.71	4.54
	透水地面比率	21.4%	37.8%	35.7%	30.0%	33.4%
	容积率	2.85	1.28	1.12	1.09	1.41

城市名	项目	D（0～25）	D（25～50）	D（50～75）	D（75～100）	D100
北京	地块平均建筑个数	70	59	54	48	61
	建筑密度	24.9%	20.2%	23.5%	21.5%	22.5%
	平均层数	7.50	5.42	4.75	4.27	5.97
	透水地面比率	32.8%	41.0%	40.6%	44.4%	38.5%
	容积率	1.86	1.10	1.12	0.92	1.35

5.3.1.2 功能测度数据结果

功能部分，主要测度的是抽样地块用地功能种类和距离三类设施的位置关系。表中的混合度数据是抽样地块所处缓冲区混合度的平均值，而具体地块与设施的相对位置关系不宜取值展示，固表5-5中只体现了对应缓冲区空间分层中抽样地块的数量，这是事后分层方法使用的主要数据。

五大城市地区功能抽样数据统计表　　　　　　表5-5

城市名	项目	500 米之内	500～1000 米间	1000 米之外	D100
伦敦	混合度	0.52	0.43	0.36	0.39
	轨道交通站点	15	13	72	100
	小学	57	30	13	100
	建成区内公共绿地	30	13	57	100
	建城区外绿地	25	19	56	100
巴黎	混合度	0.53	0.38	0.33	0.39
	轨道交通站点	25	25	50	100
	小学	62	27	11	100
	建成区内公共绿地	19	24	57	100
	建城区外绿地	25	8	67	100
纽约	混合度	0.56	0.32	0.30	0.33
	轨道交通站点	10	5	85	100
	小学	41	43	16	100
	建成区内公共绿地	36	18	46	100
	建城区外绿地	15	8	77	100
东京	混合度	0.62	0.55	0.45	0.49
	轨道交通站点	22	46	32	100
	小学	61	33	6	100
	建成区内公共绿地	21	15	64	100
	建城区外绿地	8	15	77	100
北京	混合度	0.48	0.45	0.39	0.43
	轨道交通站点	18	33	49	100
	小学	54	35	11	100
	建成区内公共绿地	22	21	57	100
	建城区外绿地	25	16	59	100

5.3.2 样本验证与误差来源

5.3.2.1 样本验证

本研究设定的最大误差为10%，置信度为95%。以五个案例平均抽样地块建筑单体数量为例，说明其真实值所处的区间范围。

由于存在着置信区间，意味着测度结果存在着浮动范围，如表5-6所示。为了验证数值的误差范围，本研究选取了北京四个象限的4个代表地块计算其误差率。如表5-7所示，通过校核的建筑数量普遍大于抽样测得的建筑数量，同时偏离了真实值区间，意味着置信度低于95%，但平均误差在8.6%，低于10%的设定标准，误差处于规定范围内。下文将主要分析导致误差的原因。

D100 抽样地块平均建筑单体数量真实值浮动范围 表 5-6

城市名	建筑单体数量	置信度	真实值区间
伦敦	189	95%	180 ~ 197
巴黎	140	95%	133 ~ 147
纽约	168	95%	160 ~ 176
东京	297	95%	282 ~ 312
北京	61	95%	58 ~ 64

抽样地块建筑单体数量误差率校核，以北京为例 表 5-7

项目	地块编号	抽样建筑数量	真实值区间	校核建筑数量	误差率
北京	−8，9	20	19 ~ 21	21	−4.8%
	22，−2	57	54 ~ 60	65	−12.3%
	−24，−20	61	59 ~ 64	67	−9.0%
	21，46	75	71 ~ 79	82	−8.5%
算术平均值	—	—	—	—	−8.6%

5.3.2.2 误差来源

本次调查的误差来源主要有两方面：

（1）非抽样误差。不是由抽样引起的，它主要包括测量误差、抽样框误差与无回答误差三类。这些误差在全面调查中是普遍存在的。

测量误差的来源包括调查者、调查测量的工具。本研究中涉及大量数据，抽样样本的人工解译涉及多个调查者，由于调查者的个体差异可能导致调查误差；目视解译过程中借助矢量化工具CAD等软件也会发生错误导致部分测量误差。

样框误差是由于抽样框不完善导致的，主要是因为抽样框中有重复或者遗漏。对于本研究来说其误差可能来自于宏观层面的人工解译导致的样本遗漏。

（2）抽样误差。抽样误差是由于抽样造成的误差，确切地说是由于样本的随机性引起的误差。只要是抽样调查这个误差是不可避免的。但与非抽样误差不同的是抽样误差能够计量。并且在概率抽样中抽样误差可以通过改进方法、增加抽样数目来控制。

5.3.3 相关研究的佐证

由于本研究所有抽样调查的原始数据都是基于地表建设状态的影像图识别，即最原始的数据包括建成区覆盖（包括绿地和水面）、建筑密度以及平均建筑层数，在功能测度中只是依据不同功能的缓冲区，依需要计算分层抽样地块的原始数据，所以在应用其他研究进行旁证时只要通过对建成区覆盖、建筑密度、土地使用强度（容积率、建筑密度与平均建筑层数的乘积）三方面的相关研究进行佐证即可。下文中，笔者将分别通过对伦敦、北京和纽约的相关研究作为佐证案例，比较测度数据差异。

5.3.3.1 佐证1：覆盖率——以伦敦为例

根据剑桥大学安东尼·哈尔格雷夫斯（Anthony Hargreaves）《伦敦及其周边的英格兰东南地区既往发展与未来趋势概述》[83]一文中的数据，大伦敦范围内，除去绿地和水面的城市建成区比例大概在60%左右，如图5-7所示。

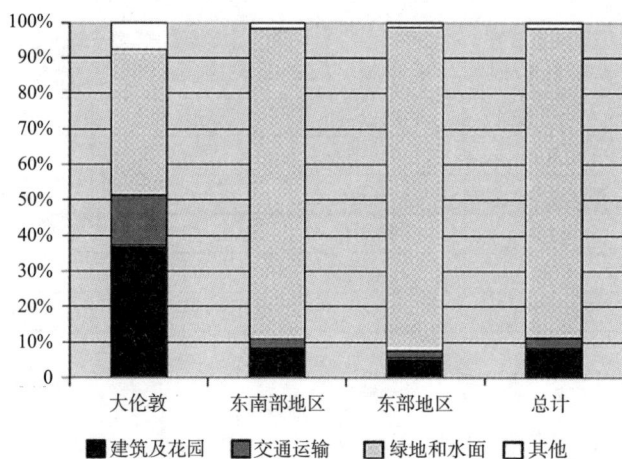

图5-7　英格兰大东南地区（WSE）的土地使用（2005年）

资料来源：安东尼·哈尔格雷夫斯，李华东. 伦敦及其周边的英格兰东南地区既往发展与未来趋势概述. 建筑学报，2010，02:8-13.

本研究中大伦敦范围内（相当于D50），除去绿地和水面等的建成区覆盖比例为57.8%，与前者的数据基本一致。

5.3.3.2 佐证2：建筑密度——以北京为例

中国地质大学的李丽华等2008年基于GIS技术对北京市的建筑密度分布规律进行了研究，她将卫星影像图划分为2.0公里×2.0公里的地块，作为基本统计单元，计算北京二环至四环之间（包括三环在内）建筑密度在20%～25%之间，平均建筑密度约为23.7%[84]（图5-8）。

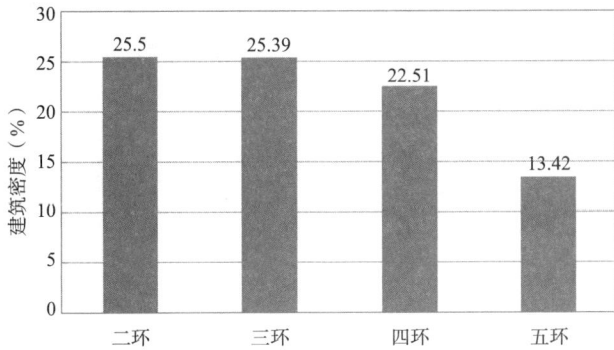

图5-8 北京建筑密度变化图
（2004年）

资料来源：参考文献［181］

笔者根据抽样方法对北京特大城市地区范围内100个抽样地块的建筑密度数据计算得出的平均建筑密度为22.6%。如果按照D25范围计算（相当于四环以里）则建筑密度为24.9%。略高于前者的研究结果，原因有两点：一是D25包含了二环以内的高密度数据；二是时间因素，前者依据的卫星影像图是2004年，本研究采用的是2010年的数据。如果除去二环以内的高密度影响，则本研究计算的二环至四环间建筑密度值为24.1%，则两项研究的结论揭示了类似的建筑密度空间分布规律。

当然纵观李丽华等（2008）研究的全文，她所测度四环与五环之间的建筑密度偏低，只有13.42%，原因除了上面提到的时间因素以外，该研究选取的网格尺度过大，应是一个重要原因，这将导致一些非建设用地也计入计算范围内，使得分母偏大，密度值的最终结果偏小。

5.3.3.3 佐证3：土地使用强度——以纽约为例

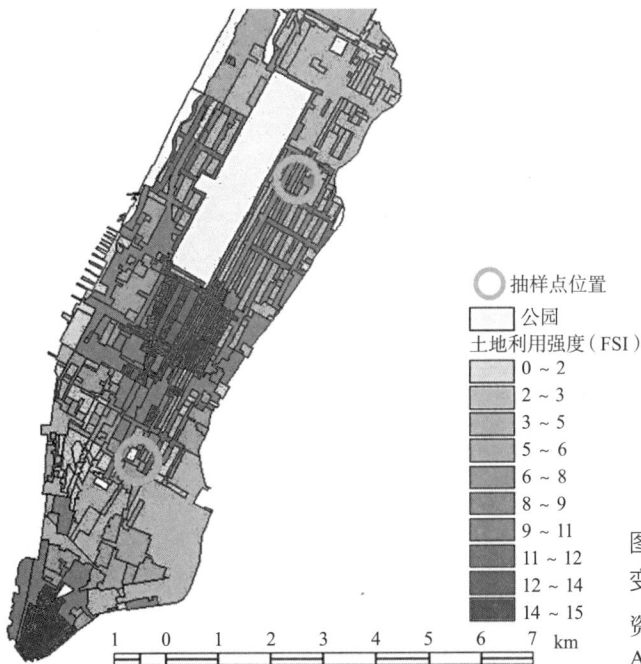

图5-9 纽约曼哈顿土地使用强度变化与抽样点位置

资料来源：笔者根据参考文献［181］
Alain Bertaud 2008年图绘制

以纽约为例，根据随机抽样的结果，本研究在纽约曼哈顿区共抽中2个地块。位置图5-9所示，坐标为2，3和5，8，测得的土地利用强度值分别为5.07和8.37，根据阿兰·柏图（Alain Bertaud）提供的曼哈顿土地使用强度变化图示相应位置的强度值分别为5~6和8~9之间[85]。抽样测得的强度值与阿兰·柏图的强度图能够较好地吻合。

5.3.4　方法的优缺点及适用范围

该方法的优点主要体现在方法本身和数据来源两方面：

（1）该方法的优点在于，相对于影像图的自动识别而言，误差小，准确程度高；研究的精度可调，所以该方法适用于多种空间层次的对比研究。

（2）从获得数据来源的角度看，优点有三条：数据来源多（可以通过许多种地图软件进行下载）；成本低（只需要能上网的电脑即可获取）；使用方便（不需要专门分析遥感数据的软件也可使用）。

该方法的主要缺点和局限性是：

（1）人工解译耗时，不适于短时间要求和对比样本数多的研究；

（2）操作步骤较为烦琐，还需加以程序化处理；

该方法的适用范围：

（1）就抽样方法而言，需要一定的数据量作样本支撑，所以不适合规模和尺度特别小的测度研究。

（2）就分层方法而言，并不局限在特大城市地区单一的研究尺度，如若扩大研究范围，可继续增加圈层，如若缩小研究范围，可以缩小基本模数。

5.4　本章小结

本章首先以特大城市地区为例，对数据来源、地图尺度与位置以及精度进行了规定。然后分别对人工解译与分层等比例随机抽样调查法进行了讲解，包括事后分层和象限坐标法的基本原理和流程，从宏观和微观两方面进行了实际测量操作。最后对抽样结果进行展示和方法科学性的验证以及阐述方法的适用范围和局限性。

第**6**章

特大城市地区土地使用模式比较

本章通过对五个特大城市地区的土地使用模式各项指标测度数据的比较，分析不同使用模式带来的可持续性差异，验证前面提出的基本假说。同时判断每种测度指标的特点和能说明的问题，完善土地使用模式测度方法。特大城市地区土地使用模式比较研究的结论也为第7章提出特大城市地区土地使用模式的可持续特征和优化策略提供判断的依据。

本章的具体内容分为以下四个部分：

第一部分是总体比较与假说验证。首先对五个特大城市地区的概况进行总体比较，对比较的空间层次和范围进行说明，把对应空间范围的统计数据作为能源和环境的可持续性指标来源。目的是为验证基本理论假说，进行土地使用模式指标和可持续性指标之间的相关性分析。

第二部分是土地使用形态紧凑程度的测度比较。包括4项原始测度指标比较和2项合成指标比较，最后使用空间矩阵方法进行土地使用形态紧凑程度的综合比较，并进行情景分析以显现不同模式的可持续性差异。

第三部分是土地使用功能可达程度的测度比较。包括轨道交通、公共服务设施、公共绿地和功能混合4个方面的比较，最后得出土地使用功能综合比较的基本结论。

第四部分是形态与功能协同程度的比较。包括形态与轨道交通的协同程度、形态与公共服务设施的协同程度、形态与公共绿地的协同程度、形态与功能的综合协同程度4个方面的比较，最后基于2010年五个特大城市地区D100范围内的测度数据，对土地使用形态与功能相协同的程度进行图纸表达。

6.1 五个特大城市地区总体比较与假说的验证

6.1.1 五个特大城市地区空间层次与范围

五个特大城市地区都具有悠久的历史，存在着非常多的空间层次划分方式，为了比较时使用相近的空间尺度，本研究对比较研究涉及的基本空间层次和范围进行简单的梳理。可以按照核心范围、行政范围、区域范围来进行说明，具体内容如表6-1所示。

五大城市地区不同层次的空间范围　　　　　　　　　　表6-1

城市名	1 核心范围		2 行政范围		3 区域范围
伦敦	City of London	金融城	Greater London	大伦敦	英格兰东南部
巴黎	City of Paris	巴黎市	Ile-de-France	大巴黎	巴黎都会区
纽约	Manhattan	曼哈顿	City of New York	纽约市	纽约都会区
东京	东京都区部	23区	Tokyo	东京都	一都三县
北京	北京城	旧城	BeiJing	北京市	京津冀北

核心范围和区域范围作为比较研究的微观和宏观背景提出，而行政范围是本研究除去土地使用数据以外，获得其他数据主要来源所对应的地理范畴，这些数据包括人口数据、能耗数据等。

图6-1显示了行政区边界和各地区划分的圈层之间的空间位置对应关系，同时也包含了主要的建成区用地都处于D100范围之内的情况。大伦敦（Greater London）对应的圈层范围应为D50，内伦敦对应D25，外伦敦对应D25～50；大巴黎（Ile-de-France）对应的圈层范围应为D100；大纽约（New York Combined Statistical Area，CSA[①]）对应的圈层范围超出了本研究范围，具体数据使用时根据实际需要选择纽约州（区域人均数据）或者D100对应的纽约市加周边11个县域范围（累计求和的数据，如人口），

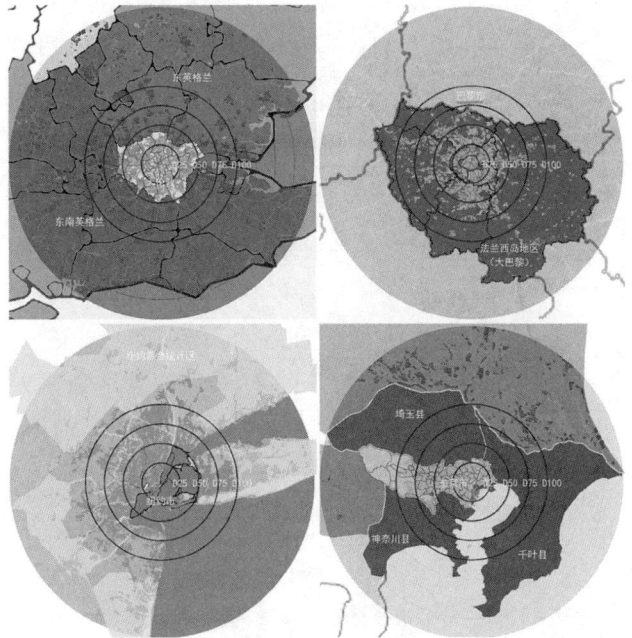

图6-1　特大城市地区区域土地使用与行政区边界（2010年）

---

① 大纽约联合统计区，不具有法律地位的统计区域范围，是美国人口调查局和其他政府机构统计使用的美国大都市统计区（Metropolitan Statistical Areas，MSA）的分级方式之一。

纽约市（City of New York）对应D50；大东京（一都三县）对应的圈层范围为D100，东京都（Tokyo）管辖的是一条狭长地带，陆路面积1782平方公里与D50面积相当，对应的圈层范围为D50；大北京（北京市域）范围超出了本研究范围，中心城六区（东城、西城、朝阳、丰台、石景山、海淀）对应的圈层范围与D50相当，D100范围在前面的基础上增加昌平、顺义、通州、大兴、房山、门头沟六个区，此外还含有河北廊坊的广阳区、三河市（燕郊）、大厂县的一部分（图6-2）。

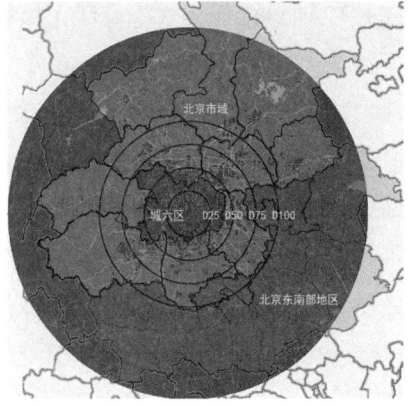

图6-2 北京区域土地使用与行政区边界（2010年）[①]

6.1.2 五个特大城市地区可持续指标

这里使用"城市人"的概念来描述五个特大城市地区人均的空间消费水平，主要指人均能耗水平（交通能耗、建筑能耗等）、碳排放水平。其他表征可持续性的指标，如热岛效应等以图示的方式在后面具体指标项目中比较。

人均建筑面积数通过测度数据和人口统计数据推算求得。测度结果显示的五个特大城市地区人均建筑面积为123.5～173.5平方米，均值约150平方米，最大值和最小值浮动范围在均值的20%以内，可以认为满足比较前提条件，存在比较的价值。

我们选取人均交通能耗、人均建筑能耗、人均总能耗、人均碳排放数据作为五个特大城市地区的可持续表征指标（表6-2）。其中人均交通能耗数据作为主要因变量，其他三项指标作为辅助变量。

五大城市地区理想城市人的空间消费水平　　　　表6-2

| 项目 | 人均能耗水平（万千瓦小时） | | | | 人均碳排放（CO_2）[183] | | 对应圈层 |
城市人	交通	建筑	总能耗	时间	t/（人·a）	时间	
大伦敦人	0.42	1.39	1.81	2010	9.14	2003	D50
大巴黎人	0.46	0.40	0.92	2009	4.11	2005	D100
大纽约人	0.64	2.66	3.55	2010	10.12	2005	D50
大东京人	0.41	0.98	1.53	2009	4.17	2006	D50
大北京人	0.36	0.41	1.08	2010	9.17	2006	D100

注：总能耗中包含所有能耗，固不等于交通与建筑能耗之和；统计范围对应前文所述的空间范围；北京交通与建筑能耗数据由 IPCC 系数和总能耗数据推算出；原始数据见附录 B。

资料来源：能耗数据来自于各个城市统计数据 2009—2010 年、碳排放来自 Kennedy C A，Ramaswami A，Carney S，et al. Greenhouse gas emission baselines for global cities and metropolitan regions. Proceedings of the 5th Urban Research Symposium Marseille France，2009.

验证的过程中把土地使用模式的测度指标作为自变量。包括表示形态紧凑程度的6项指标，表示功能可达程度的4项指标以及形态与功能相协同的4项协同指数。

---

① 底图来自北京市规划委员会网站。

6.1.3 土地使用模式指标和可持续性指标的相关性

6.1.3.1 验证1：形态紧凑与可持续指标的相关性

（1）建成区覆盖率与人均总能耗具有显著的正相关性（图6-3）。建成区规模越大，人均总能耗值越高。相关性系数为0.65。[①]

（2）建筑密度与人均交通能耗具有显著的负相关性（图6-4）。区域平均建筑密度越大，人均交通能耗值越低。相关性系数为0.53。

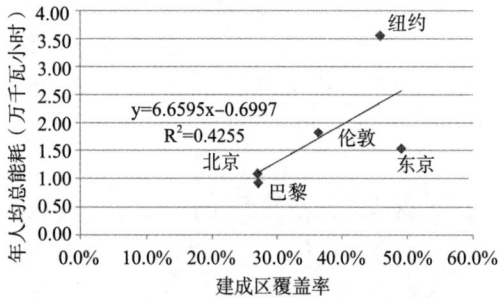

图6-3　建成区覆盖率与人均总能耗的相关性

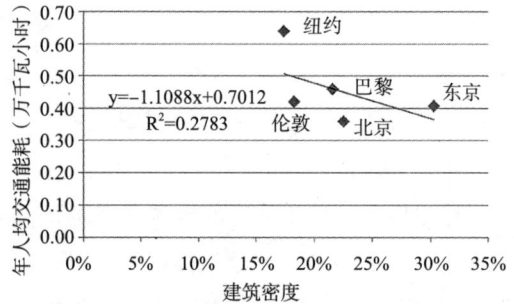

图6-4　建筑密度与人均交通能耗的相关性

（3）建筑层数与人均建筑能耗具有显著的负相关性（图6-5）。区域平均建筑层数越高，人均建筑能耗值越低。相关性系数为0.74。

（4）容积率。作为一个由建筑密度和建筑层数合成的指标，容积率和人均交通能、人均建筑能耗、人均总能耗之间的相关性反映了较为综合的特点。区域平均容积率和人均交通能耗呈现了显著的负相关性（图6-6），容积率越大，人均交通能耗越低，相关性系数为0.69。

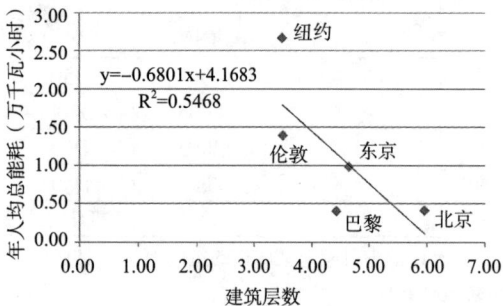

图6-5　建筑层数与人均建筑能耗的相关性

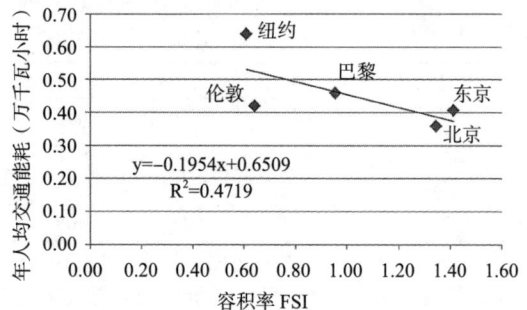

图6-6　容积率与人均交通能耗的相关性

容积率和建筑能耗的关系则表现的更为复杂的多项式关联（图6-7），过大和过小的容积率都可能导致建筑能耗的过高。意味着对于不同的城市地区来说适度的容积率与较低

[①] 回归分析相关性系数判断：相关系数在0.3以下为无相关，0.3～0.5为低度相关，0.5～0.8为显著相关，0.8以上是高度相关。

的建筑能耗值有相关性，而对于单独的特大城市地区而言，中心的高容积率地区和边缘的低容积率地区建筑能耗值都会较大。这一规律特征也表现在容积率与人均总能耗之间的关系中。

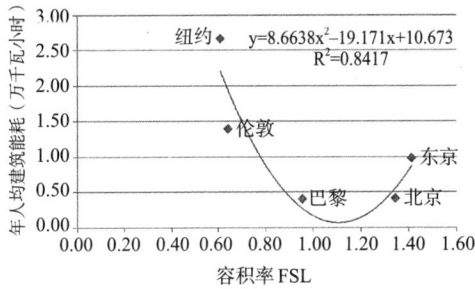

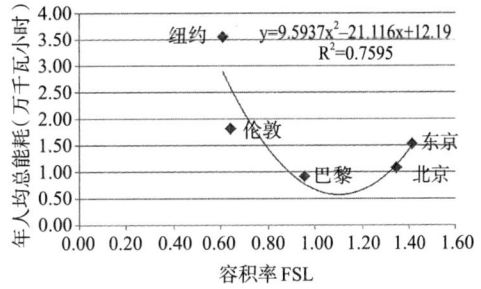

图6-7　容积率与人均建筑能耗（左）、人均总能耗（右）的相关性

（5）开敞空间分配率。与人均交通能耗反映出显著的正相关（图6-8），即开敞空间分配率越大，人均交通能耗越高，相关性系数为0.71。

和容积率一样，开敞空间分配率作为一个由建筑密度和建筑层数合成的指标，与可持续性指标之间也表现出多项式关联的特点（图6-9）。

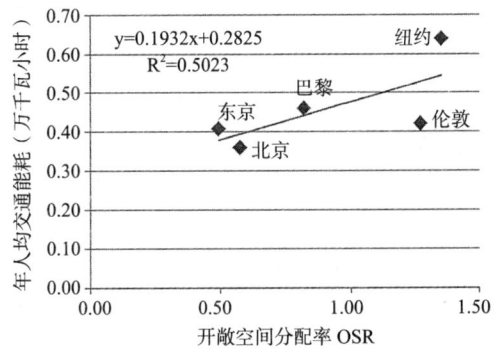

图6-8　开敞空间分配率与人均交通能耗的相关性

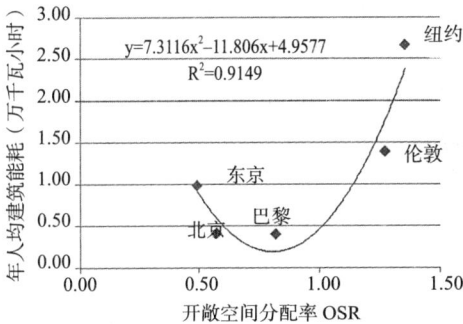

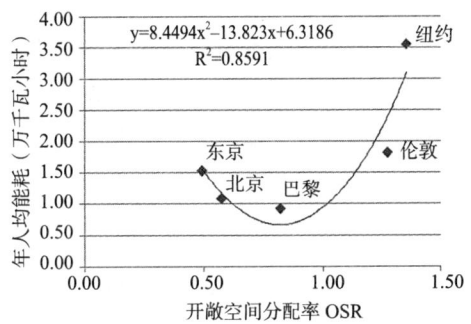

图6-9　开敞空间分配率与建筑能耗（左）、总能耗（右）的相关性

透水地面比率没有和可持续性指标进行相关性分析。原因在于五个特大城市地区的地下水数据获取的难度和热岛效应具有空间分布特点，很难用一个指标囊括。在下文具体比较每个城市地区指标数据差异时再进行专门的图式分析。表6-3为形态指标与可持续指标相关性检验结果汇总。

形态指标与可持续指标		相关性	回归公式	相关性系数
建成区覆盖率	人均交通能耗	低度+	$y = 0.4695x + 0.2823$	0.45
	人均建筑能耗	显著+	$y = 6.1450x - 1.1177$	0.68
	人均总能耗	显著+	$y = 6.6595x - 0.6997$	0.65
建筑密度	人均交通能耗	显著−	$y = -1.1088x + 0.7012$	0.53
	人均建筑能耗	高度U	$y = 390.75x^2 - 196.78x + 24.739$	0.95
	人均总能耗	高度U	$y = 411.61x^2 - 207.74x + 26.707$	0.90
建筑层数	人均交通能耗	显著−	$y = -0.0717x + 0.7732$	0.68
	人均建筑能耗	显著−	$y = -0.6801x + 4.1683$	0.74
	人均总能耗	显著−	$y = -0.6812x + 4.7823$	0.66
容积率	人均交通能耗	显著−	$y = -0.1954x + 0.6509$	0.69
	人均建筑能耗	高度U	$y = 8.6638x^2 - 19.171x + 10.673$	0.92
	人均总能耗	高度U	$y = 9.5937x^2 - 21.116x + 12.19$	0.87
开敞空间分配率	人均交通能耗	显著+	$y = 0.1932x + 0.2825$	0.71
	人均建筑能耗	高度U	$y = 7.3116x^2 - 11.806x + 4.9577$	0.96
	人均总能耗	高度U	$y = 8.4494x^2 - 13.823x + 6.3186$	0.93

注：相关性系数 0 ~ 0.3 为无相关、0.3 ~ 0.5 为低度相关、0.5 ~ 0.8 为显著相关、0.8 以上为高度相关；相关性符号，− 表示负相关，+ 表示正相关，U 表示 U 形多项式相关。

综合分析后得出如下结论：

特大城市地区的建成区覆盖率与人均总能耗之间呈现一定的正相关性；

（1）建筑密度与人均交通能耗呈显著的负相关性；

（2）建筑层数与人均建筑能耗呈显著的负相关性；

（3）容积率、开敞空间分配率与建筑能耗、总能耗间呈现高度的U形多项式相关，过高或者过低的容积率、开敞空间分配率都会导致建筑能耗、总能耗人均指标的过高。

综上所述，特大城市地区需要适度紧凑的土地使用强度，适度的紧凑有利于能源消耗数据的减低，过高过低都将影响到可持续性的表现。容积率和开敞空间分配率是比较具有代表性的土地使用模式指标项目。必须明确的是，以上验证具有一定的局限性，主要体现在验证的结论主要针对特大城市地区的情况，同时由于案例数目的有限导致相关性分析的结论也受到制约。

6.1.3.2　验证 2：功能可达与可持续指标的相关性

在功能可达性测度中，涉及的公共设施为三类：轨道交通站点、小学、公共绿地，除了3项设施可达性指标之外，还有功能混合度指标，以上指标都是基于步行和公共交通的缓冲区分析。因此，在考察功能可达程度与可持续性指标的相关性时，可持续性的表征指标主要使用了人均交通能耗数据和碳排放水平来进行说明。

（1）轨道交通覆盖率（图6-10）。轨道交通覆盖率指标与人均交通能耗呈现显著的负相关性，相关性系数为0.58。即轨道交通半径1000米内覆盖的建成区面积比例越高，人均交通能耗数值越小。并且，轨道交通覆盖率指标与人均碳排放的相关性更高，相关性系数为

0.82，呈现高度的负相关性，意味着轨道交通服务的覆盖率越高，碳排放降低的趋势越显著，并且超过交通能耗降低的水平。

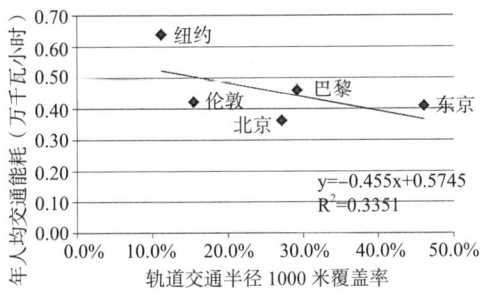

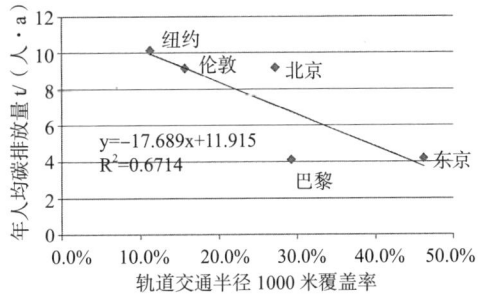

图6-10 轨道交通覆盖率与交通能耗（左）、碳排放（右）的相关性

（2）小学服务覆盖率（图6-11）。小学服务半径500米覆盖率与人均交通能耗和碳排放水平呈显著的负相关，相关性系数分别为0.53、0.64，这两个数值都小于轨道交通对应的相关性系数，表明小学覆盖率对于交通能耗和碳排放的影响要弱于轨道交通站点的服务覆盖情况。

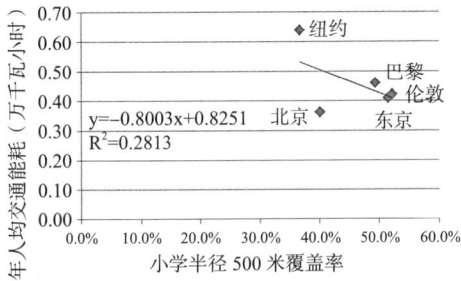

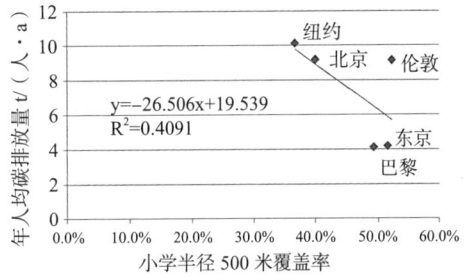

图6-11 小学服务覆盖率与交通能耗（左）、碳排放（右）的相关性

（3）公共绿地服务覆盖率（图6-12）。公共绿地覆盖率指标与人均交通能耗和碳排放指标都呈现出低度的正相关性。这项指标越大通常反映人均公共绿地面积更大，开敞空间多，建筑之间有充分的间隔。但其与人均交通能耗呈现正相关性，表明实践中需在人均交通能耗和获取更多的公共绿地之间求得平衡。

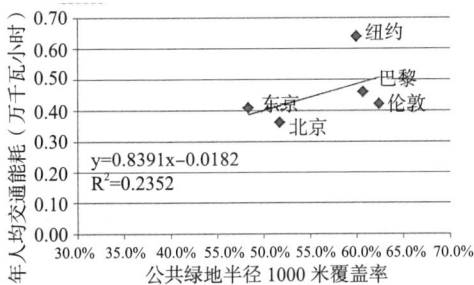

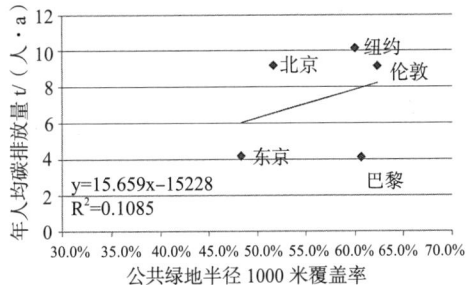

图6-12 公共绿地服务覆盖率与交通能耗（左）、碳排放（右）的相关性

（4）功能混合度（图6-13）。混合度指标和人均交通能耗、人均碳排放水平呈现显著的负相关性，相关性系数分别为0.76、0.63。并且功能混合度与人均交通能耗之间的相关性系数要大于轨道站点覆盖率与交通能耗之间的相关性系数，说明相较轨道交通站点覆盖而言，功能混合在影响交通能耗水平方面表现更为显著。

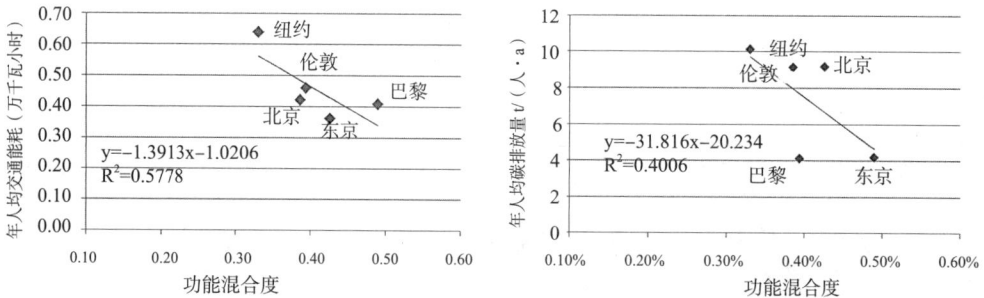

图6-13　功能混合度与交通能耗（左）、碳排放（右）的相关性

表6-4为功能指标与可持续性指标的相关性测度结果，综合分析后得出如下结论：

（1）从功能指标对人均交通能耗的影响来看，功能混合度的影响最显著，然后依次是轨道交通站点覆盖率、小学服务覆盖率，公共绿地服务覆盖率影响最为微弱；

（2）从功能指标对人均碳排放水平的影响来看，轨道交通站点覆盖率的影响最强烈，然后依次是小学服务覆盖率、功能混合度，公共绿地服务覆盖率影响最为微弱。

功能指标与可持续性指标的相关性测度　表6-4

功能指标与可持续指标		相关性	回归公式	相关性系数
轨道站点服务覆盖率	人均交通能耗	显著−	$y = -0.455x + 0.5745$	0.58
	人均碳排放量	高度−	$y = -17.689x + 11.915$	0.82
小学服务覆盖率	人均交通能耗	显著−	$y = -0.8003x + 0.8251$	0.53
	人均碳排放量	显著−	$y = -26.506x + 19.539$	0.64
公共绿地服务覆盖率	人均交通能耗	低度+	$y = 0.8391x - 0.0182$	0.48
	人均碳排放量	低度+	$y = 15.659x - 1.5228$	0.33
功能混合度	人均交通能耗	显著−	$y = -1.3913x + 1.0206$	0.76
	人均碳排放量	显著−	$y = -31.816x + 20.234$	0.63

备注：相关性系数 0 ~ 0.3 为无相关、0.3 ~ 0.5 为低度相关、0.5 ~ 0.8 为显著相关、0.8 以上为高度相关；相关性符号，−表示负相关，+表示正相关

综上所述，特大城市地区需要可达性良好的土地使用功能安排，混合土地使用功能、提高轨道交通服务覆盖范围有利于人均交通能源消耗数据、碳排放水平的减低。提高小学的覆盖率也能起到一定的积极作用，而公共绿地服务覆盖则需要从更加综合的视角来考察其影响。

6.1.3.3 验证3：协同指数与可持续指标的相关性

协同指数主要结合土地使用强度数据，计算3类公共设施缓冲区服务的建筑规模占城市地区总建筑规模的比例，分析这些数据与可持续性指标之间的相关性。规定占比越高协同性越好。协同指数实际是功能可达性二维指标的三维化测度。

协同指数1形态与轨道交通相协同（图6-14）。从轨道交通半径1000米缓冲内建筑规模占比与人均交通能耗的相关性来看，呈现低度的负相关，相关性系数为0.40；协同指数1与人均碳排放则呈现出高度的负相关，相关性系数为0.87。

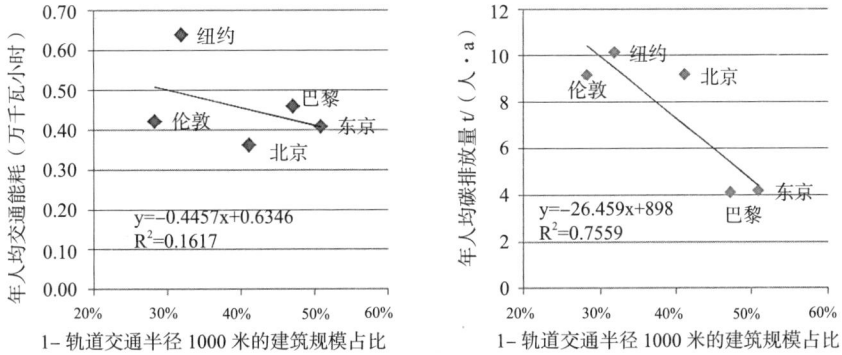

图6-14 协同指数1与人均交通能耗（左）、人均碳排放（右）的相关性

协同指数2形态与小学服务覆盖相协同（图6-15）。小学半径500米缓冲区内建筑规模占比与人均交通能耗、人均碳排放之间都呈现显著的负相关性，相关性系数分别是0.75、0.72。

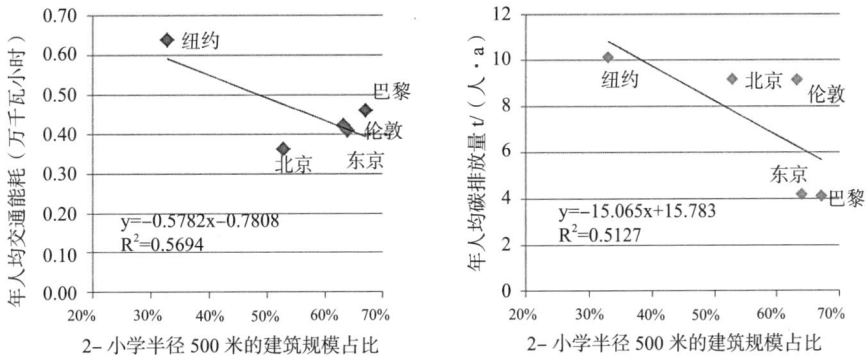

图6-15 协同指数2与人均交通能耗（左）、人均碳排放（右）的相关性

协同指数3形态与公共绿地服务覆盖相协同（图6-16）。公共绿地半径1000米缓冲区内建筑规模占比与人均交通能耗、人均碳排放之间呈现低度的正相关性，相关性系数分别为0.48、0.23。

协同指数4形态与功能综合协同（图6-17）。3种公共设施服务半径缓冲区交集内的建筑规模占比与人均交通能耗无相关；与人均碳排放呈现高度的负相关。相关性系数分别为0.26、0.96。

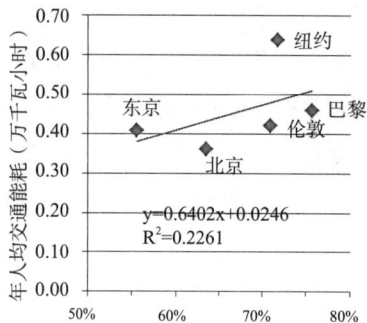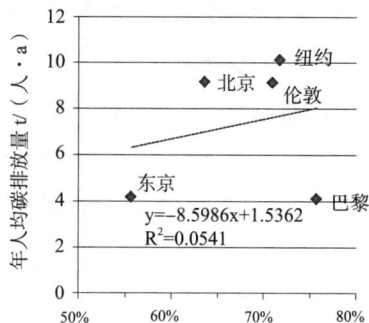

图6-16　协同指数3与人均交通能耗（左）、人均碳排放（右）的相关性

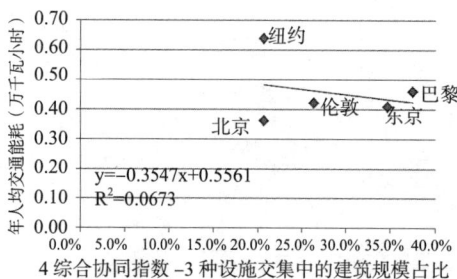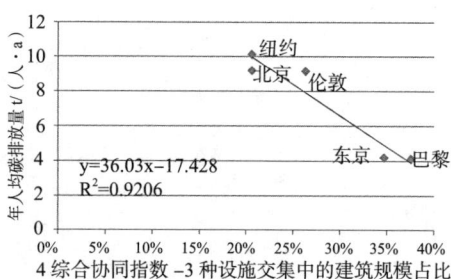

图6-17　协同指数4与人均交通能耗（左）、人均碳排放（右）的相关性

表6-5为协同指数与可持续性指标的相关性测度结果汇总，综合分析得出如下结论：

从人均交通能耗的视角看，协同指数2小学服务范围内的建筑规模与人均交通能耗相关性最高，呈现显著的负相关性，而协同指数3呈现低度正相关、协同指数1呈现低度负相关性，协同指数4则呈现无相关性。

从人均碳排放量的视角看，协同指数4、协同指数1与人均碳排放量呈现高度的负相关性，协同指数2呈现显著的负相关性，协同指数3与人均碳排放指标没有呈现出相关性。

从协同指标的代表性上看，协同指数4和1在衡量人均碳排放的水平方面更具代表性；协同指数2在表征人均交通能耗方面具有一定的代表性。

协同指数与可持续性指标的相关性测度

表 6-5

协同指数与可持续指标		相关性	回归公式	相关性系数
1轨道站点服务	人均交通能耗	低度–	$y = -0.4457x + 0.6346$	0.40
	人均碳排放量	高度–	$y = -26.459x + 17.898$	0.87
2小学服务	人均交通能耗	显著–	$y = -0.5782x + 0.7808$	0.75
	人均碳排放量	显著–	$y = -15.065x + 15.783$	0.72
3公共绿地服务	人均交通能耗	低度+	$y = 0.6402x + 0.0246$	0.48
	人均碳排放量	无相关	$y = 8.5986x + 1.5362$	0.23
4综合协同指数	人均交通能耗	无相关	$y = -0.3547x + 0.5561$	0.26
	人均碳排放量	高度–	$y = -36.03x + 17.428$	0.96

注：相关性系数 0 ~ 0.3 为无相关、0.3 ~ 0.5 为低度相关、0.5 ~ 0.8 为显著相关、0.8 以上为高度相关；相关性符号，—表示负相关，+表示正相关

可持续视角下特大城市地区土地使用模式测度研究
　　——北京与世界城市比较

总结上述14个测度指标与4项可持续性指标之间的相关性验证，可得出如下基本判断：

（1）形态适度紧凑更利于可持续发展。考察形态适度紧凑的指标中建筑密度、容积率、开敞空间分配率三项指标相关性系数超过0.8，具有较好的代表性；建筑层数与可持续性指标超过0.5，具有一定的代表性。

（2）功能可达性程度方面，更适宜轨道交通和步行方式的功能布局更有利于可持续发展。考察功能可达性的指标中轨道交通覆盖率与可持续指标之间的相关性系数超过0.8，具有较好的代表性；功能混合度和小学服务覆盖率指标与可持续性指标超过0.5，具有一定的代表性。

（3）形态与功能相协同更利于可持续发展。协同指数中综合协同指数4、协同指数1与可持续指标相关性超过0.8，具有较好的代表性；协同指数2与可持续性指标超过0.5，具有一定的代表性。

综述验证部分的工作，得到如下结论：第3章提出的理论假说基本得到验证。特别是形态适度紧凑得到测度数据很好的支持，但是也存在部分指标未达到预期的情况，特别是功能指标中公共绿地服务覆盖率指标以及对应的协同指数3与可持续指标的相关性不好，分析其原因主要在于不同区位的公共绿地对于土地使用模式和城市人交通行为的影响有显著的差异，应区分建成区内和建城区外两种情况具体分析，在公共绿地比较和协同指数3比较部分会进行具体分析。同时，也必须指出本次验证工作具有一定的局限性，主要表现在案例数目的有限、影响交通能耗、碳排放水平的构成因素较为复杂，所以上述结论只能作为初步判断。

6.2 土地使用形态紧凑的测度比较

前文主要验证了各项指标与可持续性指标之间的相关性，本节将把五个特大城市地区之间各项指标的差异作为论述重点。从五个特大城市地区总体层面、圈层层面两个视角着手进行比较，并且以北京为论述的主要落脚点，为第7章明确北京土地使用模式的优势和劣势，提出针对性的优化策略提供思路。

6.2.1 建成区覆盖率比较

6.2.1.1 总体比较

从五个大城市地区的建成区与非建成区构成比例关系来看，东京建成区比例最高达到49.2%，如果除去海面的影响，这一比例将上升至56.4%；其次是纽约，建成区比例达到46.0%，如果除去海面的影响，这一比例将超过东京，达到63.6%；然后分别是伦敦的36.4%、巴黎27.2%；北京最低，和巴黎十分接近，为27.1%（图6-18、图6-19）。

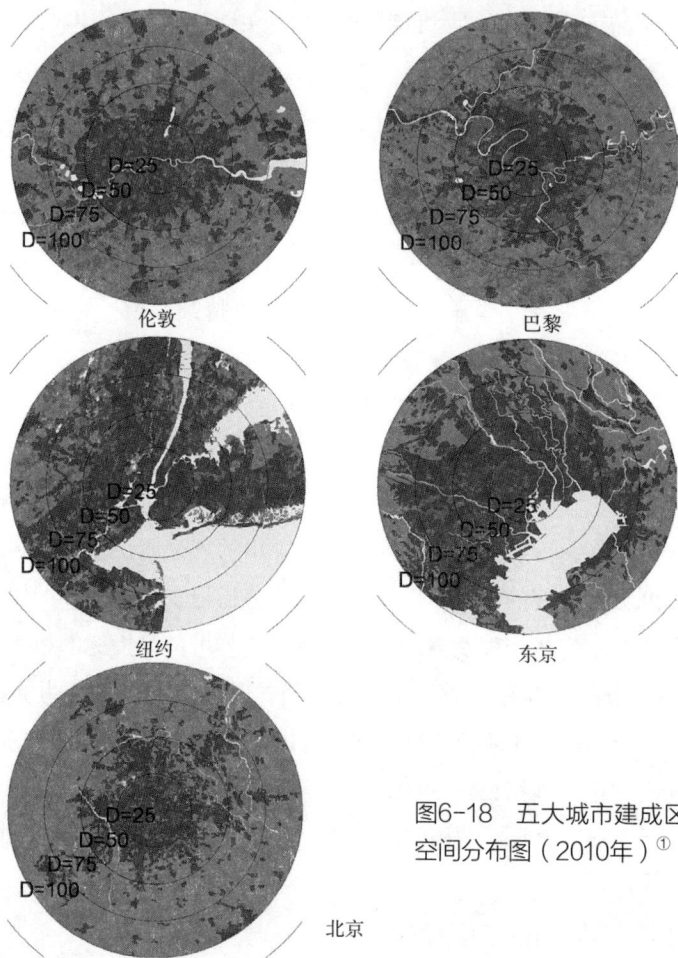

图6-18　五大城市建成区
空间分布图（2010年）[1]

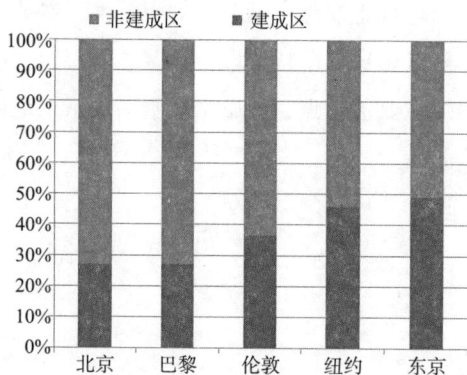

图6-19　五大城市建成区/非建成区比例关系（2010年）

　　第一层次：建成区覆盖率是规模参数。原因在于，从五个城市地区建成区的面积数据来看，这一数据和城市地区的人口规模具有很强的相关性（表6-6）。这一数据不能简单地归结为某种"土地使用模式"，更多的是国情赋予的地区人口规模意义。

――――――――――――――――
① 底图来自谷歌地图

　可持续视角下特大城市地区土地使用模式测度研究
　　　　――北京与世界城市比较

五大城市研究范围用地面积与人口（2010年）　　表6-6

城市名	研究范围 （陆地面积）	建成区 （占比，%）	人口 （行政区人口）	行政区 面积	行政区范围
伦敦	7850（7660）	2856（36.4）	1490（750）	1579	大伦敦地区
巴黎	7850（7730）	2138（27.2）	1230（667）	762	巴黎省及其周边3个省
纽约	7850（5683）	3614（46.0）	1590（820）	786	指纽约市
东京	7850（6844）	3860（49.2）	3580（1320）	1782	东京市（特别区与多摩）
北京	7850（7760）	2130（27.1）	1910（1170）	1369	城六区

注：面积单位为平方公里，人口单位为万人。

6.2.1.2 圈层比较

按照圈层的视角分析来看：北京中心城区D50以内土地使用形态目前处于优化完善阶段，而D50以外的土地使用形态尚未形成显著的整体性特征。

图6-18和表6-7中的数据都反映出，伦敦、巴黎、北京的建成区土地使用主要集中在D50范围内，而东京和纽约的城市建成区土地使用则要从D50蔓延至D75、D100圈层，并且与相邻的大城市距离非常近，连绵成片，是东京和纽约的共同特点。东京的南部有横滨市，西北有埼玉，距离东京约25公里，而纽约的西部是泽西市和纽瓦克市，距离更是在15公里以内。北京在研究范围内虽然有廊坊，但是已经处于边缘，距离北京市中心约50公里。

五大城市建成区用地面积比较　　表6-7

城市名	D0 ~ 25		D25 ~ 50		D50 ~ 75		D75 ~ 100		D100	
	建设用 地面积 （km²）	占所在环 百分比 （%）	建设用 地面积 （km²）	占所在 环百分 比（%）	建设用 地面积 （km²）	占所在环 百分比 （%）	建设用 地面积 （km²）	占所在 环百分 比（%）	建设用 地面积 （km²）	占所在环 百分比 （%）
伦敦	434.5	88.7	991.4	67.4	736.9	30.0	693.9	20.2	3042.8	58.9
巴黎	432.6	88.3	856.0	58.2	532.0	21.6	316.9	9.2	2137.5	27.2
纽约	327.2	85.1	944.7	88.0	1123.6	65.2	1218.6	48.7	3614.1	63.6
东京	429.0	96.9	1073.5	92.3	1380.9	68.8	976.6	30.3	3860.0	56.4
北京	452.7	92.4	745.5	50.7	464.4	18.9	467.9	13.6	2292.5	27.1

从D25圈层范围内建成区土地使用总量看，北京建成区土地使用面积最大，达到450平方公里，然后依次是伦敦、巴黎、东京、纽约，其中东京和纽约面积相对较小，是由于这两座城市中心区域包含部分海面。如果从建成区土地使用面积占所在圈层中陆地面积的比例，也就是建成区覆盖程度上看，东京列第一，超过96%；北京列第二，超过92%；伦敦和巴黎十分接近，都超过88%；纽约数值最小，只有85%，这与纽约市中心拥有中央公园，新泽西市和纽瓦克市之间大面积的开敞空间和公共绿地直接相关。与其他城市相比，北京特大城市地区的数据展现出中心城建成区面积大、形态连续集中的单中心特点。

从D50圆形范围内建成区土地使用总量看，东京规模最大，超过1500平方公里；伦敦其次，超过1400平方公里；巴黎和纽约面积接近，达1300平方公里；北京建成区面积最小，约

1200平方公里。从建成区覆盖程度看，除去海面的影响，东京建成区覆盖率最高，超过90%；纽约第二，超过85%；伦敦和巴黎分列三、四，超过80%；北京最低，为77%。与其他城市的数据相比，北京在区域蔓延式发展方面表现并不突出。

北京在D50范围内所反映出的基本特征是，25公里以内建成区覆盖程度高，而25～50公里，建成区覆盖程度与其他案例城市地区相比，迅速衰减，这与目前北京所处的城市发展阶段有关。考虑到北京中心城区和周边区县已有的总体规划尚处于实施阶段，2010年约有200平方公里的土地属于已有规划，尚未建设实施，如果这些规划实施完毕，北京在D50环内的建设用地总面积将达到1400平方公里（图6-20），接近伦敦2010年的建成区规模。

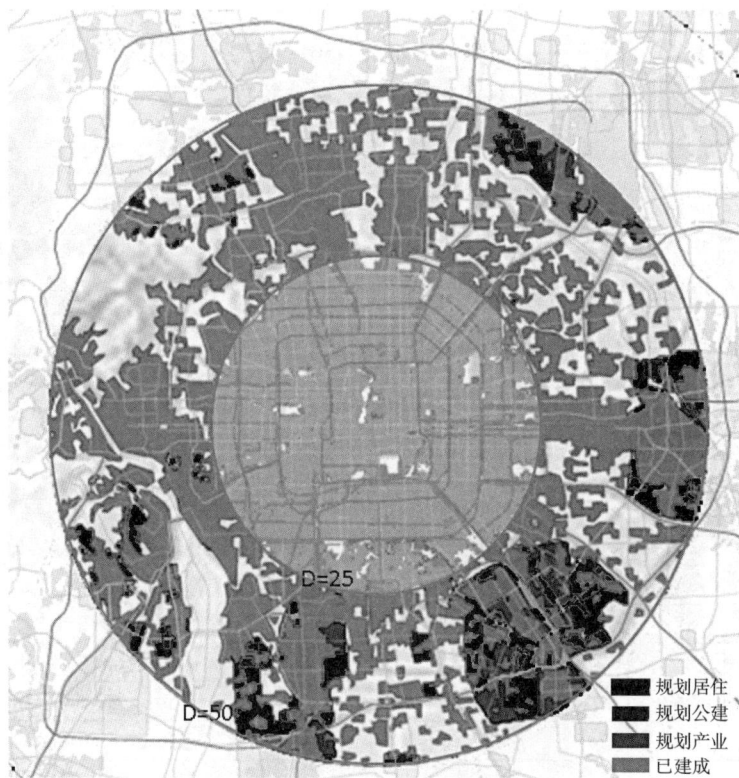

图6-20　北京D50范围内规划与建设用地分布情况（2010年）

6.2.1.3　基本结论

（1）从指标的作用视角看，建成区覆盖率指标能够表征特大城市地区的土地使用规模和不同圈层的拓展结构差异。与规划用地分布相结合可以比较出未来发展的动向和趋势，和某一阶段的可能形态。

（2）从获得的认识视角看，北京面临的现状是D50（六环以内）范围内已有规划用地的规模已经接近伦敦的情况。这一范围内未来面临的主要问题应为空间质量的提升。而D50～100（六环以外）范围内的发展趋势尚不明确。

6.2.2 透水地面比率比较

6.2.2.1 总体比较

从五个特大城市地区透水地面比例来看（图6-21），东京透水地面比例最低，占城市用地的33%，北京39%仅高于东京，列第二名；伦敦和巴黎的透水地面比率十分接近，分别为44%、43%；透水地面比率最高的是纽约，达到47%。五个特大城市地区的平均透水地面比例为41%。这组数据和公共绿地覆盖率、开敞空间分配率所反映的规律具有一致性。

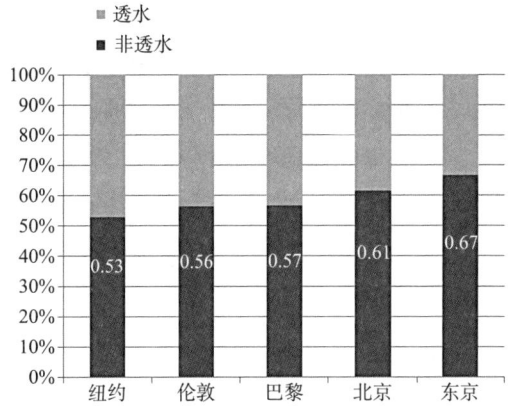

图6-21　五大城市建成区透水地面/非透水地面比例关系（2010年）

6.2.2.2 圈层比较

从圈层比较分析来看，我们也可以通过透水地面比例的反面"非透水地面比例"与距离城市中心远近的相关性上进行分析。

500个抽样地块总体上反映出规律是：五个特大城市地区的非透水地面比例随距离中心越远而降低的特征，即越向外围硬化程度越低，符合常识性认识。

500个点整体的线性相关系数为0.34，整体呈现低度线性相关。如果按照居中位置将500个抽样地块分为两部分，则其中位于D50圆形内点的相关系数为0.39（如图6-22中椭圆形圈起的区域），位于D50～100圆环内的点的相关系数为0.17。这表明在半径25公里内的非透水地面比例与距离城市中心的位置相关性更为显著，而越向外围这种相关性显著降低，在外围圈层呈现出一种离散状态。用这个方法可以估计城市主要建成区的边界和城市中心辐射影响的区域范围。

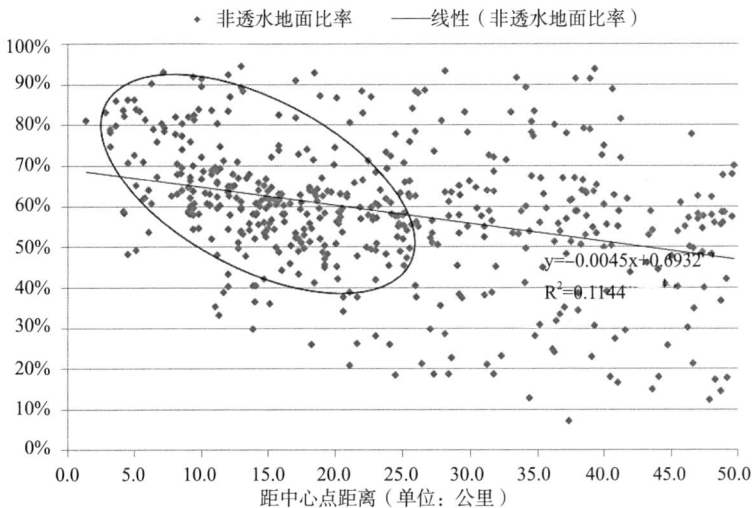

图6-22　500个抽样地块非透水地面比例与距中心位置关系（2010年）

从不同城市的角度来看（图6-23），纽约100个抽样地块非透水地面比例与距离城市中心位置的相关性呈现显著相关，相关系数为0.56；其次为巴黎和北京，呈现低度相关，相关系数分别为0.38和0.31；伦敦的相关系数较小，为0.26，接近0.3；东京相关系数最低，为0.09，较其他城市低一个数量级。这说明，对于东京的建设模式而言，地块的非透水地面比例的浮动范围与距离城市中心位置关系基本无关，表现为一种较为均质变化的特点，根据前面的数据，东京的非透水地面比例要高于其他四个城市平均水平10个百分点以上，而这其中建筑密度比较高是主要因素。这在建筑密度的测度数据中会有体现。

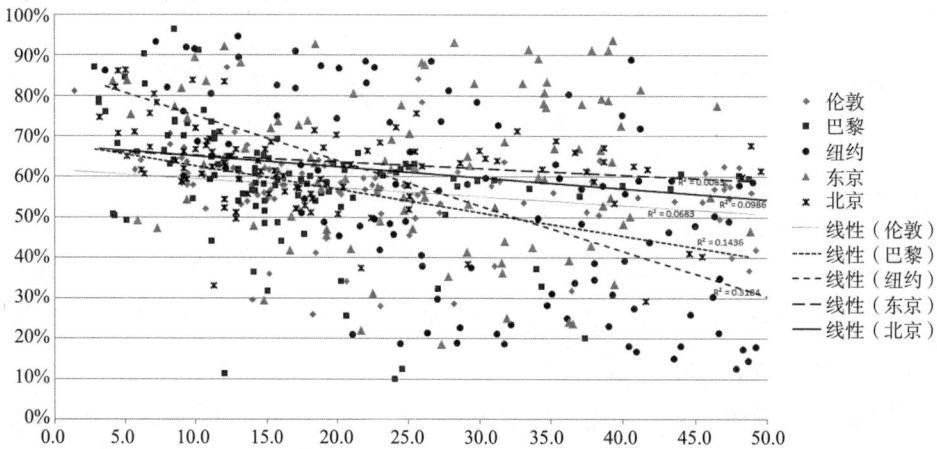

图6-23 非透水地面比率与距中心位置相关性（分城市）

从不同圈层的视角看，各大城市地区主要表现了自中心向外围，透水地面比例升高，非透水比例降低的整体趋势。根据Bastiaanssen等人的研究，非透水地面的土地使用类型、地表反射率和热岛效应具有相关性[184]。从巴黎夜间的城市热岛分布和不同圈层的非透水地面比例所反映的规律具有一致性，即两者都呈现从中心到边远的递减规律（图6-24）。伦敦的能源使用密度分布图（图6-25）也反映了类似的中心向外围的递减规律。和前文提到的热岛效应的负反馈——太阳辐射——非透水地面比例高的中心地区——建筑使用空调降低室内温度——废气排出造成室外环境温度的继续上升，恶性循环链条表现相一致。

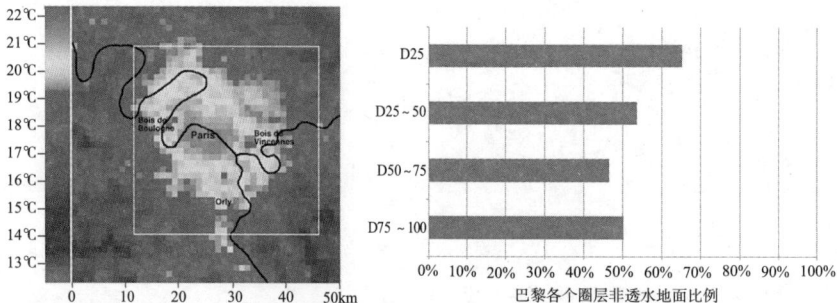

图6-24 巴黎夏夜晚的热岛分布与非透水地面比例

资料来源：圈层数据来自笔者统计，热岛图来自 Dousset B，Gourmelon F. Satellite multi-sensor data analysis of urban surface temperatures and landcover. ISPRS Journal of Photogrammetry and Remote Sensing，2003，58（1）：43-54.

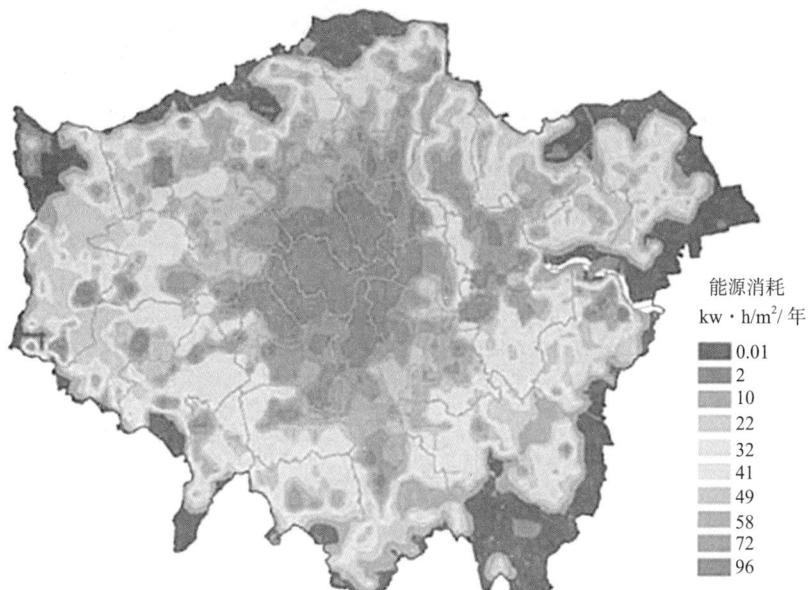

图6-25　大伦敦范围基于燃烧的能源使用密度分布图
资料来源：伦敦可持续能源中心，2011年

6.2.2.3　基本结论

（1）从指标的作用视角看，透水/非透水地面比率这项指标能够表征特大城市地区的土地使用规模与城市热岛效应之间的互动关系。

（2）从获得的认识视角看，北京面临的问题是地表透水比例偏低，仅高于东京，低于世界城市的平均水平。

建设模式和理念、气候和传统，交通方式在透水与非透水地面比例关系形成过程中起到很大的作用。比如对日照间距的严格要求、对建设大广场的膜拜、对于硬化道路的不同理解、出行是否依赖小汽车等诸多因素都可能影响这一指标的表现。

6.2.3　建筑密度比较

6.2.3.1　总体比较

从五个特大城市地区建筑密度数据来看（图6-26），纽约建筑密度最低，只有17.4%，伦敦的建筑密度略高于纽约，为18.3%，反映这两个地区平均建筑密度较低的区域特征；其次是巴黎和北京，分别为21.6%和22.6%；东京建筑密度最高，达到30.3%。这一数据能够较

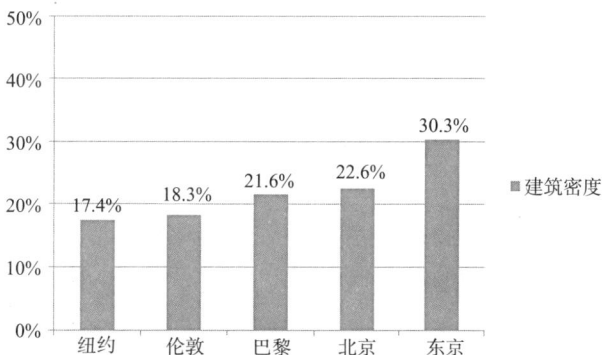

图6-26　五大城市地区平均建筑密度比较（2010年）

好地反映出五个特大城市地区在建筑物密集程度或者说是拥挤程度的差异。

　　如果我们把建筑基底之上的建筑空间作为城市人出行的目的地，而非建筑基底部分的硬质界面（道路、广场等）作为这种出行的支撑，使用类似于开敞空间分配率的概念，用道路广场等硬质地面与容积率的比值作为道路广场等硬质地面分配率指标。这一指标或许能够更好地说明土地使用模式中公交出行导向与小汽车交通依赖之间的差别。从道路广场等硬质地面分配率指标与人均交通能耗的相关性来看，呈现显著的正相关（图6-27），相关性系数为0.63。意味着单位建筑面积所拥有的道路广场面积越大，人均交通能耗越高。东京的道路广

场面积分配率指标数值最低，根据日本爱知大学教授李春利提供的数据，2012年东京的小汽车出行比例只有13%[185]，东京的人均交通能耗低与小汽车出行比例低不无关系。从东京的例子中可以发现建筑密度越高，区域的交通出行方式越倾向于公共交通导向，而微观层面的步行出行比例也更高。当然这里可能还有功能混合程度、价格等其他因素的影响。

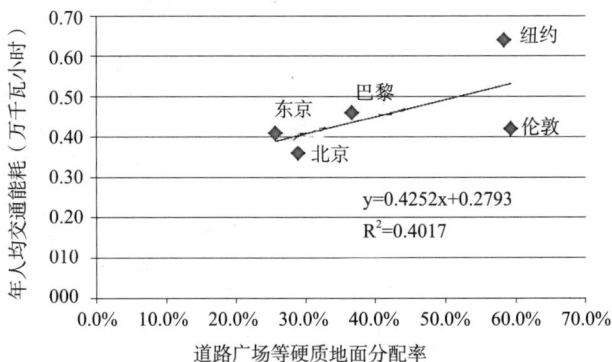

图6-27　五大城市硬质地面与人均交通能耗关系（2010年）

6.2.3.2　圈层比较

　　从500个抽样地块的建筑密度与距离城市中心位置相关性看（图6-28），总体呈线性递减规律，整体线性相关系数为0.30。从不同城市地区角度来看，纽约的相关系数最高，为0.54，表示为显著相关；巴黎次之，0.47；东京0.39和伦敦0.25分列第3、第4；北京最低，尚未达到0.07，基本无相关性。反映出北京地区的建筑密度指标并没有随距离中心位置远近而产生变化。这项指标能从一个侧面说明城市地区中心与边缘土地使用模式的差异程度。意味着对于纽约、东京、伦敦、巴黎来说中心与边缘的建筑密度指标所反映的土地使用模式差异很显著，而北京中心与边缘之间的土地使用模式差异不如前四者显著，反映了北京中心城和外围50公里处的燕郊、廊坊城市建成区在建筑密度方面差异并不显著。这是我国特定的农地保护约束条件下和高强度土地开发使用情境下，采用高层低建筑密度博取总建设规模的大街坊土地开发模式产生的结果。

　　从四个圈层的建筑密度分布情况来看，五个案例都呈现了中心圈层建筑密度高于其他圈层的特征。纽约的梯度递减特征最为明显。北京不同圈层之间的差异性最不显著，同时中心圈层的建筑密度指标也要低于其他四个特大城市地区（图6-29）。

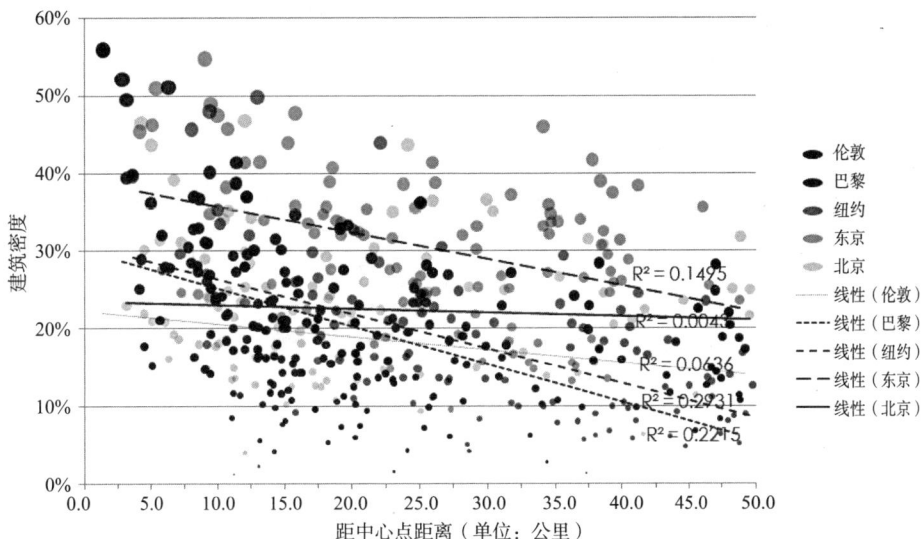

图6-28 500个抽样地块建筑密度和距中心位置关系（2010年）
注：其中圆形面积大小表示建筑密度值

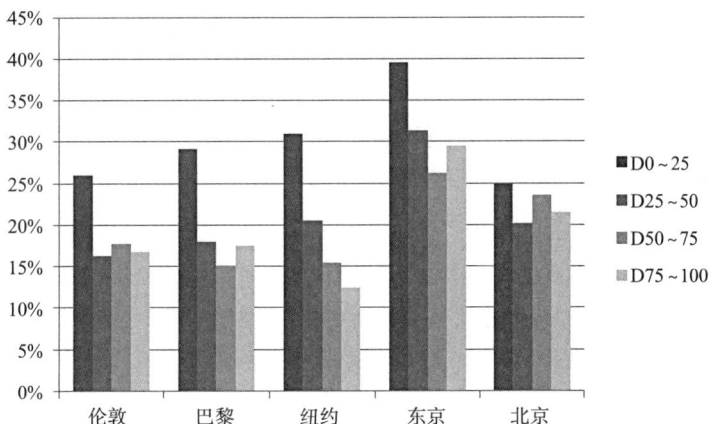

图6-29 五大城市地区建筑密度分圈层比较（2010年）

6.2.3.3 基本结论

（1）从指标的作用视角看，建筑密度这项指标能够表征特大城市地区的土地使用模式与人均交通能耗之间的作用关系。

（2）从获得的认识视角看，北京宏观层面建筑密度数值适中，面临的问题是在中心地区、重点节点地区、建筑密度尚低，区域之间差异不明显。

建筑密度指标受到诸多因数的影响，诸如地区气候和日照间距的规定，地块开发模式、产权地块规模等。基于公共交通导向的土地使用模式，应提高中心地区和重要节点的建筑密度，配合其他指标的进行综合运用，获得合理的建成环境形态。

6.2.4 建筑层数比较

6.2.4.1 总体比较

从500个抽样地块的平均建筑层数来看，北京数值最高，为5.97，其次是东京的4.66，巴黎的4.43，伦敦的3.52和纽约的3.49（图6-30）。前述建筑密度所反映出的规律也出现在建筑层数指标中。东京和北京在建筑层数上依然领先其他三个案例地区，结合建筑密度数据，体现出这两个城市在区域土地使用强度上要高于其他三个城市。

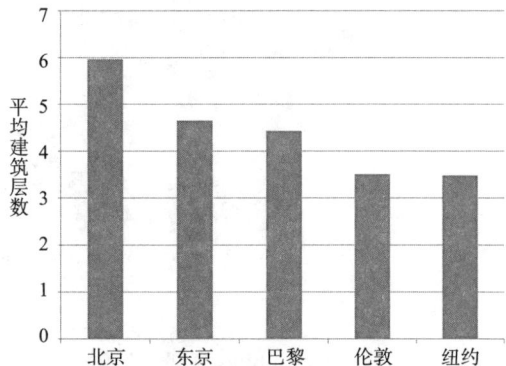

图6-30　五大城市地区平均建筑层数比较（2010年）

这五个案例地区中，纽约在建筑层数指标中所反映出的中心与边缘的巨大反差尤为显著；伦敦在建筑层数指标中表现为区域分布较为均衡；巴黎则反映出中心圈层整体较高的特征，而外围3个圈层建筑层数数值较为接近；东京和北京的高层建筑出现的频率要高出其他三座城市，并且不依赖于城市中心；而北京在整体的平均高度上则更胜东京一筹。

东京和北京虽然都属于高强度的土地使用模式，但具体构成的方式却有很大的不同。特别是在外围地区，抽样所反映的高建筑层数地块对于东京来说通常是周边的城市中心，例如距离东京市中心30公里位置的横滨中心区；而对于北京很可能只是一个高层的居住小区，例如距北京市中心15公里的北苑居住区和距北京市中心35公里处的燕郊镇高层住宅楼盘。以上几点可以从图6-31中看出。

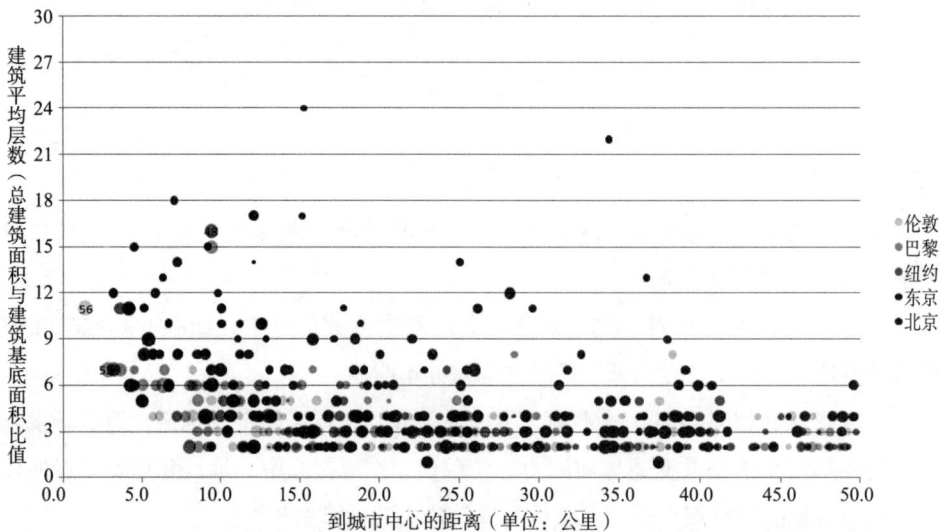

图6-31　500个抽样地块建筑层数和距中心位置关系（2010年）

注：其中圆形面积大小表示建筑密度

6.2.4.2 圈层比较

建筑层数在各个圈层的测度结果如图6-32所示。从建筑层数在各个圈层之间的变化规律来看，整体的规律是距离中心城区越远，平均建筑层数越低。这主要反映在第1圈层和其外围其他圈层之间的显著差异，在第2、3、4圈层之间的递减规律并不显著，甚至局部会有显著的高出。比如东京和巴黎的第3圈层、伦敦的第4圈层。

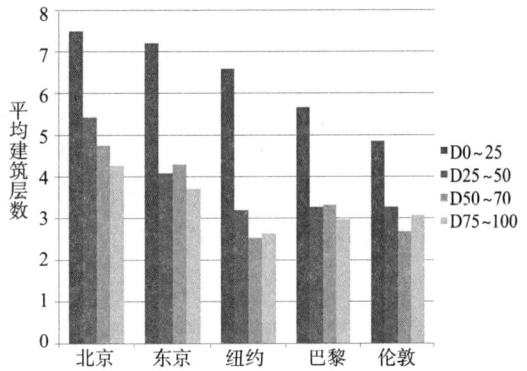

图6-32 五大城市地区平均建筑层数分圈层比较（2010年）

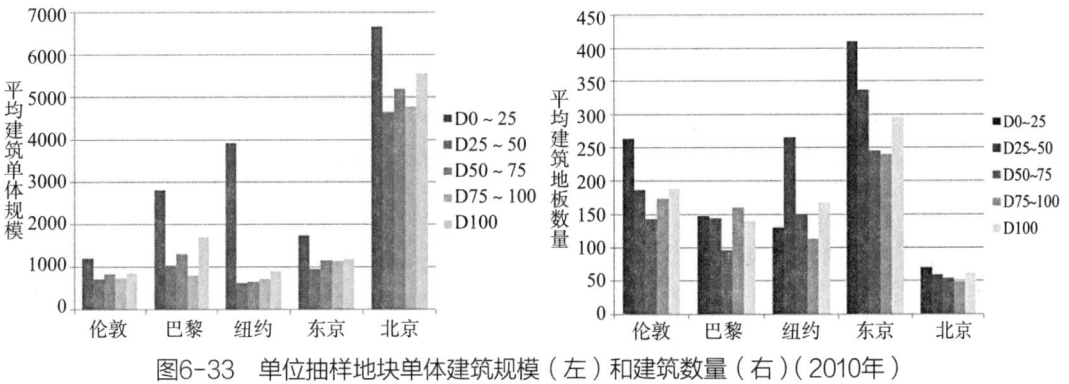

图6-33 单位抽样地块单体建筑规模（左）和建筑数量（右）（2010年）

从抽样地块的单体建筑规模和建筑数量来看（图6-33），伦敦、巴黎、纽约虽然在第1圈层之间略有差异，但在D100范围内整体上表现出欧美传统的土地使用模式，以纽约为例，相较于美国其他城市是紧凑式的发展，但和东南亚城市的高密度建成环境来比，还要显得宽松很多。

东京和北京虽然都属于高强度的土地使用模式，但实现高建设强度的手段确差异很大。东京依靠其超高的建筑密度和中心区多层、高密的结合实现了其高强度的土地使用；北京则是依靠超大的平均单体建筑规模实现同样强度的土地使用。在这种模式下，北京单位地块的建筑数量要显著少于其他几个城市，在500米×500米范围内平均只有60个建筑。东京在同样范围内约有300个建筑单体，这一数值不仅远远高于北京，比伦敦、巴黎、纽约在150～200之间的数值还要高出1.5倍以上。

北京模式的平均单体建筑规模在5500平方米左右；东京的平均单体建筑规模约为1200平方米；巴黎的平均单体建筑规模约为1700平方米；伦敦和纽约平均单体建筑规模都在900平方米左右。使用居住建筑类型做一个形象的比喻：北京相当于由6层高，包含3个单元的集合住宅组成；东京好比是由4层带阁楼的独立式小住宅紧密相连；巴黎好比是由4层带阁楼的双拼住宅组成；伦敦和纽约都像是由3层带阁楼的独立式小住宅组成，不过纽约区域的建筑密度较伦敦更稀疏一些。

6.2.4.3 基本结论

（1）从指标的作用视角看，建筑层数指标能够表征特大城市地区土地使用的立体强度和不同圈层的强度差异。与建筑密度、单体建筑数量、规模等指标相结合使用，可以比较出不同城市微观构成元素之间的差异。

（2）从获得的认识视角看，北京面临的情景是建筑层数已经处于较高的水平，但这种高层数的建筑形式与多中心的城市模式之间并不匹配，主要反映在高层住宅建筑在区域内的广泛分布，掩盖了中心与非中心之间的差异。

6.2.5 土地使用形态的综合比较

前文已经将进行土地使用形态测度所需要的4项原始指标项目进行了分类剖析。建成区的覆盖率是用来表征研究范围内城市土地使用规模的主要数据，透水地面比率则可以视作是对建成区内绿地、水面等非硬质空间覆盖程度的表达，建筑密度和建筑层数是对土地使用状况中建筑分布水平与三维再现。

下面将通过土地使用强度（容积率）等合成指标、综合所有形态测度指标、情景分析演绎三个步骤，对五个特大城市地区的土地使用形态进行综合比较。

预期得到的结论有：单一指标很难准确衡量形态的紧凑程度，使用多指标能够较为全面的表达土地使用形态的紧凑程度；特大城市地区在形态紧凑方面的可持续特征表现为土地使用强度较高和透水地面、开敞空间得到保障；五个特大城市地区中北京模式在形态紧凑方面具有独特的优势，但也存在着一些显著的问题需待改善。

6.2.5.1 土地使用强度（容积率）

从研究范围内土地使用强度来看（图6-34），东京土地使用强度值1.41，略高于北京的1.35，列第1；巴黎0.96居于中游；伦敦和纽约排名靠后，分别为0.64和0.61。如果从圈层角度来看，北京在第1圈层的土地使用强度要落后于东京和纽约，这说明在D25以内北京的土地使用强度仅处于五个特大城市中间位置，特别是与东京中心区的高密度开发建设模式相比较而言，北京还有很大的成长空间。而前面建成区覆盖率的分析中已经表明在这一区域中土地使用资源已经十分有限，未来更多的增长将通过更新改造、提高建筑密度等方式来实现。

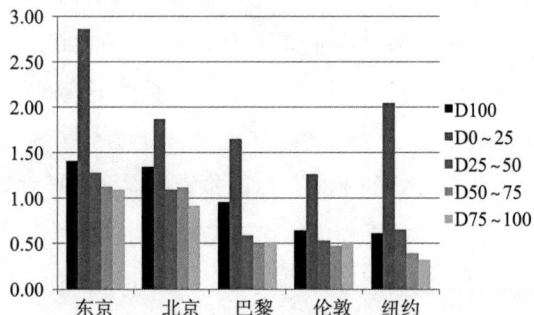

图6-34 五大城市地区土地使用强度比较（2010年）

从500个抽样地块的土地使用强度和距离城市中心位置远近的相关性来看（图6-35），通过对数回归算得相关性系数为0.55，表明这两项数据之间具有显著的相关性，土地使用强度随着距离中心位置越远呈现递减规律。其中，东京的相关系数最高，为0.69；巴黎的相关系数为0.65；伦敦的相关系数为0.57；纽约的相关系数为0.54；北京的相关系数为0.50；五个特大城市地区抽样地块土地使用强度都超过0.5，表现为显著相关。抽样调查实证了土地使用强度随距离中心远而降低的规律。北京相关性最低，表现出了和建筑密度、建筑层数相一致的规律特征。

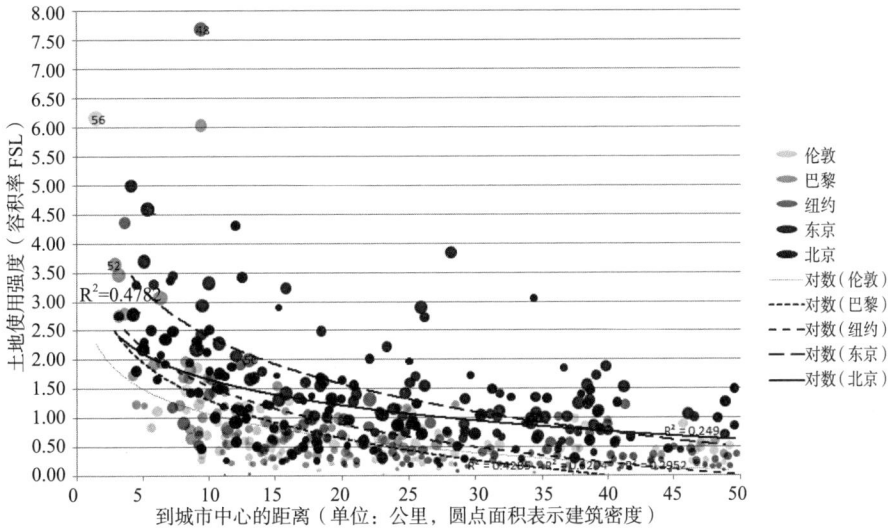

图6-35　500个抽样地块土地使用强度和距中心距离关系（2010年）

6.2.5.2　综合比较

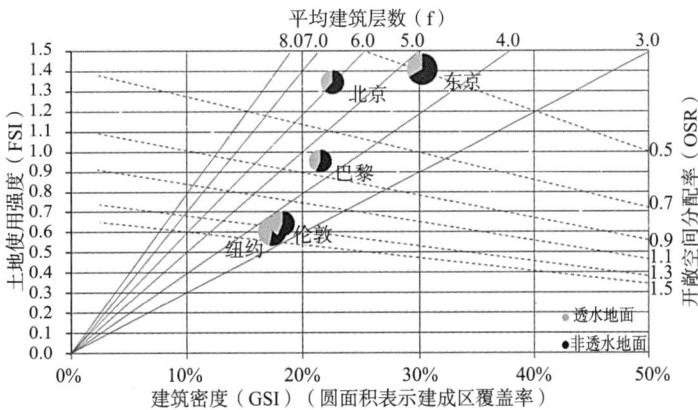

图6-36　五个特大城市地区土地使用形态的空间矩阵（2010年）
注：圆饼面积表示建成区规模，其中浅色部分表示建成区可透水地表

我们将6项形态测度指标放入空间矩阵之中，得到了五个特大城市地区的土地使用形态紧凑程度的综合分析图式（图6-36）。

下方的横坐标为建筑密度指标，如果以此指标作为形态紧凑的衡量标准，那么五个特大城市地区的紧凑程度依次是东京、北京、巴黎、伦敦、纽约。

上方的横坐标为建筑层数指标，如果以此指标作为形态紧凑的衡量标准，那么五个特大城市地区的紧凑程度依次是北京、东京、巴黎、伦敦、纽约。

左侧的纵坐标为土地使用强度（容积率），如果以此指标作为形态紧凑的衡量标准，那么五个特大城市地区的紧凑程度依次是东京、北京、巴黎、伦敦、纽约。

右侧的纵坐标为开敞空间分配率，如果以此指标越小视为形态越紧凑的衡量标准，那么五个特大城市地区的紧凑程度依次是东京、北京、巴黎、伦敦、纽约。

圆饼面积表示建成区覆盖率，如果以此指标越小视为形态越紧凑的衡量标准，那么五个特大城市地区的紧凑程度依次是北京、巴黎、伦敦、纽约、东京；圆饼中的浅色部分表示透水地面比率，尚不能作为形态紧凑的衡量标准。

综合上述分析，建筑密度、土地使用强度、开敞空间分配率所表示的紧凑程度是相一致的，但是同样一个指标数值之下也存在着多种的组合可能性，例如，同样建筑规模、土地使用强度下，可以有多种建筑密度和建筑层数的组合方式，很难用一个单一指标完整的表达形态紧凑的全部含义。

多指标的空间矩阵能够将各大城市地区的土地使用形态构成方式的差异在一张图中展现出来。重点在于强调不同城市在哪些方面有自己的优势和特点，而不是得出一个归一化的排行榜。

6.2.5.3 情景分析

通过抽样调查和人工解译我们测得了各个城市地区土地使用强度和建成区规模，那么我们就可以计算五个特大城市地区的总体建筑规模及其构成方式。如图6-37所示，图中三角形围合的面积代表着D100内各个城市的总建筑规模，从大到小依次是东京、北京、纽约、巴黎、伦敦。基于可持续的视角来

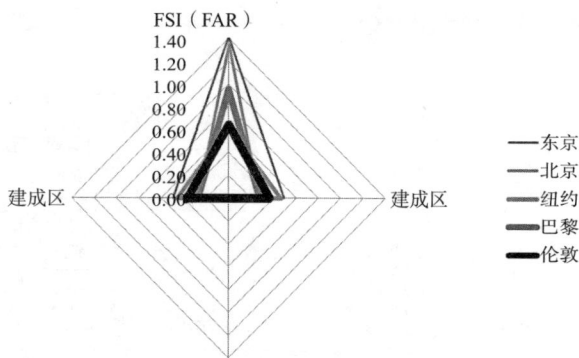

图6-37 五大城市地区建成区建筑规模比较（2010年）

看，总建筑规模和总的能耗呈现正相关性，但不同城市的平均建筑能耗水平又不相同，所以比较不同城市总能耗的意义并不大，一个真正值得关心的问题是如何衡量这五种不同的构成关系那种更具效率呢？笔者通过情景分析的假设推论尝试对这一问题进行解答。

比较需要有共同的前提条件，我们假设五个城市都要实现东京一样的建筑规模，即以东京所测得总建筑规模为前提条件：

情景分析1，目前各个城市土地使用强度不变的情况下（FSI不变），看所需要的建成区规

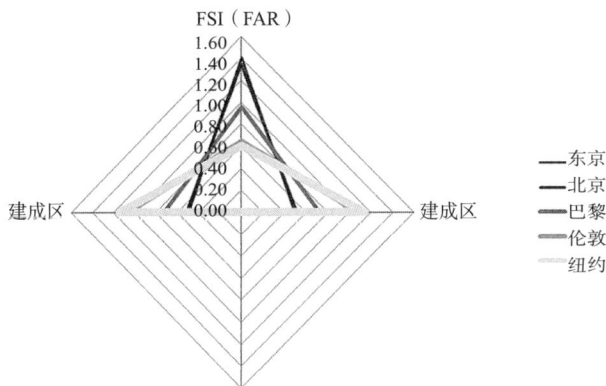

图6-38　土地使用强度不变情境下建成区范围变化比较（2010年）

模变化（图6-38）。

从情景1的分析结论来看（表6-8），纽约所需要的建成区覆盖率最大，为114.2%，伦敦的需求量也超过了100%，这意味着按照此种情景，这两个城市地区都要向外围地区"借地"才能实现原有模式的持续发展。北京所需要的建成区覆盖率约为50%，和东京目前的状况相当，意味着为了维持现有土地使用强度水平的来实现东京的总建筑规模，北京在2010年的基础上还需要增加24.5%的区域土地供应城市建设，这个规模接近在2010年基础之上翻倍。

五大城市地区同等建筑规模下建成区覆盖率测算（情景1）　表6-8

城市地区	总建筑规模系数	土地使用强度	实际建成区覆盖率	需要建成区覆盖率	差值
纽约	0.69	0.61	46.0%	114.2%	68.2%
伦敦	0.69	0.64	36.4%	108.1%	71.7%
巴黎	0.69	0.96	27.2%	72.6%	45.4%
北京	0.69	1.35	27.1%	51.6%	24.5%
东京	0.69	1.41	49.2%	49.2%	0.0%

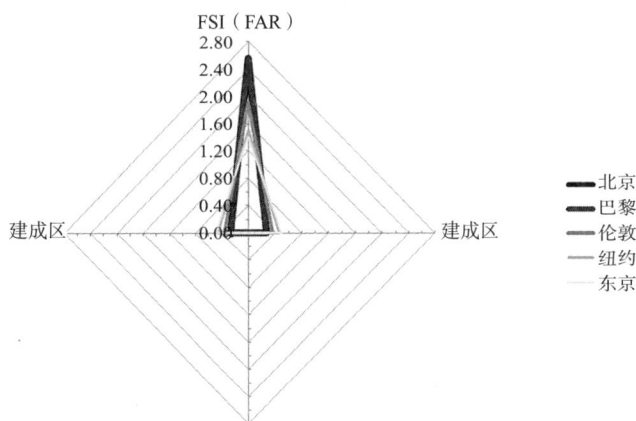

图6-39　建成区覆盖率不变情境下土地使用强度变化比较（2010年）

情景分析2，目前各个城市建成区范围不变（建设用地边界不变）的情况下，看所需要的土地使用强度变化（图6-39）。该情景假定了严格的城市用地边界。

从情景2的分析结果来看（表6-9），北京所需要的土地使用强度最大，为2.56，巴黎为2.55，伦敦和纽约分别为1.91和1.51，都要超过东京当前的土地使用强度。从变化的幅度来看，除了北京增加不足原有的一倍外，巴黎、纽约都需要增加原有土地使用强度的一倍以上，伦敦甚至接近两倍。这意味着除东京外的四个城市地区为了不增加土地供应而实现总建筑规模与东京相一致的增长，需要深度挖掘现有建成区的土地使用强度提升可能性。然而，这种开发模式难度很大，实现过程中将面临层层阻力。

城市地区	总建筑规模系数	建成区覆盖率	原土地使用强度	需要土地使用强度	差值
北京	0.69	27.1%	1.35	2.56	1.22
巴黎	0.69	27.2%	0.96	2.55	1.60
伦敦	0.69	36.4%	0.64	1.91	1.27
纽约	0.69	46.0%	0.61	1.51	0.90
东京	0.69	49.2%	1.41	1.41	0.00

上面两种情景分析，演绎了两种比较极端的情况。现实中，各大城市地区采取的策略两者兼而有之，并且以提高现有建成区土地使用强度为主要策略，这种策略的选择和地区所处的发展阶段关系比较紧密，具体内容将在第7章中阐述。

6.2.5.4　基本结论

（1）从测度指标的应用来看，空间矩阵方法能够较为全面的展现不同案例之间在形态紧凑各个方面的差异。

（2）从特大城市地区土地使的形态来看，拥有较高的土地使用强度，同时又能保障透水地面比率和城市人方便接触的开敞空间是重要的可持续特征，这是一组相互矛盾的关系，为取得最大化的可持续性，应在两者间求得平衡，适度的集中紧凑，较高的土地使用强度，尽可能用可透水材料替代硬化方式，保留自然地貌和开敞空间。

（3）从北京与其他案例城市土地使用形态的比较看来，北京在建成区覆盖率和平均建筑层数两项指标中具有明显的比较优势；在透水地面比率方面较欧美城市差距明显；在建筑密度方面低于东京的状况，这也是透水地面比率和开敞空间分配率高于东京的一个重要因素，所以建筑密度方面，北京既要保持宏观整体上的优势，而在微观局部层面也应学习东京更为紧凑的形态特征。

6.3　土地使用功能可达的测度比较

土地使用功能可达程度的比较主要集中在公共交通中的轨道交通、服务设施中的小学、公共绿地三类设施的缓冲区比较。此外，在综合比较分析中还将比较不同城市居住建筑形式构成和功能混合度的差异，最后汇总上述指标，分析特大城市地区土地使用功能的可持续特征，以及北京在不同指标项目上的优势和劣势。

6.3.1　轨道交通比较

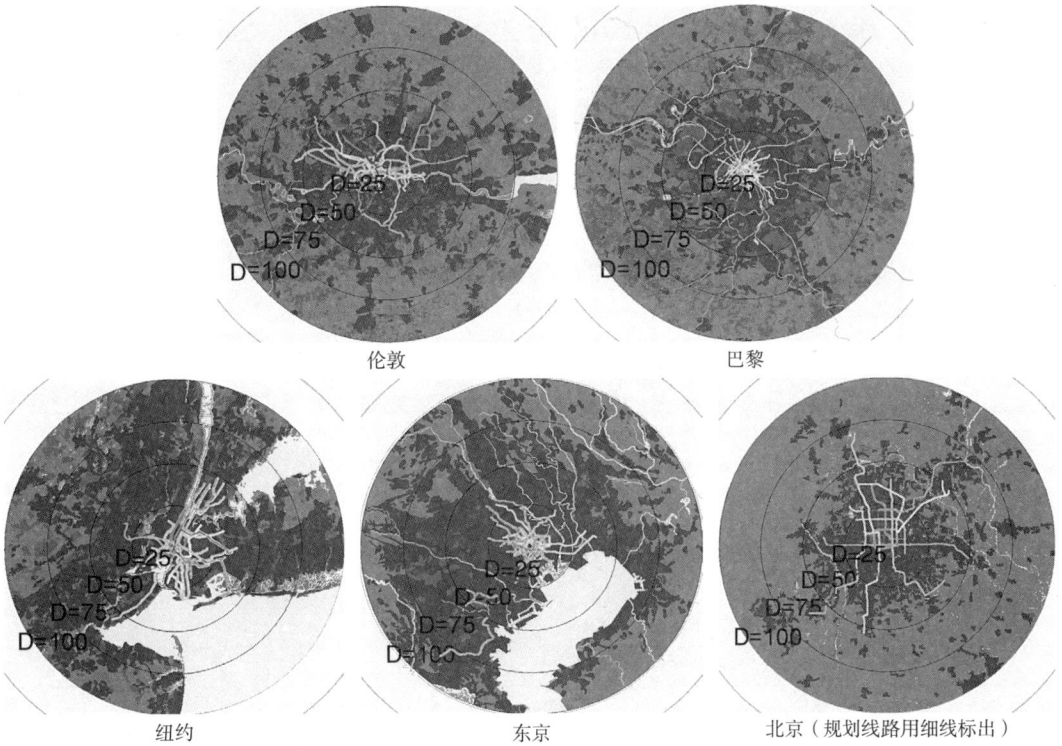

图6-40　五大城市地区轨道交通线网结构（2010年）

6.3.1.1　总体比较

北京规划的地铁和轻轨线网长度，在五个特大城市地区最长，但在市郊远距离轨道交通通勤方面还存在较大的差距。

从轨道交通网络的空间结构和规模上看，北京的城市轨道交通线网延伸的距离和大伦敦地区的规模相当，大于纽约的范围（图6-40），但在轨道网络密度、平均车站间距和中心城区线网、站点密度上都要弱于其他四个城市地区，表现为平均站间距大，单个站点服务的建成区规模大（表6-11）。

从2010年运行的地铁交通线路与站点在不同空间圈层的分布来看，北京在D25（四环以里）的地铁站点数目要明显少于其他世界城市，即便按照2015年规划的站点数目，对应范围为170个，也还是要低于其他城市地区（图6-41）。而同样范围内巴黎和纽约的站点数能够接近400个。除了中心站点密度偏低以外，北京地铁乘坐换乘不便也是被广泛批评的一个方面，这点可以从3条及以上线路交叉换乘站点的数目上得到印证，巴

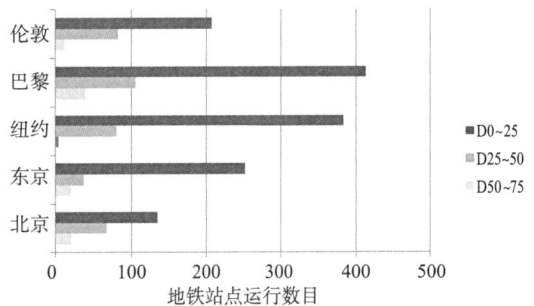

图6-41　五大城市地区地铁运行站点数目分圈层比较（2010年）

注：数目为 2010 年底运行站点数目，巴黎包含 RER 站点

黎、东京、伦敦这类的站点数目都在20个以上[186]，而北京此类站点数量。

在市郊轨道交通通勤线网方面，北京与其他特大城市地区的差距更加明显较少。根据2006年的调查，每天进入伦敦中心城区上班的居民仍约有70%是通过轨道交通出行；巴黎通过改造市郊铁路为通勤快速铁路，建立了明确的区域RER系统解决市郊通勤[187]；纽约都会区市郊通勤的主要特色在于横跨政纽瓦克和泽西市等大区域运行的PATH轨道系统，与纽约地铁相连，将大量的通勤人员输送至曼哈顿；以东京为中心，半径50公里的圆形区域范围内，JR、地铁、私铁与其他铁路组成的城市轨道线路承担了90%进入东京市中心上班的客运量，总线路长度超过2000公里，其中公交型普通铁路占据总长度的82.2%[188]（表6-10）。

东京大都市轨道交通网络的组成及经营者类型 表 6-10

类型	长度（km）	占比	国营	私营	第三类型	合计
公交型普通铁路	1846.1	82.2	13	0	3	16
地铁	276.2	12.3	0	3	0	3
微型地铁	12.9	0.6	0	1	0	1
单轨	54.7	2.4	2	0	2	4
GMT定向人群运输	39.3	1.7	1	0	3	4
有轨电车	17.2	0.8	1	1	0	2
合计	2246.4	100	19	5	6	30

资料来源：参考文献 [188]

北京目前唯一的一条市郊通勤铁路线是2011年7月1日开始公交化运营的S2线，全长约77公里，从北京北站发车至延庆县。《北京总体规划（2004—2020）》认识到"市郊铁路是解决中心城以外新城与中心城交通联系的必然选择"。"对于建立一个什么样的市郊通勤铁路运输系统，与之相对应的用地布局和空间形态等方面内容还需更加深入、系统的研究"[189]。

世界城市轨道交通状况（2010 年） 表 6-11

城市	地铁线路总长（km）	运行站点数	平均站间距（km）	市郊铁路线路总长（km）	线路长度说明
伦敦	415	302	1.37	3070	整个英国东南地区
巴黎	213.5	297	0.72	1629	包括366公里的RER铁路
纽约	368	468	0.79	1600	
东京	293.2	274	1.07	3100	一都三县及茨城县南部地区
北京	336（700.6）	223（256）	1.51	77（430.3）	北京市域（括号内为04版总体规划线网长度数）

资料来源：笔者根据参考文献 [186，187] 和《北京总体规划（2004—2020）》整理

6.3.1.2 缓冲区比较

从轨道交通站点半径1000米缓冲区覆盖的建成区比例来看，东京最高，达到46%，巴黎和北京次之，分别为29%和27%，伦敦为15%，纽约为10%，造成后两者比例较低的原因在

于建成区面积过于庞大，分母基数大，数值低。

从轨道交通站点半径1000米内建成情况来看（图6-42、图6-43），北京建成区覆盖在82%，而其他几个城市都超过95%以上，几近建完。也就是说北京还有18%的面积处于待使用状态。这是目前北京所处的轨道交通线网建设与城市发展阶段使然。这也为完善北京整体的土地使用结构，形成轨道交通导向的土地使用形态与功能布局，实现特大城市地区可持续的土地使用模式提供了发展空间和机遇。

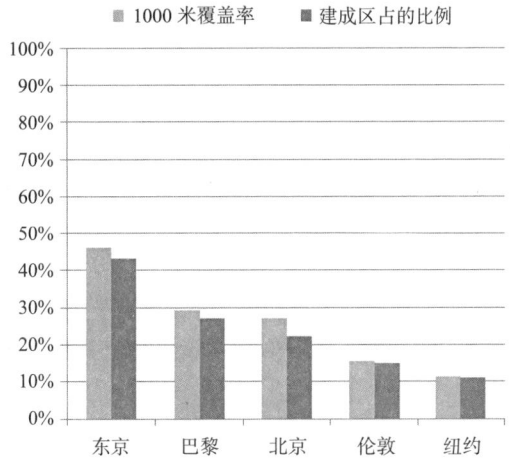

图6-42　五大城市建成区轨道交通站点服务半径1000米覆盖率（2010年）

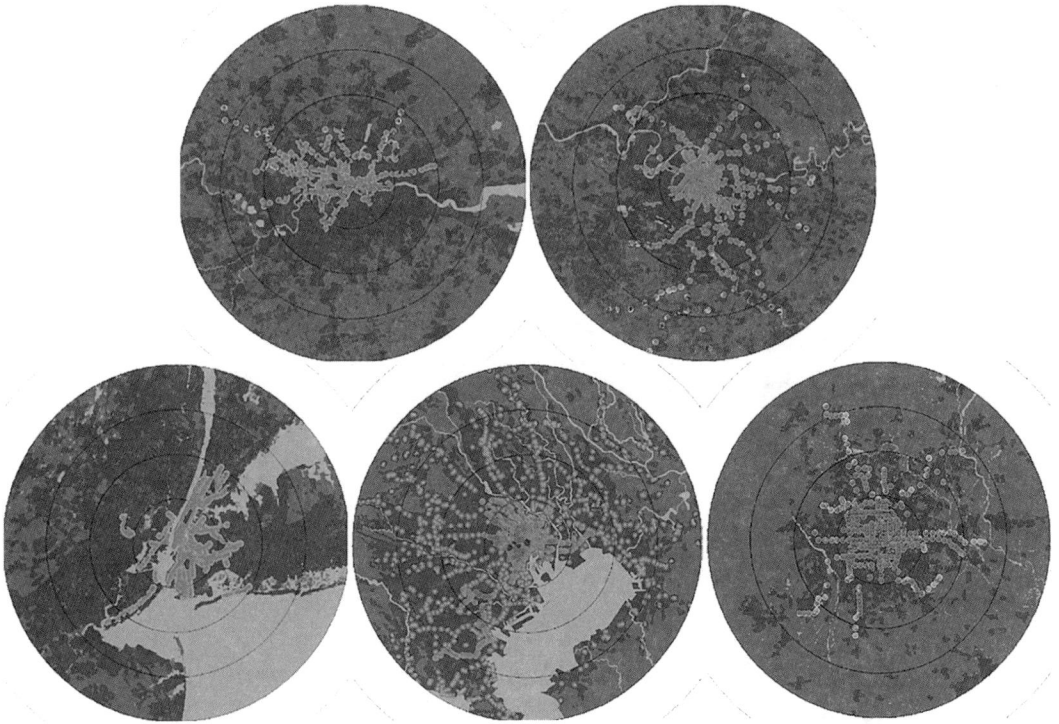

图6-43　五大城市地区轨道交通站点半径1000米服务范围图（2010年）

6.3.1.3　基本结论

（1）从轨道交通缓冲区覆盖率指标的作用来看，结合该指标与人均交通能耗、碳排放的相关性验证结果，表明这一指标能够表征特大城市地区区域的公共交通发展水平，并且影响到城市地区的土地使用模式的可持续能力。

（2）从获得认识的视角上看，北京轨道交通的主要问题在于线网组织结构的不合理，表现为中心区站点密度偏低，多线换乘站点数目偏少；同时，在郊区通勤铁路方面差距明显，郊区铁路与地铁系统的综合规划尚需全方位的调查研究，并且问题不仅限于规划领域中。

6.3.2　公共设施比较

本书第4章分析了选取小学作为公共服务设施测度对象的几点理由，其中步行出行需求是主要考虑的因素，而空间分布的均衡性是另一个重点考虑的原因。小学与医院、博物馆、国际机构等设施相比在区域中分布更为均衡。而小学以外的城市级其他公共设施基本与步行出行方式相脱离，依靠良好的区位和公共交通实现其可达性。为了说明这些设施集中于城市中心区的情况，本节以博物馆和国际机构的空间分布为案例，与小学的空间分布情况进行简单比较。

6.3.2.1　总体比较

（1）博物馆的空间分布。图6-44显示了五个特大城市地区D25范围内的博物馆分布情况。从空间上看，五个案例地区的博物馆中心地区集中，外围离散；从博物馆数量上看，北京落后于其他4个城市地区。2012年北京地区注册博物馆超过150家，其中有68家属于免费开放。伦敦市政府公布的注册博物馆数目超过240家，其中大部分政府资助的博物馆在2001年开始不收费或减少收费。

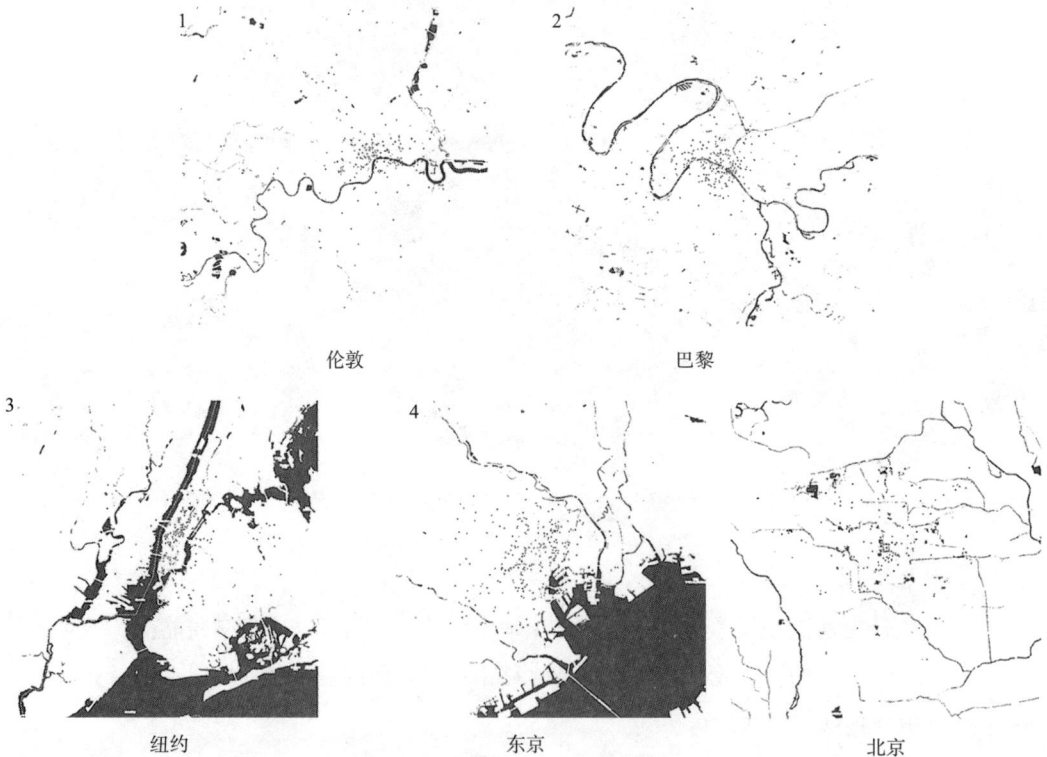

图6-44　五大城市地区D25范围博物馆分布图（2012年）

（2）国际机构的空间分布。图6-45显示了五个特大城市地区D25范围内的国际机构办事处的空间分布情况。五个案例地区的国际机构也同样呈现中心地区集中，外围离散的情况。巴黎的联合国机构及国际组织总部的数量最多，达200多家。而纽约作为联合国总部和一些重要的分支机构所在地，使其与全球的政治、社会、经济活动产生密不可分的联系。北京的国际机构主要分布在使馆区和高教区。外交部资料显示，北京拥有国际组织驻中国代表处超过20家，但政府间国际组织总部在北京的只有2家[1]。北京的国际机构尚未形成规模。

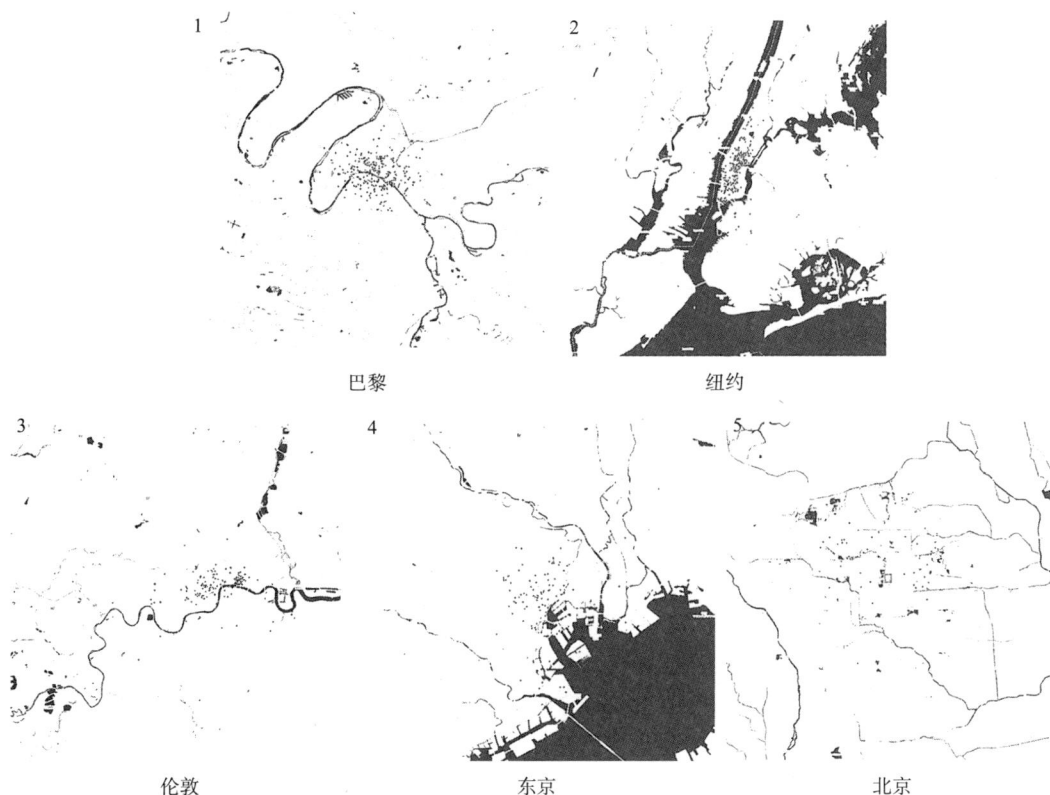

图6-45　五大城市地区D25范围国际机构分布图（2012年）

6.3.2.2　缓冲区比较

小学在空间中的分布更为均衡（图6-46）。从小学500米半径覆盖的建成区比例来看，伦敦最高，达到52.3%；东京次之，51.6%；巴黎为49.4%，北京40.1%；纽约最低，约36.7%（图6-47）。当服务半径扩大到1000米，大部分建成区都在服务范围之内，未被小学教育覆盖的主要建成区为机场、码头用地，或者是面积较大的工业区，比如巴黎戴高乐机场、北京的亦庄开发区等。纽约特大城市地区除了上述情况外，在其外围低密度的居住区，小学的分布密度也十分低，这是造成纽约该指标排在最后的基本因素，和其外围以小汽车导向的居住模式具有一定关联。

---

① 分别是国际竹藤组织（INBAR）和亚太空间合作组织（APSCO），具体内容参见网站 http://www.fmprc.gov.cn

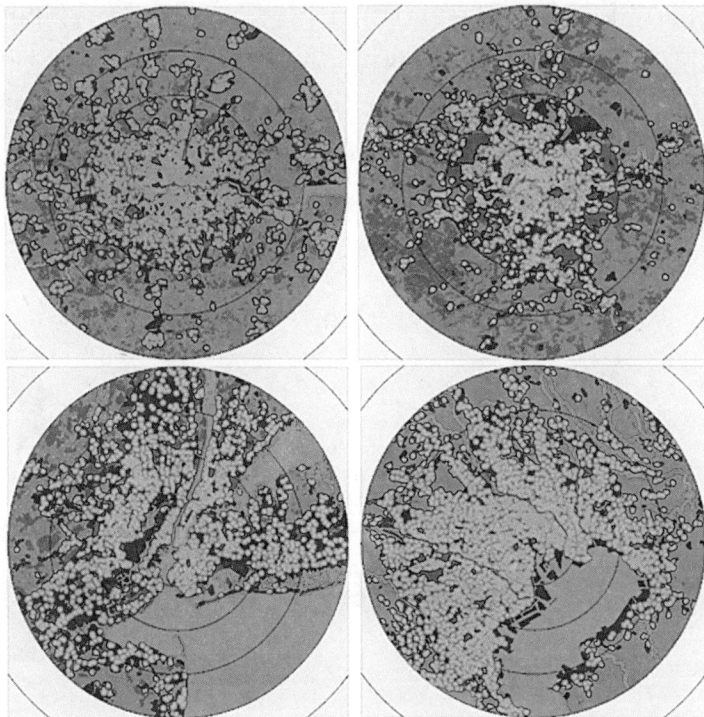

图6-46　四大城市小学缓冲区服务范围图（2010年）

　　根据北京市教委的统计资料，2010年北京市域内有小学校1104家[1]，其中北京首都功能核心区（东城区、西城区）、城市功能拓展区（朝阳区、丰台区、石景山区、海淀区）、城市发展新区（房山区、通州区、顺义区、昌平区、大兴区）共计906家。图6-48中还包括廊坊部分小学，估计总数在1000家左右。

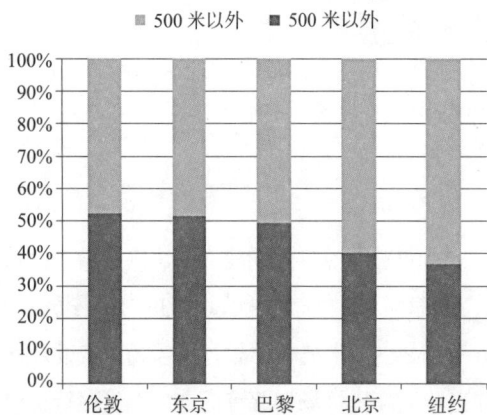

图6-47　五大城市建成区小学服务半径500米覆盖率（2010年）

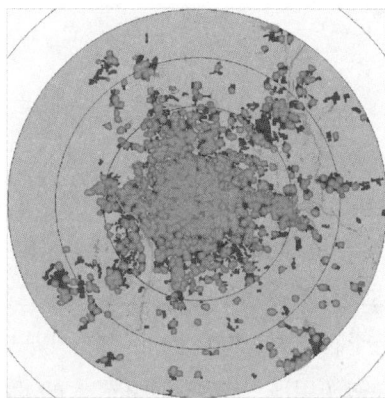

图6-48　北京小学500～1000米服务范围图（未包含农村地域）（2010年）

---

① 　2010—2011 学年度北京教育事业发展统计，具体内容参见 http://www.bjedu.gov.cn

可持续视角下特大城市地区土地使用模式测度研究
　　——北京与世界城市比较

6.3.2.3 基本结论

（1）从小学服务缓冲区覆盖率指标的作用来看，结合该指标与人均交通能耗、碳排放的相关性验证结果，表明这一指标能够部分代表特大城市地区公共设施的步行出行水平，进而影响到城市地区土地使用模式的可持续能力。

（2）从获得认识的视角上看，北京公共服务设施中博物馆、国际机构等在数量上较世界城市少，质量方面也需提高；北京小学半径500米的缓冲区覆盖率较伦敦、东京、巴黎也要低。

6.3.3 公共绿地比较

6.3.3.1 总体比较

从注册公园面积看，巴黎、伦敦、纽约注册公园绿地面积最多，特别是巴黎在20世纪90年代中期人均公园绿地面积就已经超过10平方米，根据巴黎市政府公共信息中心1999年的资料，巴黎有397座公园、花园和林荫步道，同时还拥有102个街心公园，411处略具规模、经过规划设计的街头绿地[190]。北京2010年公共绿地面积19020公顷，人均公共绿地面积15平方米。2010年北京城六区大于1公顷的城市公园有259个，总面积为12930公顷[191]。平均单个公园面积在50公顷左右。北京相较于世界城市，不仅在量上存在差距，同时在质上存在着提升空间。北京虽然有颐和园、奥林匹克森林公园、朝阳公园等历史悠久、规模宏大的公园，但和伦敦城市公园的均衡分布、巴黎的拉维莱特公园、纽约的中央公园相比，还需要既在使用上便利，又能在理念上代表当代特色的精品出现（表6-12、图6-49）。

五大城市 D25 范围公共绿地覆盖率比较（2010 年）　　　表6-12

D25 范围	公共绿地覆盖率
巴黎	19.90%
伦敦	13.08%
纽约	12.66%
北京	5.81%
东京	4.83%

综合建成区内和建成区外的情况来看，北京的公共绿地潜在的优势在城市中心区外围，应在实施策略中着眼于区域的国家公园建设。从建成区内的绿地覆盖情况看，纽约绿地覆盖率最高，达到47%；东京最低，只有33%；从建成区外的绿色空间（包括山川、森林、田野等）覆盖情况看，巴黎和北京凭借建成区规模小的优势，分列前两名，都超过70%（图6-50）。

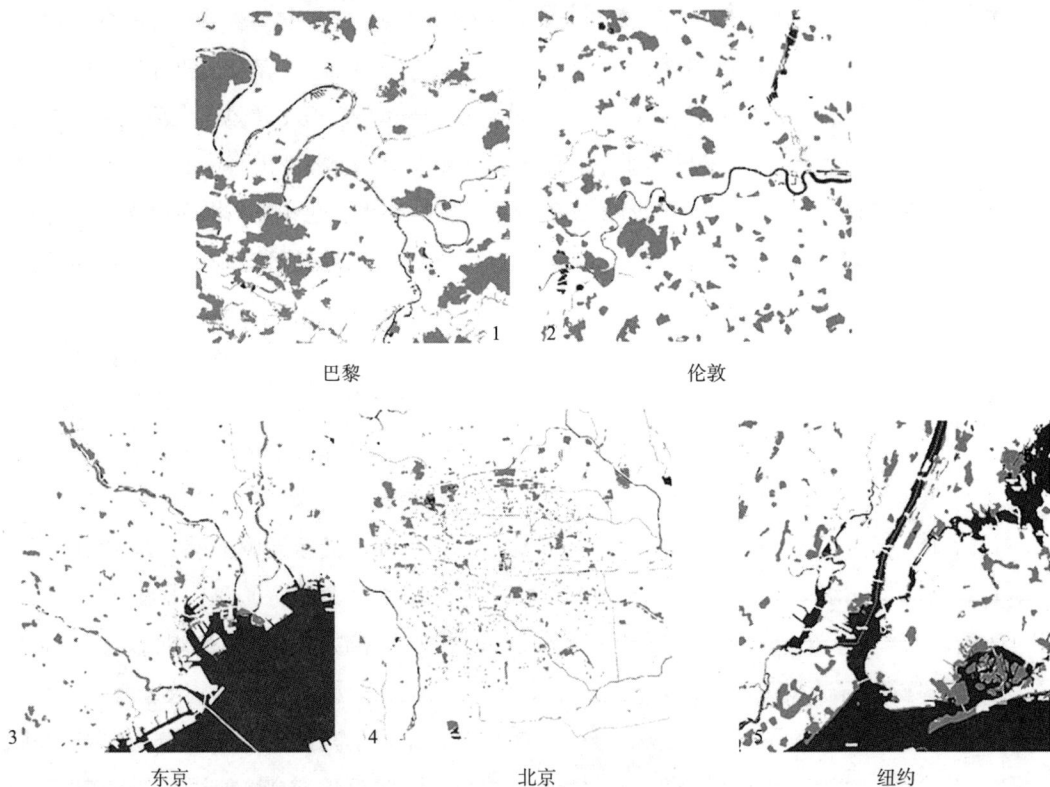

图6-49　五大城市地区D25范围公共绿地分布图（2010年）

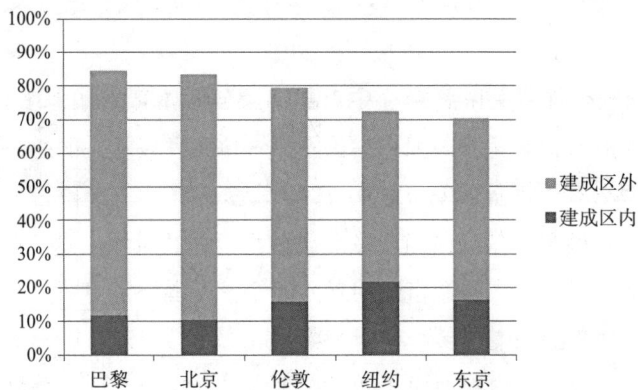

图6-50　五大城市建成区内/外绿地覆盖率构成（2010年）

6.3.3.2　缓冲区比较

从建成区内的公共绿地1000米缓冲区覆盖率来看，伦敦最高，有62.4%的建设用地距离公共绿地在步行1000米内，东京最低只有48.3%，其他分别是巴黎60.7%、纽约60.0%、北京51.7%（图6-51、图6-52）。与中心城区D25范围相比，巴黎、纽约的排名下降，伦敦的排名上升，北京、东京未变。分析其原因在于巴黎、纽约的单个公园面积占优，即他们拥有更多大面积的公园，而伦敦则占据了小公园数量多且分散的优势，从生态多样性上看，前者更有

利于丰富、稳定的生态系统；从方便步行等
非机动车出行方式的角度看，后者则在城市
人使用中更便捷。

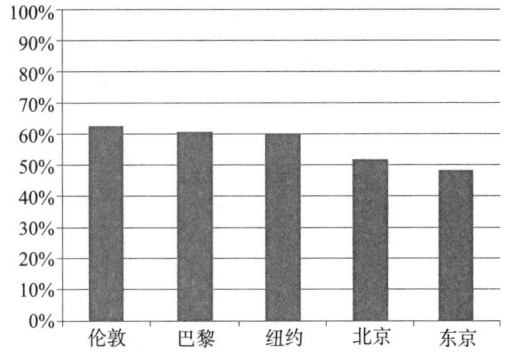

图6-51 公共绿地半径1000米缓冲区覆盖率
（2010年）

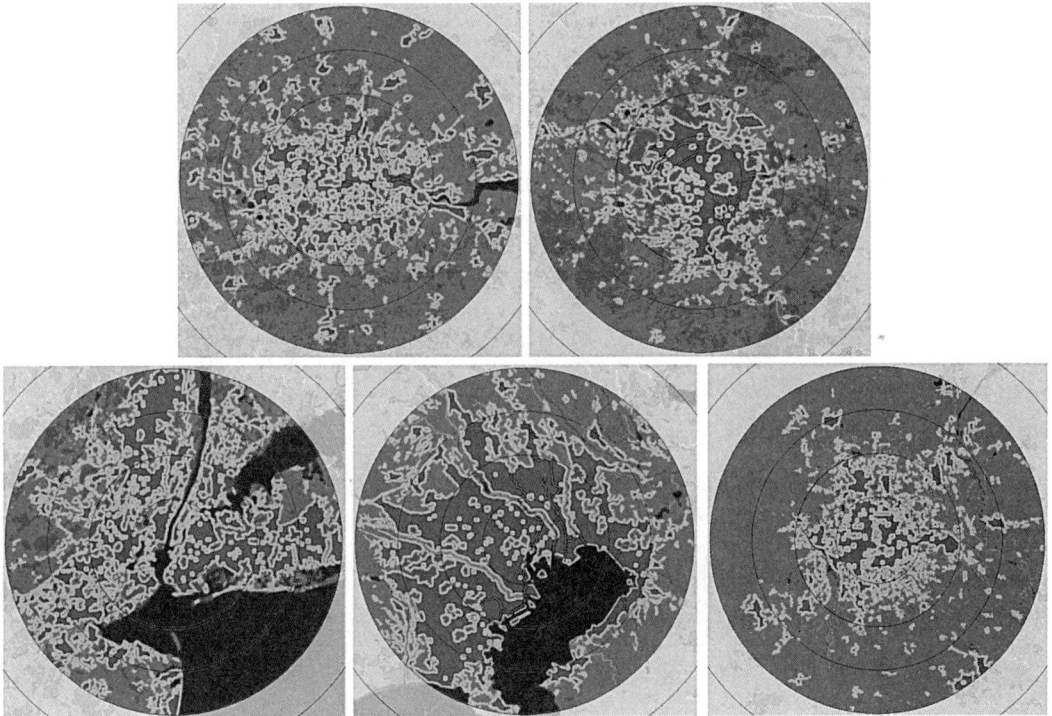

图6-52 公共绿地500米缓冲区范围图（2010年）

6.3.3.3 基本结论

（1）从公共绿地服务的缓冲区覆盖率指标作用来看，这一指标的作用并不在于衡量其与人均交通能耗的相关性方面，而在于服务于城市人方便快捷的接触公共绿地等方面，是对城市人获取公共资源权益的一种保障，意义在于其服务于城市人的生态和社会价值。

（2）从获得认识的视角上看，在整体层面上，北京公共绿地半径1000米的缓冲区覆盖率与伦敦、巴黎、纽约相比尚低，目前的水平不足以达到世界城市的水平；在建成区内，北京中心城区公共绿地建设面临的主要问题在于提高公共绿地的空间质量；在建成区外，如何挖掘外围地区的历史与自然资源服务于国家首都、世界城市的建设目标，依托公共绿地形成区域的人居环境和自然生态景观格局，将成为重要研究课题。

6.3.4 土地使用功能的综合比较

土地使用功能的综合比较，首先对五个特大城市地区的居住建筑形式、功能混合度两方面进行叙述和比较，然后汇总功能测度的各项指标对五个特大城市地区的功能可达性进行综合性论述，最后得出本节的基本结论。北京在居住建筑形式上有独特的优势，但在中心区功能混合上劣势明显，综合轨道交通、公共设施、公共绿地各个领域来看，质量提升和结构调整都面临着挑战。

6.3.4.1 居住建筑类型构成比较

从五大城市地区抽样地块中居住功能分布来看，在500个抽样地块中，含有居住功能的地块数量为440个，占总量的88%。其中伦敦居住地块占比最高，

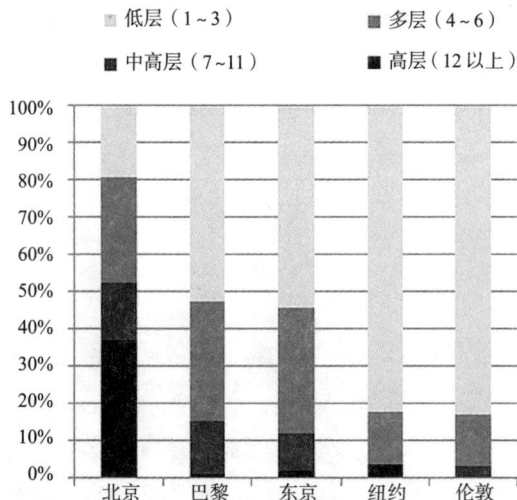

图6-53　500个抽样地块居住建筑类型构成（2010年）

为95%；东京位列第2，为92%；纽约居住地块占85%；巴黎和北京数量一致，皆为84%（图6-53）。每个城市地区具体的居住建筑类型构成分析如下：

（1）北京居住建筑以高层住宅和多层集合住宅为主要居住形式，占据约67%的居住建筑地块。抽样调查结果显示，北京100个地块中包含居住功能的地块有84个，居住形式以高层住宅和多层集合住宅为主要居住形式。其构成是高层31个、中高层13个、多层24个、低层16个，其中高层居住形式中有25个位于地铁站点1000米以内；低层居住地块中13个位于1000米之外，明确地表明了高层居住形式与公共交通的关系更紧密，而底层居住形式与公共交通相分离。

（2）巴黎和东京的居住建筑以低层住宅和多层住宅为主要居住形式，占据85%以上的居住建筑地块。巴黎100个地块中包含居住功能的地块有84个，其构成是高层1个、中高层12个、多层27个、低层44个，其中高层和中高层居住形式13都在地铁站点1000米以内，10个在地铁站点500米以内，低层则26个位于1000米之外；东京居住形式以低层住宅和多层住宅为主要居住形式，占据约88%的居住建筑形式，东京100个地块中包含居住功能的地块有92个，其构成是高层2个、中高层9个、多层31个、低层50个，其中高层和中高层居住形式7个在地铁站点1000米以内，5个在地铁站点500米以内。

（3）伦敦和纽约的居住建筑以低层住宅为主要居住形式，占据80%以上的居住建筑地块。伦敦100个地块中包含居住功能的地块有95个，其构成是高层0个、中高层3个、多层13个、低层79个，中高层居住形式2个在地铁站点1000米以内。低层中61个位于1000米之外；纽约100个地块中包含居住功能的地块有85个，纽约居住形式以低层住宅为主要居住形式，占据

约82%的居住建筑形式，其构成是高层3个、中高层0个、多层12个、低层70个。其中高层居住形式3个都在地铁站点500米以内。低层中66个位于1000米之外。

从上述案例分析可以看出，居住与公共交通模式相结合或者分离，与居住建筑形式关系密切，纽约和伦敦人均交通能耗较高，低居住建筑形式能够解释部分原因。

6.3.4.2 功能混合度比较

从总体的功能混合度来看，东京的功能混合度最高，然后依次是北京、巴黎、伦敦、纽约（图6-54）。我们对城市的用地功能按照5类划分和描述，分别是居住、商业、办公、公共服务设施（教育、医疗、体育等）、工业和物流，从实际抽样的结果来看，在单位抽样地块内实现5种功能都具备的地块样本数为0，这说明尚没有抽样地块在500米×500米空间规模下容纳上述5种不同的用地功能。抽样地块中最多的混合程度包含4类功能。就每个城市100个地块的混合度平均水平来看，只有东京和北京的平均混合度超过了0.4，意味着单位地块包含两种以上使用功能。

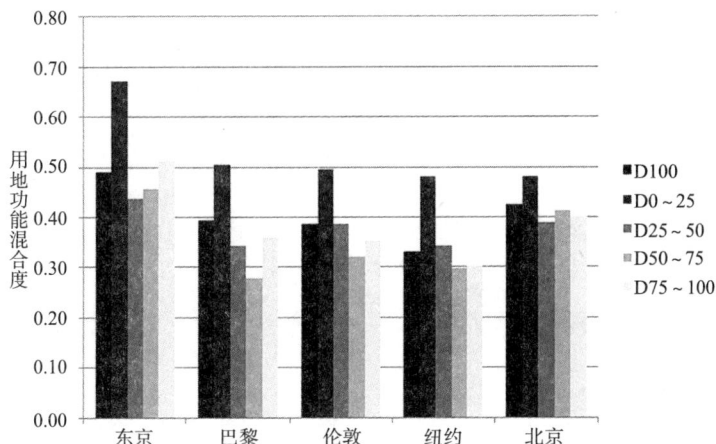

图6-54 500个抽样地块功能混合程度（2010年）

从不同圈层的用地功能混合情况来看，功能混合度从中心向外围先降低，后升高。分析其原因在于中心地区集中的功能种类较多，而边缘地区功能混杂情况比较普遍，在边缘区工业和物流用地的分布要多于其他圈层。

五大城市都表现为中心地区D25圈层的地块用地混合程度最高，东京列第1位，巴黎、伦敦、纽约居中游。北京居末位，这与总体混合程度中北京列第2位为形成了巨大的反差。北京在各个圈层的混合情况比较平均，而其他城市不同圈层间的差异明显，巴黎、伦敦、纽约第2、3、4圈层中单一居住功能的地块数量较多，导致混合度相对较低。北京中心城区与其他几个城市相比混合度较低的原因可能和单位开发地块的规模有关，中心城区这种道路间距大、大街坊式、大院式的模式使得土地混合只能够在极为有限情境下使用，用地功能顺应市场需求调整的可能性偏低。

从500个抽样地块功能混合程度与土地使用强度的相关性来看，两者呈正相关分布，地块的功能混合程度随着土地使用强度的上升而增加，线性相关系数为0.54（图6-55）。

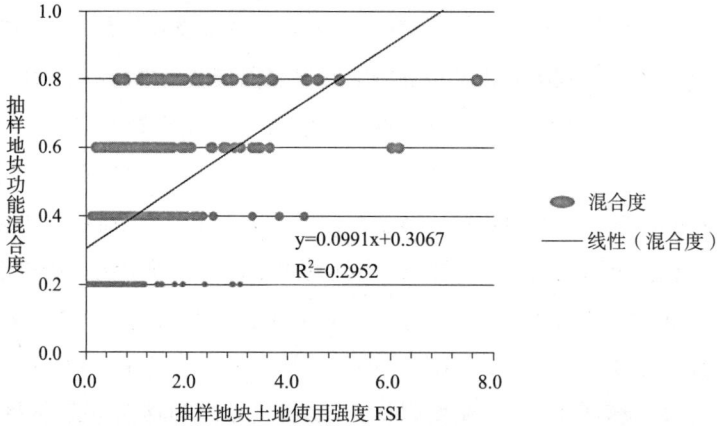

图6-55　500个抽样地块功能混合度与土地使用强度的相关性（2010年）

　　从不同城市的相关系数来看，巴黎最高，为0.61，纽约、东京的相关系数都高于0.50，分别为0.60和0.55，这3个城市都呈现显著相关性；伦敦的相关系数为0.42，属于低度相关；北京相关系数最低，只有0.26（图6-56）。北京土地使用强度最高的抽样地块位于中关村地区，功能以办公和商业为主，相较之下纽约土地使用强度最高的上东区抽样地块，囊括了除工业以外的其他4种功能。

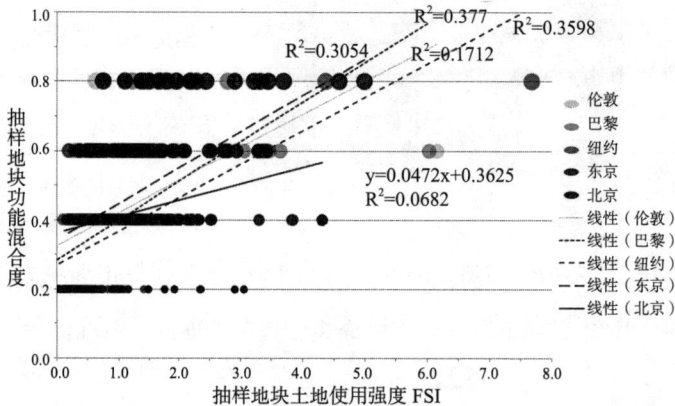

图6-56　五大城市抽样地块功能混合度与土地使用强度的相关性（2010年）

　　从图6-56中看单一功能（即功能混合度为0.2）的抽样地块中，除北京外，其他城市的抽样地块土地使用强度都在1左右，而土地使用强度超过1.5以上的地块都属于北京地区。反映了北京单一居住功能与其他城市在土地使用强度上的差异。因而北京土地使用混合与土地使用强度之间的相关性就此打破。大地块开发模式导致北京中心城区功能混合程度相对较低，部分地块功能相对单一。

6..3.4.3　综合比较的基本结论

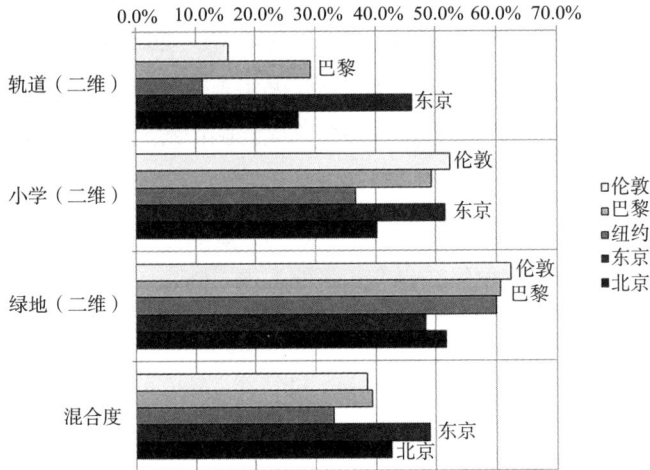

图6-57　五大城市地区功能测度指标综合比较（2010年）
注：功能混合度对应的百分数转换为小数计算

将功能可达的4项测度指标综合比较来看（图6-57），得到各个城市地区不同方面的优势和劣势，分析如下：

（1）在轨道交通可达性方面，东京表现突出，北京居于中游；

（2）在以小学为代表的公共服务设施步行可达性方面，伦敦表现最突出，北京劣势较明显；

（3）在公共绿地步行1000米内的缓冲区覆盖方面，伦敦优势最明显，北京仅优于东京；

（4）在功能混合度指标上，东京相对优势最明显，北京也具有整体上的比较优势，但在中心区混合度还存在相对劣势。

本节的基本结论如下：

（1）居住建筑形式对功能可达和形态紧凑都有影响；

（2）功能混合度指标是重要的功能测度指标，影响出行方式选择和人均交通能耗、碳排放等可持续指标。

（3）从测度指标的应用来看，多指标的功能测度能够较为全面的展现不同案例地区之间在功能可达方面的多种差异和相对优势、劣势；

（4）从特大城市地区土地使用功能来看，拥有较为丰富的土地使用功能种类，混合程度高，同时又能保障轨道交通、小学、绿地等公共服务设施的步行可达性是重要的可持续特征，这是相互促进的多边关系，为取得最大化的可持续性，应鼓励功能混合，特别是在重要的交通节点、小学与绿地周边应建立适宜步行的通行条件和出行环境，并保障安全；

（5）从北京与其他世界城市土地使用功能的比较看来，北京在功能混合度指标中具有一定的比较优势，但也存在中心区功能混合度低等方面的问题；在轨道交通可达性指标中处于中游，差距较为明显领域包括中心区站点密度低、换乘不变、区域的通勤轨道交通系统尚未形成等；在小学等公共服务设施和绿地可达性方面较世界城市有一定差距，既有公共设施数量上的不足，也有质量上的差距。

6.4 形态与功能协同指数比较

形态与功能相协同一共包括4项协同指数，分别为协同指数1：形态与轨道交通相协同；协同指数2：形态与公共服务设施相协同；协同指数3：形态与公共绿地相协同；协同指数4：形态与功能综合协同。形态与功能的协同指数更明确地解释应当是，将原有基于二维的可达性分析，拓展到三维，综合了形态测度指标，立体地考量土地使用模式的可达程度，以此检验形态与功能之间的协同程度。本部分将对协同指数与可持续性指标验证的结果进行进一步分析和解释。在比较不同城市地区协同差异的同时，也希望能够回答协同指数与可持续性指标表现之间的关联。

6.4.1 形态与轨道交通的协同指数

6.4.1.1 协同指数1比较

从协同指数1的比较（图6-58）来看：

（1）东京的土地使用形态与轨道交通站点的协同关系最好，51.0%的建筑面积位于轨道交通站点1000米之内，显著地表现出轨道交通引导土地使用的模式特征；

（2）巴黎与东京旗鼓相当，47.2%的建筑面积位于轨道交通站点1000米之内；

（3）北京居于中游，还有很大潜力待挖掘，比如在站点附近的待开发土地和功能混合方面提升的潜力，这些都为实现轨道交通导向的土地使用模式，建设公共交通导向的世界城市地区打下良好基础。

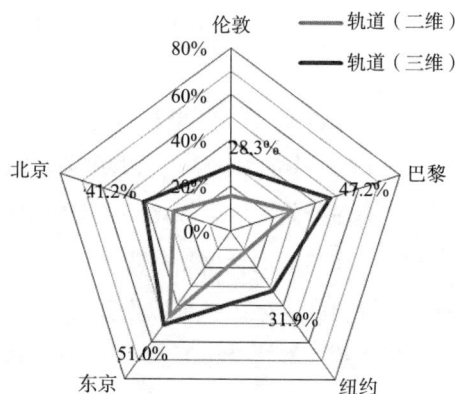

图6-58 协同指数1（三维）与可达性（二维）的比较

6.4.1.2 其他形态指标与轨道站点相协同

形态与轨道交通相协同除了从协同指数的视角来看，也可以通过其他形态指标与轨道交通缓冲区的变化进行分析。

从土地使用强度随轨道交通站点的缓冲区变化情况来看，五个特大城市地区都显现出土地使用随距离轨道交通站点越远，强度越低的线性递减规律（图6-59）。其中纽约的衰减幅度最大，反映出其中心区与边缘区土地使用强度的显著差异。这说明轨道交通站点区位深刻影响土地使用强度变化。从平均单个轨道交通站点服务的建筑规模来看，北京有显著的规模优势，北京单位站点的服务范围明显超出其他城市地区1倍以上，接近纽约的3倍。

从地区层面来看，北京轨道交通平均站间距大，站点密度低，使得单位站点的覆盖面域重复率低，服务面积大。北京2010年轨道交通运行里程数多过东京40公里，但运行的轨道站点数目比东京少20个，平均站间距是东京的1.3倍。这种轨道交通与土地使用的配合模式是优缺点共存的，一方面可以说北京单个站点的服务"效率"高，但同时也必须指出北京目前轨道交通站点的拥挤程度也和其服务规模直接相关，而不仅仅是公众普遍关注的价格因素所致，但从现实的角度看，未来更多的调配和疏解交通压力将通过管理的手段，依靠价格、错峰调节等方式。

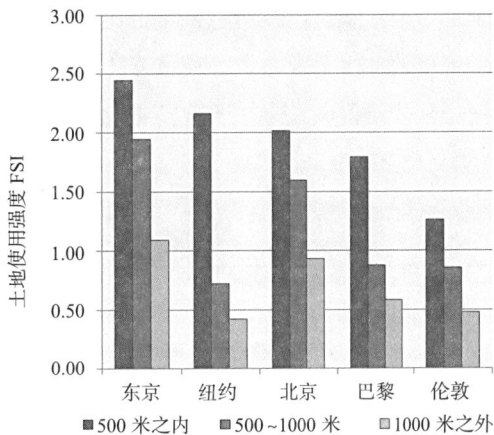

图6-59 五大城市土地使用强度按轨道站点缓冲区统计图（2010年）

由于我国特殊的大街坊开发模式和集合住宅为主的居住建筑形式，使得地块建筑数量相较于其他几个城市显著少。必须指出这是把双刃剑，在距离地铁站点较近的地点也使用此种开发模式往往使得站点周边的土地使用效率偏低。功能混合不足，交通站点与周边用地功能割裂开来，车站与周边建筑不能协同运作，不方便城市人降低接触成本，扩大接触机会。建议在轨道交通站点周边学习日本和纽约的模式，建设综合体，打破原有的思维定式，在设计交通站点时，避免简单地将出入口设计成一个独立的小房子或者露出地面的出入口，应结合周边的建筑、设施统筹安排，这还需要在许多方面做综合性的探索。具体论述在本研究最后一章中进行。

6.4.2 形态与公共服务设施的协同指数

6.4.2.1 协同指数2比较

从协同指数2（图6-60）来看：

（1）巴黎的土地使用形态与小学服务的缓冲区范围协同性更好，67.1%的建筑面积处于小学步行500米以内；

（2）东京列第2，共有64.1%的建筑面积处于小学步行500米以内；

（3）伦敦列第3，与东京的数值十分接近，约有63.2%的建筑面积处于小学步行500米以内；

（4）北京列第4，仅高于纽约，52.9%的建筑面积处于小学步行500米以内；

（5）纽约这一指标只有32.9%，并且也是

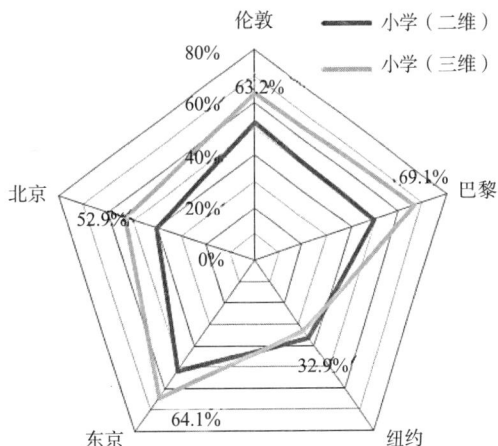

图6-60 协同指数2（三维）与可达性（二维）的比较

唯一一个三维可达性指标低于二维可达性指标的案例，分析其原因在于纽约小学周边主要是低密度的住区，在建筑规模方面比在用地规模方面受中心区的影响更大，中心区高强度土地使用模式使得其在总建筑规模中比重较高，而外围小学服务覆盖的建筑规模相应的所占比变小（表6-13）。

土地使用强度与小学服务缓冲区的协同性测度　　　　表6-13

城市	土地使用强度分布			小学服务建成区面积			小学服务的建筑规模			占比
	500米内	500~1000米	1000米外	500米内	500~1000米	1000米外	500米内	500~1000米	1000米外	500米内
东京	1.64	1.11	0.71	1990.2	1279.7	590.1	3273.6	1418.8	416.3	64.1%
伦敦	0.76	0.46	0.54	1493.7	913.2	449.1	1139.2	418.8	243.3	63.2%
巴黎	1.20	0.53	0.65	1055.5	677.6	405.0	1264.2	358.8	261.4	67.1%
北京	1.60	1.15	0.70	855.1	724.2	550.8	1369.8	835.1	385.3	52.9%
纽约	0.28	0.28	0.70	1326.5	1239.9	1047.6	371.5	341.5	417.8	32.9%

注：强度单位为比值，面积单位为平方公里，建筑规模单位为百万平方米

综合看来，巴黎协同性最好，纽约协同性最弱，意味着步行从自己的住宅出门去往学校，巴黎要比纽约更加方便。这说明巴黎这种相对紧凑的土地使用模式对于小学周边500米范围的居住区而言，在步行上学方面表现更佳。

6.4.2.2　其他形态指标与公共设施相协同

纽约的上述特点在土地使用强度与小学服务缓冲区这组关系中也得到了印证，纽约的数据则表明两者之间不具有很强的关联特征。而东京、北京与纽约相比，则正好相反，呈现出较强的关联性，土地使用强度随着距离小学服务半径越远呈现显著的阶梯递减规律；巴黎和伦敦则呈现出中间低两边高的特征（图6-61）。整体看来，小学对土地使用强度的影响不及轨道交通站点对土地使用强度显著。

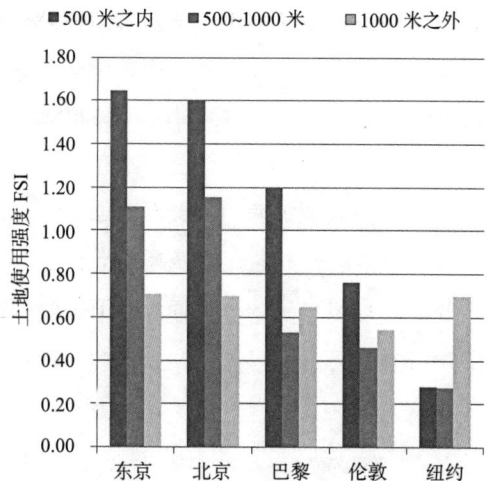

图6-61　五大城市土地使用强度与距离小学服务半径关系（2010年）

6.4.3　形态与公共绿地的协同指数

6.4.3.1　协同指数3比较

从协同指数3（图6-62）来看：

（1）巴黎的土地使用形态与建成区内的公共绿地服务缓冲区范围协同性更好，75.7%的

建筑面积处于公共绿地步行1000米以内；

（2）纽约列第2，71.8%的建筑面积处于公共绿地步行1000米以内；

（3）伦敦列第3，70.9%的建筑面积处于公共绿地步行1000米以内；

（4）北京仅高于东京，63.6%的建筑面积处于公共绿地步行1000米以内；

（5）东京这一指标只有55.6%。

相对于二维可达性指标来说，五大城市地区在公共绿地服务缓冲区三维可达性指标——协同指数3中都表现了较为均衡的增长。

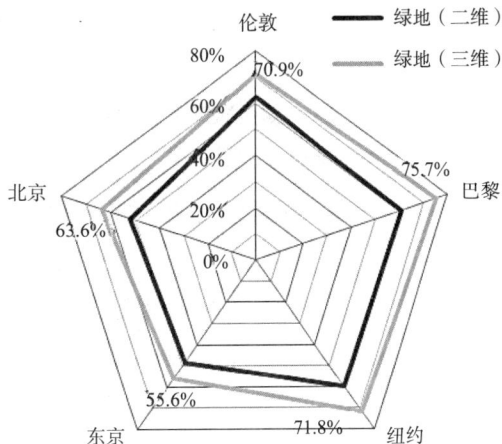

图6-62　五大城市地区协同指数3（三维）与可达性（二维）的比较

6.4.3.2　其他形态指标与公共绿地相协同

从土地使用强度与总体的绿地服务半径这组关系中，并不能观察出五个特大城市地区具有某种整体一致的规律（图6-63）。造成这种结果的原因可能在于不同区位的公共绿地对于地块的土地使用影响存在着权重上的差异，通常认为城市建成区内部的公园绿地对于土地使用强度的影响要显著高于城市郊区和外围的绿地，为了验证这一观点，我们对公园绿地按照建成区内和建成区外进行重新分类，考察不同区位的绿地对于土地使用的影响。

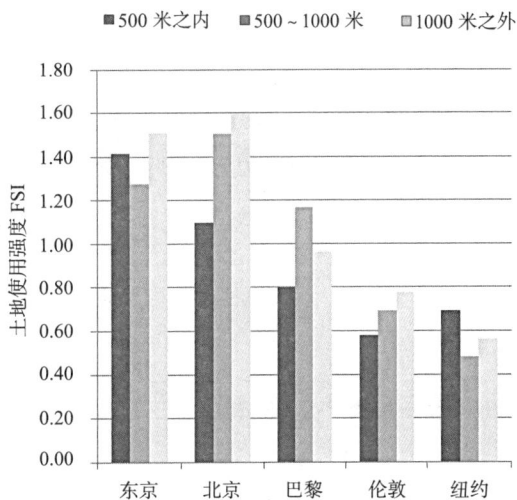

图6-63　五大城市土地使用强度与距离公园绿地服务半径关系（2010年）

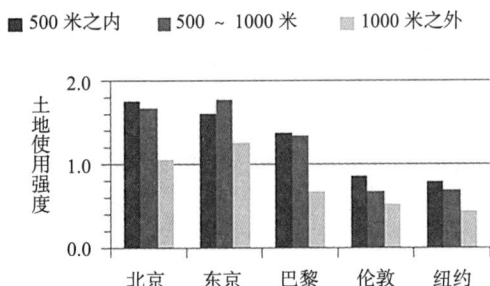

图6-64　建成区内（左侧）/外（右侧）绿地缓冲区土地使用强度（2010年）

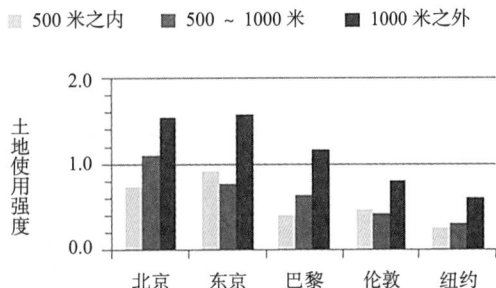

通过对500个抽样地块按照建成区内/建成区外分类计算，得到图6-64。可以观察到如下规律：土地使用强度与建成区内的绿地服务半径呈现递减规律，即随着距离建成区内公园绿

地越远，土地使用强度逐渐降低；土地使用强度与建成区外的绿地服务半径呈现递增规律，即随着距离建成区外公园绿地越远，土地使用强度逐渐升高。对于公共绿地来说需要从建成区外和建成区内两个视角来进行协同指数的测度（表6-14、表6-15）。

土地使用强度与建成区内公共绿地的协同性测度 表 6-14

城市	土地使用强度分布			内部服务建成区面积			内部服务的建筑规模			建筑面积占比	
	500米内	500~1000米	1000米外	500米内	500~1000米	1000米外	500米内	500~1000米	1000米外	500米内	1000米内
巴黎	1.38	1.35	0.67	737.1	559.8	841	1016.9	753.6	567.2	43.5%	75.7%
纽约	0.80	0.69	0.44	1100.9	1067.6	1445.5	876.6	737.5	635.5	39.0%	71.8%
伦敦	0.85	0.67	0.52	957.9	823.6	1074.5	818.2	555.9	563.1	42.2%	70.9%
北京	1.77	1.68	1.06	618.3	483.5	1028.2	1091.9	811.4	1090.8	36.5%	63.6%
东京	1.61	1.79	1.26	1019.7	844.5	1995.8	1640	1508.4	2513	29.0%	55.6%

注：强度单位为比值，面积单位为平方公里，建筑规模单位为百万平方米

土地使用强度与建成区外绿地的协同性测度 表 6-15

城市	土地使用强度分布			外部服务建成区面积			外部服务的建筑规模			建筑面积占比	
	500米内	500~1000米	1000米外	500米内	500~1000米	1000米外	500米内	500~1000米	1000米外	500米内	1000米内
北京	0.74	1.11	1.54	996.4	321.7	811.9	739.3	355.7	1251.2	31.5%	46.7%
巴黎	0.41	0.64	1.17	1032.4	349.5	756.2	425.3	222.8	888.0	27.7%	42.2%
伦敦	0.48	0.41	0.79	1132.5	405.6	1317.9	540.0	167.5	1047.4	30.8%	40.3%
纽约	0.25	0.31	0.60	1084.7	641.0	1888.2	269.3	197.0	1138.3	16.8%	29.1%
东京	0.91	0.76	1.59	780.5	413.4	2666.1	711.7	316.1	4237.8	13.5%	19.5%

注：强度单位为比值，面积单位为平方公里，建筑规模单位为百万平方米

从建成区内部公园绿地服务半径所覆盖的建筑规模占比来看，巴黎、纽约和伦敦占比均超过70%，分别达到75.7%、71.8%和70.9%；北京占比达到63.6%；东京最低，只有55.6%。如果从步行500米的范围来看，除了伦敦的占比超过纽约外，其他地区的相对位置没有发生变化，巴黎依然最高，东京最低。本研究公共绿地的协同指数采用了建成区内的视角。

从建成区外部公园绿地服务半径所覆盖的建筑规模占比来看，北京、巴黎和伦敦占比均超过40%，分别达到46.7%、42.2%和40.3%；纽约和东京占比都在30%以下，分别为29.1%和19.5%。按照建成区外围，也就是从非建成区的绿地、公园服务半径来看，建成区边缘的破碎化和边界曲折程度对于提高绿地的服务规模来说是有利的。

6.4.4 形态与功能综合协同指数比较

6.4.4.1 协同指数 4 比较

从协同指数4（图6-65）来看：

（1）巴黎的综合协同程度最好，步行500米可以到达至少一所小学，同时在1000米之内拥有轨道交通站点和公共绿地，这样的建筑面积占总规模的37.5%；

（2）东京列第2，34.7%的建筑面积位于距离小学500米、轨道交通站点和公共绿地1000米三者交集的空间范围内；

（3）伦敦列第3，26.4%的建筑面积上生活的城市人，步行500米可以到达至少一所小学，同时在1000米之内拥有轨道交通站点和公共绿地；

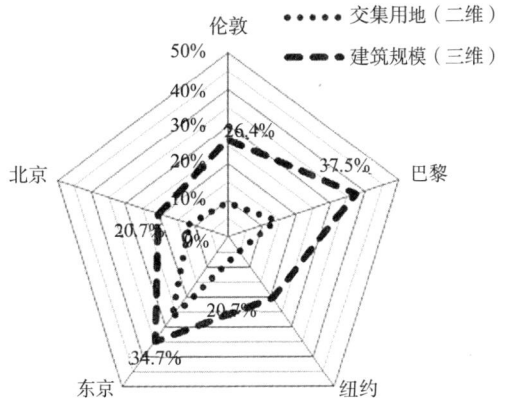

图6-65 综合协同指数4（三维）与综合可达性（二维）的比较

（4）北京和纽约上述比例相同，都达到20.7%。

北京虽然在三类设施的缓冲区交集用地中比纽约更具优势，但从形态上来看，显然纽约形态与功能的匹配程度上要优于北京，即纽约在同样设施配置的土地上使用强度更高，这样才使得两者在建筑规模的占比上相同。综合协同指数4的比较结论显示，北京土地使用形态与功能的综合协同性偏低。

6.4.4.2 基于测度数据的综合协同概念图示

通过对现状土地使用强度的测度，我们已经掌握了不同功能设施缓冲区空间分层下的土地使用强度数据，如果使用层次分析法（Analytical Hierarchy Process）[192]，以测度的数据为依据，确定每种设施影响土地使用强度的权重，这样一来我们就可以做出基于城市人的步行机会最大化和轨道交通导向的区域协同模式概念图示，图示是一种可视化的办法，相较于数学图表而言，将更加直观地传递更多的信息。必须指出这是对于现状数据的分析和简化，并不是理想的城市土地使用模型。

由土地使用强度测得三种功能影响权重（总计为100%） 表6-16

要素	范围	伦敦		巴黎		纽约		东京		北京		权重
轨道站点	500米	1.26		1.80		2.16		2.45		2.02		44%
	500~1000米	0.85	40%	0.87	38%	0.72	65%	1.94	42%	1.59	37%	
	1000米以外	0.48		0.58		0.42		1.09		0.93		
小学	500米	0.76		1.20		0.28		1.64		1.60		26%
	500~1000米	0.46	28%	0.53	28%	0.28	19%	1.11	26%	1.15	28%	
	1000米以外	0.54		0.65		0.40		0.71		0.70		
公共绿地	500米	0.58		0.80		0.19		1.42		1.10		30%
	500~1000米	0.69	32%	1.17	34%	0.28	16%	1.28	32%	1.51	34%	
	1000米以外	0.78		0.96		0.36		1.51		1.59		

设定以100分作为三项设施的总权重，通过层层归并，重新计算算术平均值，推算出轨道站点的权重分为44；小学的权重分为26；公共绿地的权重分为30。从权重计算的结果来看，影响土地使用强度的因素排序如下，轨道交通站点、公共绿地、小学（表6-16）。

为了进一步比较不同公共设施缓冲区之间的权重差异，下一步按照不同缓冲区的土地使用强度分布对权重分值再分配，同时把公共绿地按照建成区内和建成区外两部分，重新分配给每个单独的缓冲区权重分，推算出具体的权重分数，细分计算见表6-17。

由三种功能用地土地使用强度测得各项细分权重（总和为100） 表6-17

要素		范围	伦敦	巴黎	纽约	东京	北京	100	权重
轨道站点 500~1000米 1000米以外		500米	1.26	1.80	2.16	2.45	2.02		22.2
		500~1000米	0.85	0.87	0.72	1.94	1.59	44.0	13.7
		1000米以外	0.48	0.58	0.42	1.09	0.93		8.0
小学 500~1000米 1000米以外		500米	0.76	1.20	0.28	1.64	1.60		11.9
		500~1000米	0.46	0.53	0.28	1.11	1.15	26.0	7.6
		1000米以外	0.54	0.65	0.40	0.71	0.70		6.5
公共绿地	内部	500米	1.77	1.61	1.38	0.85	0.80		6.8
		500~1000米	1.68	1.79	1.35	0.67	0.69		6.5
		1000米以外	1.06	1.26	0.67	0.52	0.43		4.2
	外部	500米	0.74	0.91	0.41	0.48	0.25	30.0	2.9
		500~1000米	1.11	0.76	0.64	0.41	0.31		3.4
		1000米以外	1.54	1.59	1.20	0.79	0.71		6.2

按照表6-17所示，三种用地功能，4部分的组合可能性理论上共有81种，按照计算的细分权重，则本研究中位于三类设施服务半径500米以内的地块得分最高，各项累加为47.1；抽样地块位于三类设施服务半径1000米之外的得分最低，为21.6；通过对500个抽样地块的得分计算，其平均分为31.6。按照不同缓冲区得分的高低绘制现状土地使用强度的分布图，具体如图6-66所示。

图中颜色越深表示测得的现状土地使用强度越高，颜色越浅，表示土地使用强度越低。从目前的分析方式来看，这些强度比较低的地方通常是机场、港口码头区域、较大面积的工业区，对于纽约而言还有部分密度非常之低的别墅区。而强度较高的地方表示设施较为完备，公共交通和步行可达性较好，超过平均得分以上的用地区位被认为是未来潜在的发展空间。

从北京的土地使用强度叠合图来看，D25范围内（四环以里）的集中度依然很高，在D25~50范围依托轨道交通发展的趋势明显，但这一区域尚缺少明显的反磁力中心。表6-18是五大城市地区土地使用模式测度指标的汇总结果。

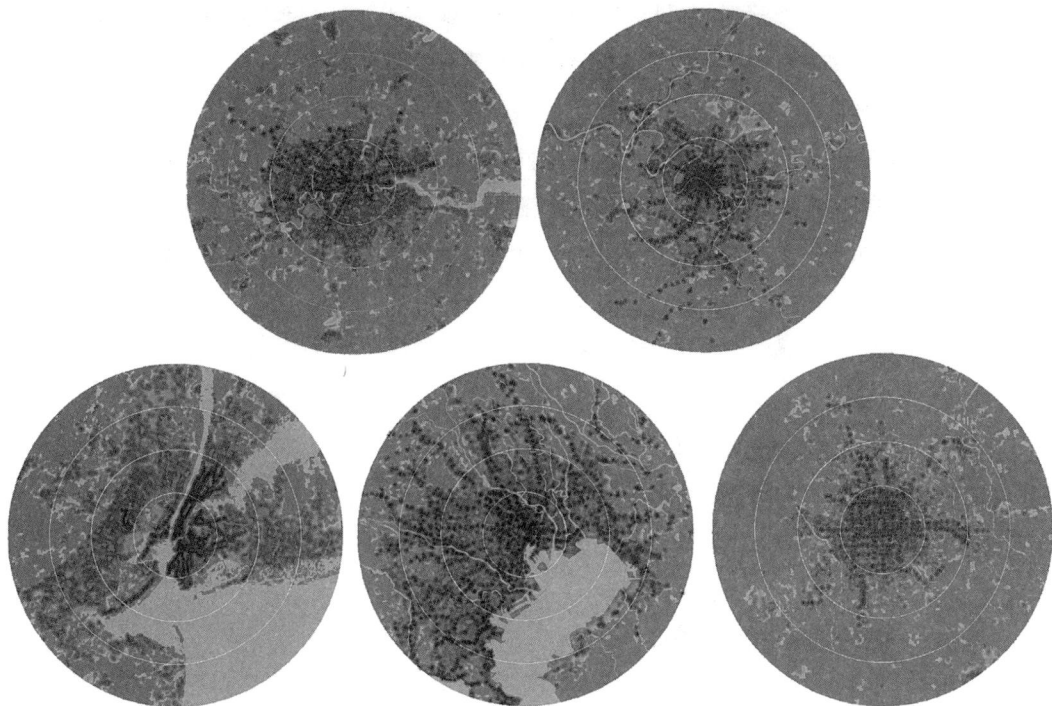

图6-66 基于轨道站点、小学、绿地服务半径的土地使用强度叠合图

五大城市地区土地使用模式测度指标综合比较　　　表6-18

测度项目	指标名称	数值	伦敦	巴黎	纽约	东京	北京
形态紧凑的多指标	建成区覆盖率（1）	1>BAC>0	36.4%	27.2%	46.0%	49.2%	27.1%
	透水地面比率（2）	1>PSR>0	43.6%	43.3%	47.1%	33.4%	38.5%
	建筑密度（3）	1>GSI>0	18.3%	21.6%	17.4%	30.3%	22.6%
	建筑层数（4）	f≥1	3.52	4.43	3.50	4.66	5.97
	容积率（5）	FSI>0	0.64	0.96	0.61	1.41	1.35
	开敞空间分配率（6）	OSR>0	1.27	0.82	1.35	0.49	0.58
功能可达的多指标	轨道站点服务覆盖率（7）	1≥C1≥0	15.5%	29.2%	11.2%	46.2%	27.2%
	小学服务覆盖率（8）	1≥C2≥0	52.3%	49.4%	36.7%	51.6%	40.1%
	公共绿地服务覆盖率（9）	1≥C3≥0	62.4%	60.7%	60.0%	48.3%	51.7%
	功能混合度（10）	1≥M≥0	0.39	0.39	0.33	0.49	0.43
形态与功能的协同性	形态与交通协同指数（1）	1≥CI1≥0	28.3%	47.2%	31.9%	51.0%	41.2%
	形态与小学协同指数（2）	1≥CI2≥0	63.2%	67.1%	32.9%	64.1%	52.9%
	形态与绿地协同指数（3）	1≥CI3≥0	70.9%	75.7%	71.8%	55.6%	63.6%
	综合协同指数（4）	1≥CI4≥0	26.4%	37.5%	20.7%	34.7%	20.7%

6.5 本章小结

　　本章通过对五个特大城市地区的土地使用模式各项指标测度数据的比较，分析不同使用模式带来的可持续性差异，验证前面提出的基本假说。同时判断每种测度指标的特点和能说

明的问题，完善土地使用模式测度方法。特大城市地区土地使用模式比较研究的结论也为第7章提出特大城市地区土地使用模式的可持续特征和优化策略提供判断的依据。

获得的主要认识包括：

第一，形态适度紧凑，功能可达性好，形态与功能相协调的理论假说基本得到验证。

第二，空间矩阵方法能够较为全面的展现不同案例之间在形态紧凑各个方面的差异。

第三，多指标的功能测度能够较为全面的展现不同案例地区之间在功能可达方面的多种差异和相对优势、劣势。

第四，从三维的视角对形态与功能的协同程度比较，要优于从二维出发的比较，可视化表达能够更直观的呈现土地使用形态与功能相协同的程度。

就北京的情况来看，在形态适度紧凑方面，宏观层面相对优势明显，但微观层面相对劣势也很突出；在功能可达方面，功能混合度具有一定的比较优势，而在其他设施方面，无论是数量，还是质量都尚存在一定差距；在形态与功能相协同方面与其他世界城市地区相比差距最大，无论是在轨道交通引导土地使用模式，还是在区域多中心体系，或者微观层面的设施与功能混合方面都存在一定潜力待发掘。

下篇

土地使用模式的可持
续特征和优化策略

下篇"土地使用模式的可持续特征和优化策略"包括第 7 章。

本篇需要回答的核心问题是"特大城市地区土地使用模式的可持续特征与优化策略有哪些？即通过哪些策略和路径加强对可持续发展有利的影响和减弱乃至消除有害的影响"。上篇和中篇已经初步分析了影响土地使用模式可持续性的物质形态、功能因素，并构建了测度方法体系，进而对特大城市地区的土地利用模式进行了实证比较研究，本篇在前面两篇研究的基础上，首先总结归纳特大城市地区土地使用模式的基本可持续特征，然后通过对五个特大城市地区规划实践中采取的针对各自问题的空间策略进行梳理，并围绕改变影响土地使用模式的可持续性因素，探讨实现特大城市地区可持续土地使用模式的策略方法和路径选择。

本篇的"研究思路"分为三步：第一步是案例引介，对特大城市地区空间规划中运用的优化土地使用模式策略进行梳理；第二步是以第一步研究结果为基础，同时结合前文假说的验证结论，分析特大城市地区土地使用模式的优化策略；第三步是结合前两步的结论，针对北京的具体情况，提出北京特大城市地区土地使用模式优化策略与路径的具体建议。

本篇的"研究对象"主要是宏观层面的规划案例和部分微观层面的实践项目，主要通过对五个特大城市地区空间发展规划的整理分析，提炼其中的优化策略和解决问题的思路。

本篇的"研究方法"是"案例分析"和"归纳综合"。根据测度研究的结论，围绕可持续土地使用模式的基本特征后，对特大城市地区改进策略与路径进行"案例研究"，分析相应的规划，并辅以具体的实践案例。最后进行了"归纳综合"，希望在呈现不同地区差异的同时，能够相互比较借鉴。

本篇的"写作方式"采用"总分"与"递进"相结合的方式，第一部分"总"是以上篇文献综述、理论框架和中篇实证测度、比较研究的结论为依据，归纳特大城市地区土地使用模式的可持续特征；第二部分"分"是以"递进"顺序分别明晰特大城市地区模式优化的基本策略与路径，以及结合北京在中国快速城镇化发展过程中暴露的问题，并联系建筑学和城乡规划专业特点，提出针对性的规划策略与路径建议，希望能够为今后特大城市地区空间规划、项目实践方面提供启示和借鉴。

第7章

特大城市地区土地使用模式的优化策略

本章首先提出特大城市地区土地使用模式的可持续特征，其理论观点来自于上篇的理论基础和中篇实证比较分析的结论。然后结合当前五个特大城市地区具体规划案例来说明如何实现这些基本特征，将其归纳为特大城市地区土地使用模式优化的基本策略。最后针对北京的具体情况，提出相应的优化策略和路径建议。

7.1 特大城市地区土地使用模式的可持续特征

形态与功能要素及其作用机制描述的是土地使用模式可持续性的微观的一般性特征，结合测度数据和比较研究的结论，对特大城市地区来说，可持续的土地使用模式还有一些特殊性。可以总结为如下三个方面的基本特征。

7.1.1 土地使用形态特征

7.1.1.1 土地使用强度较高

特大城市地区在有限的地域内，集中了大量的人口，这使得人口密度较高。特别是在城市中心地区，反映在土地使用方面表现为城市中心地区的建筑容积率高，土地使用的强度高（表7-1）。

纽约与北京行政辖区人口密度比较（2010年）　　　表 7-1

	城区名	辖区面积	辖区人口	人口密度
纽约	纽约市	785.6	818.6	1.04
	曼哈顿	59	158.7	2.69
	布鲁克林	183	250.9	1.37
	布朗克斯	109	138.7	1.27
	皇后区	283	223.4	0.79
	史泰登岛	151	46.9	0.31
北京	城六区	1368.3	1171.6	0.86
	西城	51	124.3	2.46
	东城	42	91.9	2.20
	朝阳	455	354.5	0.78
	海淀	431	328.1	0.76
	石景山	84	61.6	0.73
	丰台	306	211.2	0.69

注：面积单位为平方公里，人口单位为万人，密度单位为万人/平方公里。

目前建设成熟的特大城市地区总建筑规模日趋稳定，用地总量增长受到控制，新的建设中以提高土地使用强度为主要方式。在同样的建筑空间建设规模情况下，应当尽可能地降低硬质界面的比率。提高建筑的平均层数，减少建筑基底占地面积。

测度研究表明，对特大城市地区而言，同等的建筑规模下，"紧凑"会给特大城市地区整体的可持续性带来积极的影响，尽管这种影响可能如有些学者研究的结论所示，比较温和，但是不改变其正面和积极的属性；土地使用的强度问题是上述问题的焦点，几乎对其他可持续特征都构成影响。

7.1.1.2 透水地面比例高、开敞空间需得到保证

（1）透水地表覆盖比例高，意味着土地使用的地表非透水硬化程度处于较低水平，这点主要影响地表辐射温度、热岛效应和自然系统的水循环过程，诸如地下水补给等环境问题，通常认为硬化比率越高对自然环境的可持续影响越消极。

（2）开敞空间。土地使用规划应强调开敞空间、绿色区域（公共和私人）在塑造城市形象中的重要性。开敞空间是城市标识的一部分[110] 247-248。

目前特大城市地区在这两方面的数据并不容乐观，特别是在中心城地区，地面硬化程度高，透水地表面积小，开敞空间有限（图7-1）。

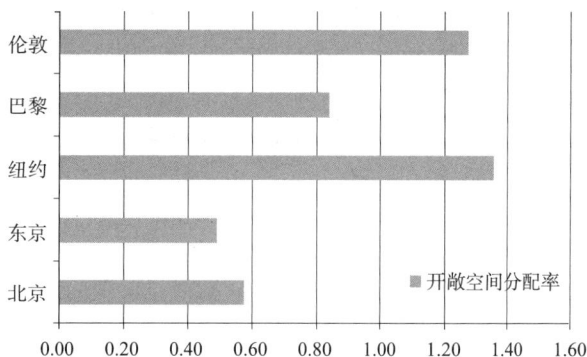

图7-1　五大城市地区开敞空间分配率比较（2010年）

7.1.2 土地使用功能特征

7.1.2.1 功能层次多样、混合度高

特大城市地区集聚了大量人口，需求多种多样，行业分工细化多元，能够提供不同层次的社会服务。功能的多样性和混合是城市地区繁荣的体现。研究显示，功能的混合程度越高，城市的人均能耗水平越低，碳排放水平也低（图7-2）。

土地使用混合是衡量不同类型的土地使用功能（居住、商业、办公、绿地、工业等）相互位置关系的一项指标。这种混合可能发生在不同的空间尺度中，小到一栋建筑物（如底层商业与办公楼，上层为公寓式住宅）内的混合，大到社区乃至城市地区。它也可以指住房类型的混合，或者人口和阶层的多样性。对于"功能混合"，无论是"新城市主义"、"精明增长"，还是"紧凑城市"都把它看作是可持续的一个重要特征。对特大城市地区来说，功能混合既要体现在地块层面的平均混合水平，也需在重要的节点和就业中心有明显功能混合特征，控制单一功能的大规模扩张。

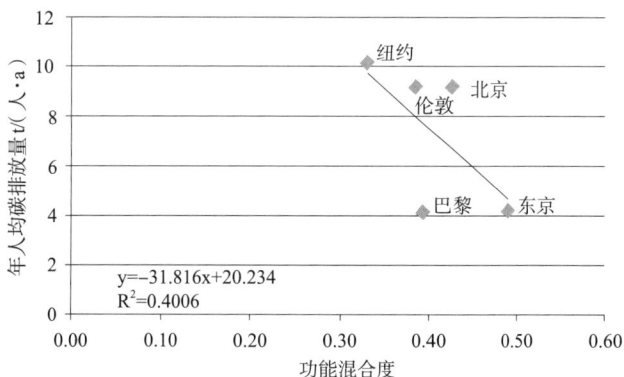

图7-2　五大城市地区人均碳排放和功能混合度的相关性
资料来源: 笔者绘制（人均碳排放数据来自Kennedy等，2009年）

7.1.2.2 公共绿地体系完整、质量高

公共绿地体系的完整性与高质量能够体现一个城市地区的空间品质。也是城市竞争力的

体现。目前世界特大城市地区都在完善绿地体系，提供高质量的公共空间方面下大力气，做足工作。例如，伦敦2012年发布了针对实施伦敦规划2011的"绿色基础设施[①] 和开放的环境：伦敦绿色网格补充规划指引"文件。该文件历数了公共绿地系统的13条作用，包括①适应气候变化和促进城市绿化，②增加开敞空间，③保护和提高生物多样性和增加接触自然的机会，④提高旅游可持续性，⑤倡导健康生活，⑥保护和加强文物特征，地质多样性和景观特色，⑦加强特色目的地，促进旅游经济，⑧促进可持续发展的设计，管理和维护，⑨加强绿地和绿色基础设施领域的技能，⑩促进粮食可持续生产，⑪改善空气质量和声环境，⑫提高城乡接合部的质量，⑬保护和提高泰晤士河边的空间。进而又将大伦敦区域的公共绿地划分为12个绿色网格（green grid areas）进行规划管理（图7-3），明确开发使用的各项条款[193]。

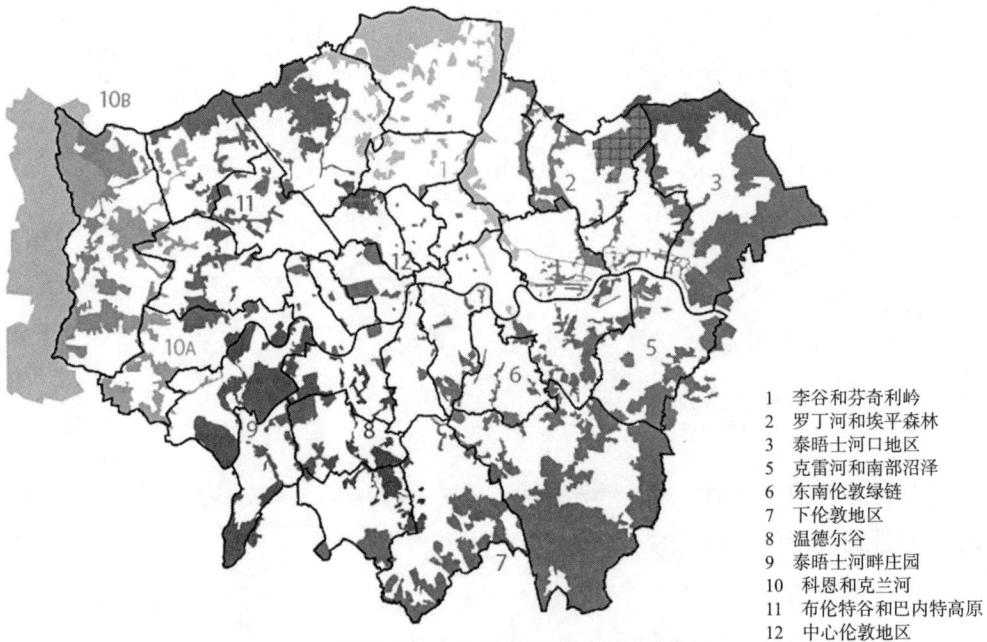

1	李谷和芬奇利岭
2	罗丁河和埃平森林
3	泰晤士河口地区
5	克雷河和南部沼泽
6	东南伦敦绿链
7	下伦敦地区
8	温德尔谷
9	泰晤士河畔庄园
10	科恩和克兰河
11	布伦特谷和巴内特高原
12	中心伦敦地区

图7-3 大伦敦地区的绿色网格体系

资料来源：Greater London Authority. Green Infrastructure and Open Environments:the All London Green Grid Supplementary Planning Guidance.2012:39-129.

在巴黎IDF 2030中也提出了完善绿地系统的专门策略和建议。与伦敦不同的是该规划将绿地按照圈层的模式分为了三部分进行分析和描述，并以2008年的数据为基础，提出了2030年的规划目标。这三部分分别是：都市核心、绿色腰带、外围农村（图7-4）。都市核心：2008年有11%的农田、林地和自然区域（在城市化地区城市开敞空间的份额达到了16%），

① 绿色基础设施。该规划指引中是这样界定绿色基础设施的概念："多功能的开放式绿地和绿化设施（如屋顶绿化）构成相互依存的网络。这个网络位于对城市建成环境和城市边缘内，并连接到周边的乡村。它为人们和野生动物提供多重效益：防洪管理、城市降温、改善身体和心理健康、绿色的交通连接（步行和自行车路线）、野生动物栖息地和生态连通性以及食品生产。各种规模的绿色开敞空间作为绿色基础设施的一部分发挥作用。它包括蓝丝带网络（指水系），但不包括硬质地面的公共领域。"

2030年的目标是至少保持在10%。绿色腰带：2008包括64%的耕地、林地和自然区（在城市化地区城市开敞空间的份额是24%），2030年目标是至少保持在60%。外围农村：在2008年，它是由90%的农业用地、林地和自然区域组成（城市开敞空间在城市化地区的份额为33%），2030年的目标是仍然保持在90%。

这方面的工作能够平衡由于形态紧凑带来的环境压力，也能改善步行和自行车交通的出行环境，提高非机动车出行比例。

土地使用中的绿地数量与规模、形态特征方面。通常认为人均绿地面积越大，单一绿地面积越大，边界越复杂，生态效益越好，这和上一点地表硬化程度正好是一对互补的组合关系。

图7-4 巴黎中心城区的公共绿地体系

资料来源：Conseil régional d'Île-de-France. Île-de-France 2030. DÉFIS, PROJET SPATIAL RÉGIONAL ET OBJECTIFS.2012:65.

7.1.3 形态与功能相协同特征

形态与功能的协同特征包含微观和宏观两个层面：微观层面指轨道交通引导土地使用形态和功能布局，宏观层面指城市多中心与区域生态系统的协同布局。

7.1.3.1 轨道交通引导土地使用形态和功能布局

对特大城市地区而言，轨道交通方式发挥着重要的通勤作用。轨道交通方式与土地使用形态的协同性影响城市运转的整体能源效率。应充分发挥其在以非小汽车导向的区域发展模式中的影响力，形成以轨道交通站点为核的步行公共功能中心节点、以轨道交通线路为骨架的用地功能网络体系。提高城市人低能耗交通方式的出行比例。

轨道交通站点周边土地使用强度高，公共服务设施多，功能混合。事实上，轨道交通与城市公共服务设施中心的形成有着深刻的互动过程，在规划轨道交通线路时已经考虑这一过程，但是，鉴于轨道交通规划时并不是孤立的点简单相连，势必有些站点的设置并未考虑与公共服务的用地功能相匹配。因此，有必要在进行下一层面用地功能的调整。

7.1.3.2 城市综合性中心功能与区域生态系统的协同布局

特大城市地区由于其巨大的规模使得环境问题尤为突出，这使得城市系统成长过程中需要特别强调照顾本地的自然地理、气候方面的特征及其影响。本节结合夜间航拍影像图（图7-5），对区域层面的多中心与生态格局相协同现象做比较和总结。世界城市地区普遍形成了多中心与生态系统相协同的区域空间结构，具体的协同模式可以分为以下两类：

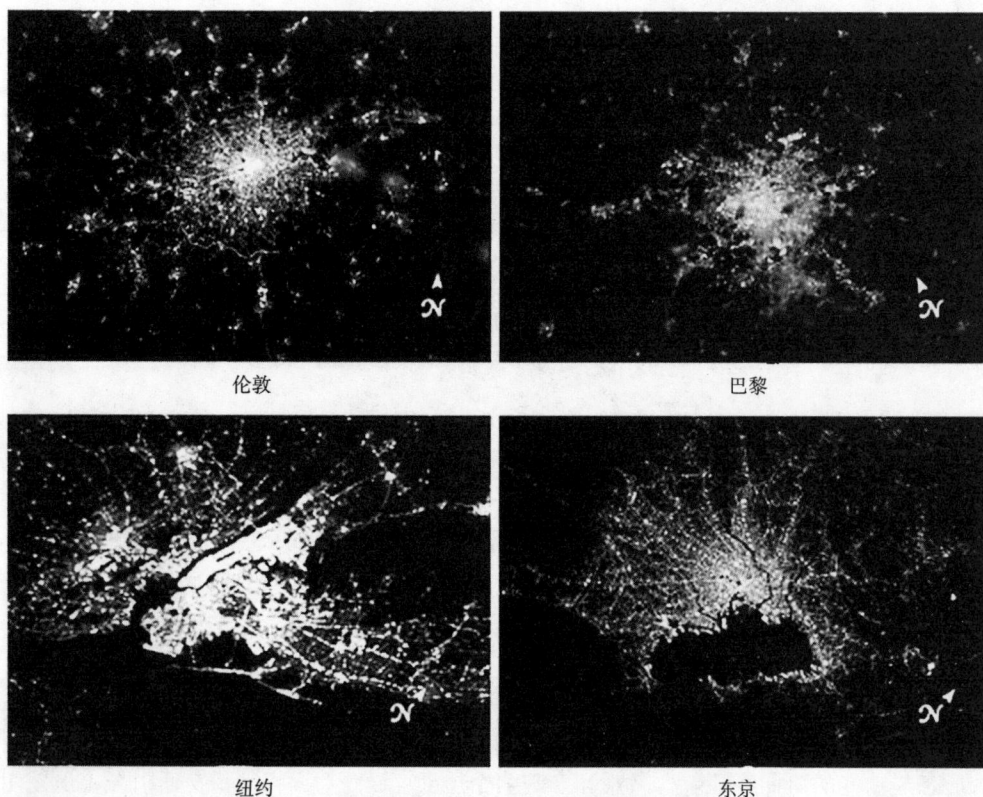

伦敦　　　　　　　　　　　　　　　巴黎

纽约　　　　　　　　　　　　　　　东京

图7-5　世界城市的夜间影像图
资料来源：笔者根据美国 NASA 公布的资料收集整理

第一类是以伦敦为代表，多元化分散式协同模式。伦敦的气候属于温带海洋性气候，受北大西洋暖流和西风带影响，空气湿润，加之泰晤士河谷地貌，南北高，形成东西狭长谷地，容易产生空气污染现象。从区域的视角来看，伦敦形成了以大城市为核心，周边城镇散布周围，星云式

可持续视角下特大城市地区土地使用模式测度研究
　　——北京与世界城市比较

的人居环境格局，以分散、绿带围绕为区域协同的主要原则。

第二类是以巴黎为代表，触角生长式协同模式。巴黎也属于温带海洋性气候影响之下的区域，整体位于巴黎盆地的中心，塞纳河穿越城市中心，全年都有降雨，但与伦敦相比，空气要干燥一些，城市形态从核心区向几个主要经济联系方向带状或指状增长，同时在触角之间保证大片连续的绿色空间，而建成区内的公共绿地也与城市中心相协同，如德芳斯新区附近有布洛涅森林等。

纽约和东京则分别是上述两种模式的升级版，区别在于分散组团或者触角之间的绿色空间被蔓延所取代。纽约可以看作是分散化协同模式的升级版，和伦敦相比，密度更低，区域边缘的多中心体系层次更多，有明显的较强副中心，建成区组团被低密度建设连接在一起；东京可以看作是触角协同模式的升级版，和巴黎相比，密度更高，区域中有明显的副中心，不同方向的发展轴向很清晰，但轴向之间已经被建设用地填满，形成连绵蔓延的格局。

北京在形态与功能相协同特征方面和巴黎的特点更为接近，表现为以高密度的中心区为核心沿几个主要的经济联系方向触角式拓展，但在区域的多中心结构与生态系统协同方面发展脉络尚未清晰。

7.2 特大城市地区土地使用模式的优化策略

土地使用模式的优化策略和空间规划目标紧紧关联，规划目标的设定来源于对区域不同层次面临的问题和挑战、未来发展趋势、居民生活需要等问题的识别。本节首先简要回顾特大城市地区发展面临的主要问题及其规划目标的设定、分解过程，然后引出针对环境变化、空间质量、竞争力三个主要议题的土地使用模式优化策略。

虽然特大城市地区土地使用面临制度等背景差异和诸多具体而特殊的难题，但在区域层面也面临一些的共性问题（表7-2）。诸如人口持续的增长、社会矛盾的多元化和加剧趋势、环境污染、基础设施老化、经济持续增长的挑战，在产业结构调整、生产者服务业功能的集聚方面、信息技术等新兴产业的影响方面也面临类似的过程和机遇。

世界特大城市地区面临的主要问题 表7-2

伦敦	巴黎	纽约
人口规模的扩张和人口结构的变化	设施与公共服务的失衡	人口持续增加
产业结构和就业结构的变化	社会不公平的加剧	基础设施老化与不足
信息技术的影响	环境与气候变化的挑战	气候变化与环境
社会两极分化日益严重	挑战：促进社会，经济和环境的转型	不断发展的经济所带来的挑战

资料来源：笔者根据 London Plan，2011/ IDF 2030/ PlaNYc，2011 整理。

质量——逐渐成为规划关注的核心词汇。提高生活质量的目标能够最大限度地凝聚社会各阶层力量。从而在不同领域应对上述问题、挑战和转型的机遇。伦敦提出"生活质量

（QUALITY OF LIFE）"这一贯穿规划各个章节的基本主题。巴黎提出（IDF 2030）既要发挥法兰西岛大区吸引力和国际影响力作用，又要改善居民的生活质量，规划需将两个目标相结合。纽约提出建设更环保、更伟大的纽约（A Greener, Greater New York）。东京远景2020则提出"推动变革，向世界展示最好的日本"这一发展目标。各大城市地区所指定的发展目标可以看作是新时期"全球视野，地方行动"的基本典范。聚焦于地方的空间质量改善和综合竞争力提升，这些城市地区首先对上述宏观目标进行分解，进而针对性地采取相应的土地使用模式优化策略，以实现上述基本目标（表7-3）。

世界特大城市地区规划目标的分解构成   表 7-3

城市	目标	分项目标
伦敦	一、宜人的城市 二、繁荣的城市 三、公平的城市 四、可达的城市 五、绿色的城市	1. 在伦敦现有建成区范围内容纳人口和经济增长，并且不能侵占市区现有的公共开敞空间； 2. 让伦敦发展成一个更适宜生活和居住的城市； 3. 让伦敦经济取得强劲及多元增长，使之成为一个更繁荣的城市； 4. 促进机会共享，解决歧视和不公； 5. 改善伦敦交通条件； 6. 让伦敦变得更绿、更美、更吸引人
巴黎	一、提高法兰西岛大区居民的日常生活质量 二、巩固大都会的作用	1. 每年建立70000住宅单位解决住房危机，改善现有的公园； 2. 每年创造28000个就业机会，改善的混合人居环境； 3. 确保获得优质的公共服务； 4. 设计交通生活方式，减少驾驶依赖； 5. 改善城市空间与自然环境； 6. 重建充满经济活力的法兰西岛大区； 7. 提高区域交通运输系统的承载力； 8. 开发具有吸引力的设施； 9. 进行生态系统可持续管理和加强自然资本的实力把上述定位和目标分解到19个地域单元
东京	一、加强灾害管理政策：建立一个复杂的抗灾能力的城市 二、促进能源政策：高效，独立和分布式能源战略 三、提高国际竞争力：成为亚洲的国际商务中心	1. 实现一个复杂的抗灾城市和世界展示东京的安全； 2. 创建一个低碳社会，一个高效、独立与分布式能源系统； 3. 还原东京水和绿色包围的一座美丽的城市； 4. 连接陆地、空中和海上，提高东京的国际竞争力； 5. 通过提高工业增长和城市魅力将东京带入新的增长轨道； 6. 建立和向世界展示稳定低生育水平和人口老龄化社会的城市模型； 7. 提高全球自我管理社会创造力，任何人都可以追求高目标； 8. 建立一个社会里，每个人都可以享受运动，为孩子们提供的梦想

资料来源：笔者根据 London Plan，2011/ IDF 2030/ PlaNYc，2011 整理。

从各项具体的目标来看，基本涉及以下几个方面：社会性住房，就业机会增长的地区，交通、能源等基础设施，公共绿地等城市开敞空间，教育、文化、养老等基本公共服务。可以把针对上述项目的土地使用模式优化策略按照应对环境变化的形态紧凑策略、提升公共服务质量的功能优化策略、基于竞争力提升的综合协同策略加以分别论述。

7.2.1 应对环境变化的形态紧凑策略

应对环境变化的形态紧凑策略分为宏观和微观两个层面。宏观层面主要是确定城市地区未来的空间增长模式和重点区域。微观层面则是在宏观层面确定的区域进行形态优化的具体实施指南，包括可持续的城市设计策略、建筑节能策略等方面。

7.2.1.1 宏观层面：区域的均衡发展和重点建设方向

伦敦在宏观层面的空间优化策略具有很好的代表性，具体表现为提高生活质量目标下的均衡发展策略。这是英国国家空间政策对欧盟空间发展战略的回应，追求更加平衡和可持续的发展[194]。具体是通过"可持续社区策略"（Sustainable Communities Strategy）鼓励沿着伦敦放射走廊的核心城市和区域进行发展。英格兰东南部、东部和大伦敦所处的泰晤士河口地区具体的增长目标聚焦于四个指定的范围，分别是：米尔顿·凯恩斯和南米德兰、伦敦—斯坦斯泰德—剑桥、泰晤士河河口和阿什福德（图7-6）。

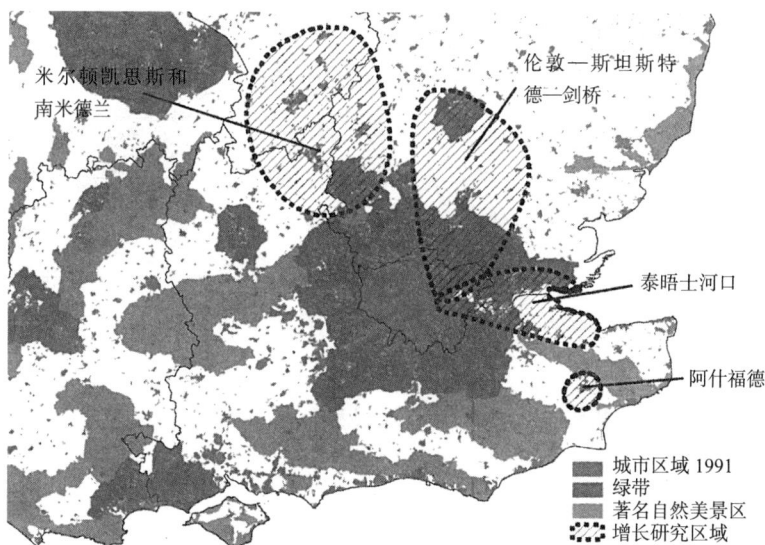

图7-6　伦敦区域的重点发展方向

资料来源：ODPM （Office of the Deputy Prime Minister）. Sustainable Communities: Building for the Future. London: ODPM，2003.

该政策认为紧凑是可持续发展的土地使用模式，在先前对可持续发展建议的基础上，要求对城市进行限制和高密度化发展。2012年伦敦奥运会的大项目选址和新区开发建设都遵循了上述基本原则。

对于大伦敦政府辖区内的规划建设也体现了重点区域的集中原则。例如伦敦规划中中央活动区（Central Activity Zone，CAZ）的范围被认为是新的就业和办公场所主要增长区域。

7.2.1.2 微观层面：可持续城市设计策略

微观层面，城市设计策略是英国政府强化实施可持续发展战略的政策工具，其中使用可持续设计标准来指导、评估规划和城市设计是重要的工作程序。

大伦敦市政府针对伦敦市的建设需求和问题，把"伦敦可持续设计和建造策略"作为"补充规划指引"的一部分内容明确下来，对可持续城市设计中频繁涉及的几个重点领域提出了具体的设计标准和设计指引，这些领域包括：棕地再开发与建筑物再利用，应对气候变化、节约能源、节水资源，降低噪音和减少空气污染、改善局地微气候，提高交通可达性和环境舒适度，扩大环境包容性以及保护自然环境和生物多样性等方面。

在城市设计基本原则层面提倡基于公共交通、自行车和步行等低碳出行方式的紧凑城市模式，具体包括混合城市土地使用功能、合理提高建筑密度、进行填充式建设、完善社区服务和社区中心功能等城市设计策略。并在建筑、街区、住区、公共空间等不同空间尺度和类型上实施可持续发展策略的相关议题和具体方法路径进行了分析和建议[195]。

综合宏观、微观两个层面的土地使用优化策略的主要目标在于实现特大城市地区较高土地使用强度和微观的可持续社区形态特征。

7.2.2 改善空间质量的功能调整策略

在改善空间质量，优化功能结构领域，东京和纽约都做了许多的工作。东京在宏观层面表现为着眼于提高中心商务功能，以增强日本"亚洲中心"的领导地位。纽约则聚焦于微观层面的空间品质提升，是这方面的表率。

7.2.2.1 宏观层面：东京目标着眼于中心商务功能的再提升

在东京2020规划中第三点要实现的核心目标就是"提高国际竞争力：成为亚洲的国际商务中心"①。这源于东京的危机意识，该规划认为东京面临来自其他亚洲城市的竞争压力日益加大。规划直接指出"随着其他亚洲城市显著进步，快速的经济增长，日本已经失去了国际竞争力"。为了逆转这种趋势，有必要通过鼓励全球企业在东京建立亚洲总部及研发中心，借此恢复日本的"亚洲中心"地位。吸引跨国企业到东京发展，日本的中小型企业通过和这些公司合作，在新技术和新服务领域将带来更多创新。为实现上述目标，该规划提出下述策略以应对：

（1）连接陆地、空中和海上的交通枢纽，提高东京的国际竞争力。世界领先的基础设施将

---

① 前两个目标分别为：加强灾害管理政策，建立一个能够抗拒复杂灾害能力的城市；促进能源管理政策：高效，独立和分布式能源战略。该政策出台的背景是地震及其导致的核能危机。

提升东京的国际竞争力，促进城市发展。同时在东京市中心车站、港口和机场附近发展的商务或旅游中心功能。例如，中央新干线的品川站的基础性功能将得到提升；加大羽田机场的班次密度；统一管理的三个港口（东京、横滨、川崎）让东京成为亚洲枢纽港。

（2）通过提高工业增长和城市魅力将东京带入新的增长轨道。东京通过充分利用制造业及海外增长方面的优势，振兴产业。在旅游、文化等领域也可以通过海外公关战略和措施，以完善这些领域的系统配套功能。

为了鼓励外国企业在东京设立亚洲总部，东京还制定了专门的策略，包括：

（1）利用已有50个以上的外国企业在东京设立的亚洲区总部或研发中心，创建综合性的特区，通过放松管制、税收优惠，并采取其他措施，城市复兴特别优先发展的领域，为私人发展计划提供奖励，吸引他们到特区，有利于提高国际竞争力。

（2）提供业务支持，如对在东京的外国公司一站式的商务礼宾服务。为外国居民提供咨询服务，并帮助他们执行不同的程序，由外国医生提供医疗咨询和在公立学校进行英语教学。

（3）创建一个有吸引力的环境，鼓励新技术和新服务。杜绝产业空洞化，建设外国公司和日本中小型企业的交流环境，互相鼓励创造新的技术和新的服务，振兴日本经济。

东京在功能提升方面比较有特点的是对工业和新兴产业的重要性的强调，明确提出杜绝产业空洞化，同时强调商务功能对已有的资源和对外交通联系便捷的依赖。

7.2.2.2 微观层面：纽约的棕地开发和绿地系统

纽约市长在纽约规划的序言里提到"纽约城市的历史告诉我们，投资我们的未来是不是一种奢侈，而是一种必要。在19世纪，在城市给排水系统和布鲁克林大桥上的基础设施投资，使人们前所未有的涌入城市，直接奠定了纽约作为全国领先城市的基础。在随后的几十年，这个城市的活力和重塑自我的能力，体现了在新的地铁、摩天大楼、卫生设施，这些基础设施投资和创新都推动了纽约在全球中的领先地位"[196]。为了提供更好的空间质量和公共服务，吸引和容纳更多的创新和领先因素，纽约市政府在棕地改造和公共绿地建设方面提出详细的策略。

在纽约2030中将上述策略和措施分为10个方面（表7-4），分别是住房和社区（Housing and Neighborhoods）、公园和公共空间（Parks and Public Space）、棕地（Brownfields）、水道（Waterways）、供水（Water Supply）、交通（Transportation）、能源（Energy）、空气质量（Air Quality）、固体废物（Solid Waste）、气候变化（Climate Change）。绿地和棕地策略分列第2、3项，它们和土地使用模式直接相关。

纽约 2030 中从问题到策略的空间层次分析   表 7-4

面临的问题	宏观层次		微观层次	
人口增加	住房难	满足居住就业	保障性住房	儿童游憩空间
	失业率居高			失业救济
	交通拥挤堵塞	保障可达性	可持续交通	交通管制；步行交通

面临的问题	宏观层次		微观层次	
基础设施老化与不足	基础设施老化	建立更新制度	更新设施	资金来源
	区域割裂地方保护	区域合作	区域基础设施	升级能源设施
资源环境与能源	生态失衡	生态系统	生物多样性	保有自然地
	资源匮乏	水、土地	淡水、土地有效使用	降低水污染、清除所有被污染土地
		材料	环保安全	材料循环使用
		持续利用的能源	清洁能源	生物能
	环境恶化污染严重	制止环境恶化污染治理	废弃物处理	技术处理
			空气质量	全球变暖气体排放量降低30%；
			环境噪声	清洁燃料；无汽车日
			生态教育	反垃圾运动
				生态生产资金援助

资料来源：笔者根据纽约 2030 相关资料整理。

（1）棕地再利用

纽约市在2008年专门成立了棕地整治办公室（the Office of Environmental Remediation，OER）。OER设计和经营了一系列棕地项目，并编制了美国第一个棕地清理程序——纽约市棕地清理计划（Brownfield Cleanup Program，NYC BCP），应对一些挑战较大的棕地再开发项目。

图7-7标示了棕地开发的机会区域范围、位置以及可能的土地使用功能，其中以混合利用居多。

纽约市在这些策略的支持下已经进行了诸多实践项目，将原先的工业用地归还原为开敞空间和住房。例如把Elmhurst老煤气厂的旧址改建成新公园。

棕地清理计划：
❶ 教堂／翻新办公建筑
❷ 宾馆
❸ 可支付性住宅／混合利用项目
❹ 混合商业／住宅项目
❺ 宾馆／办公／住宅项目
❻ 混合零售／住宅项目
■ 潜在棕地改造区
▢ 东纽约社区棕地规划区
（注：本图中英文为地名）

图7-7　纽约市棕地开发地块分布

资料来源：NYC Mayor's Office. PlaNYC 2030: A Greener, Greater New York, 2011:52.

（2）基于可达性的绿地系统

纽约的公园是市民最喜爱的公共基础设施形式。公园也是纽约城市形象的标志，从国际知名的中央公园，到公园附近的游乐场和新兴娱乐设施、滨水区，公园为纽约人提供重要的公共场所。纽约市拥有面积超过210平方公里的公园，占全市面积的25%。纽约下一步的目标是让这些公园都在步行十分钟之内可以到达（图7-8）。

在公园策略实施的过程中，值得一提的是纽约市将棕地再利用的理念和创造高质量的公共空间理念相结合。目前已经形成了一些具有创新精神而又受到市民喜爱的场所，其中最为知名的是"高线公

■ 2007 年距离公园 10 分钟步行路程的区域
■ 2007 年后新增的距离公园 10 分钟步行路程区域
□ 距离公园 10 分钟步行路程以外的区域
■ 垃圾填埋场、机场
  以及未纳入本次分析的区域

图7-8 纽约市步行十分钟可以到达公园的空间覆盖
资料来源：NYC Mayor's Office. PlaNYC2030: A Greener, Greater New York，2011:36.

园"，纽约市对曼哈顿岛东部一段废弃的高架铁路进行了景观设计，除了为市民提供更多的户外休闲空间，同时还带动了周边设施的投资，高线公园南段惠特尼艺术博物馆也在进行建设，这里将成为的曼哈顿新的文化展示中心。这一项目不仅创造了新的就业机会，还实现了项目之外的经济和社会价值。此外，还有布朗克斯区将工业混凝土搅拌站改造成海滨公园等实例。

综合宏观层面、微观层面提升空间质量的功能优化策略来看，主要目标集中于实现特大城市地区功能层次多样、混合度高、公园等设施服务便利完善的可持续特征，最终目标还是获得更高的空间质量和全球竞争力，从而保持世界城市的领先地位。

7.2.3 基于竞争力提升的综合协同策略

基于竞争力提升的综合协同策略，大巴黎规划（ÎLE-DE-FRANCE，IDF 2030）进行了较为全面的阐释。该规划提出将两个横向的核心目标相结合：一、改善巴黎人的生活质量；二、更好地发挥法兰西岛特大城市地区的作用。

总体规划的空间战略必须和这两个目标确保一致。在全球和地方范围内，为相同的目标做出各自的贡献，实现区域综合竞争力的整体提升。

为此，该规划在区域层面提出了协同作用的三点支柱：链接—结构（线性要素），集中—平衡（点状要素），维护—提升（面状要素）（图7-9）。

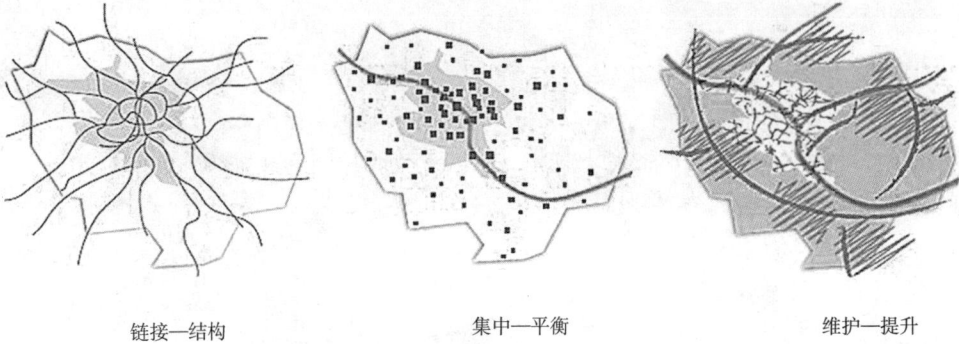

| 链接—结构 | 集中—平衡 | 维护—提升 |

图7-9 流动空间、增长极核、生态区域协同模式分解

资料来源：Conseil régional d'Île-de-France. Île-de-France 2030. DÉFIS，PROJET SPATIAL RÉGIONAL ET OBJEC-TIFS.2012:48.

7.2.3.1 链接与结构：关注流动空间

链接与结构（RELIER-STRUCTURER）实际上是指的交通等线性的流动空间及与节点的关系。显然该规划理念与曼纽尔·卡斯特的理论观点反映出较为相似的认识。规划认为城市地区的发展趋势是联系越来越紧密和便捷。可持续发展必须正视这一发展趋势。2030年的法兰西岛大区将更加开放，在交通和通信网络中的多元化特征将愈显著。机场、高铁车站，通过高速线路的网络加强与欧洲地区、世界的连接，出行将变得更容易。港口的货物运输也将发挥主导作用，铁路和水路模式将被纳入城市物流系统，以尽量减少道路使用，降低交通拥堵和污染。作为门户的机场地区将得到加强，需要通过更好的组织和控制其附近空间的使用。这样才会减轻土地使用的冲突，特别是对当地居民的滋扰。

为此提出三方面的发展要求：

（1）交通系统和更好的层次网络

通过公共交通网络更快速、更容易地在区域范围内移动。区域公共交通网络包括地铁、大巴黎RER、电车，交通网络的层次划分越细，大都市区包括郊区之间出行越方便，而不是一定要通过中心。这项工作将通过改善现有的铁路网络，主要是建设新的线路，以满足未来的增长需求。在距离城市中心更偏远的地区，引入新型巴士或电车，将更多城镇和村庄紧密联系起来。这种公共服务和城市活动将减少私人汽车的使用。

（2）优化本地出行

有效的交通网络，无论对于农村地区还是城市中心区，都将改善巴黎人的生活质量。新的交通线也将影响城市化：每个交通基础设施、站点，无论是规划，还是演变过程将伴随着高密度的城市发展。削减部分硬质道路设施将更好地融入城市肌理。道路网中的某些部分（比如县级公路）将被改造成城市的林荫大道。

（3）数字信息网络的畅通

新的交流将促进数字通信技术的发展。信息技术和通信（ICT）的发展将影响大都市区的空间组织，产生会议场所、面对面的接触机会或远程办公中心场所。

7.2.3.2 集中与均衡：确定增长的重点区域

集中与均衡（POLARISER-ÉQUILIBRER）表明在特大城市地区需要通过几个集中的核心来实现一个更均衡的区域。

规划认为，特大城市地区的经济和住宅专门化地区将减弱。对巴黎而言，住房建设与就业目的之间动态关联，实现一种新的区域平衡。这个新的区域平衡将降低居住与工作之间的通勤距离，并创建一个24小时混合的区域。城市活动将不再遵循设计上的城市功能"分区"原则。混合的区域将成为邻里，巴黎人可以在自家附近工作、购物、休闲娱乐。城市紧凑，并且功能混合、积极和充满活力。基于此种认识，规划提出以下几点判断：

（1）更强的多极化，尤其是车站附近，包括汽车车站、大巴黎RER和地铁轨道交通站点周边。巴黎仍然是大都市区的中心，而新的中心将出现或原有的中心影响力强。RER、新的地铁站、大巴黎高铁线将各中心连接起来。这些中心包括塞尔吉-蓬图瓦兹（Cergy-Pontoise）等将得到加强，马恩河谷（Marne-la-Vallée）等具有显著的土地开发潜力。这些城市中心已经能够提供与巴黎人期望相一致的生活质量。发达的交通网络将许多城镇和村庄与中心连接起来，这些地区将继续提供优良品质的自然环境与风光（森林、田园、湿地等）。

（2）在经济多样性的地区提供更多的就业机会。上述两极分化的大都市区将会对区域经济发展产生显著影响。对外交通设施和轨道交通的节点未来将是重点的战略功能区域。已经建立了国际声誉的拉德芳斯和鲁瓦西（戴高乐机场附近的就业地区）影响力将继续增强，成为推动地区发展的杠杆。其他中心将通过举行大型活动、提供多样化服务和建设新设施进行巩固。

（3）紧凑的城市结构，加强功能混合。规划将鼓励建设高密度的、混合型的街区。在条件好的地区，如交通站点附近、大型综合社区、社会住房破败的地区等，进行密集化建设，综合考虑风险因素、污染和土地使用干扰。这意味着，一些曾经被忽视或问题重重的建设用地如今将会受到重视。高密度将使得这些地区更为接近活动中心和方便提供更全面的城市服务。

7.2.3.3 维护与提升：保育自然生态的地域

维护与提升（PRÉSERVER-VALORISER）目标是创建新的城市与自然互动关系；发展的区域系统内的开敞空间；形成连续性的生态区域，并限制城市的扩张。

（1）新的城市与自然关系

农业区，林地和自然地貌（开敞空间）将得到维护，其保障并提供在市域范围内需要的多种功能：景观功能、休闲功能、涵养功能、教育意义、社会价值、环境价值、城市赖以存在的基础。无论是在城市中心地区或外围，农业和林业、绿地的保护或开发，将和人居环境联合设计。这将更好地满足城市紧凑和保护开敞空间的双重目标。

（2）从区域系统内辨别开敞空间的价值

在城市地区的开敞空间将得到提升，从而减少由于缺乏有效实施策略而导致的区域系统内部开敞空间损失。把自然环境当作是城市结构的基本要素，而不是作为城市扩张时进行调整的变量。绿地、林地和自然环境将得到更好的保护，有利于生物多样性，也有利于社会和经济复苏。法兰西岛大区的自然公园（Parcs naturels régionaux，PNR），同时也是具有较高历史文化价值的地理区域，形成环绕城市周围的绿带，对所有巴黎人来说这都是改善生活质量必不可少的内容。

将上述区域发展的三大支柱：链接与结构，集中与平衡，维护与提升中的要素进行整合就得到了大巴黎区域的空间优化策略框架，在大巴黎规划中将这一组合称为"大巴黎模式（modèle de développement francilien）"[136]55（图7-10）。这一模式的核心特征是轨道交通引导城市土地使用形态与功能布局。并且将形态紧凑、功能可达、结构优化等可持续特征协同考虑，综合的发展目标直接指向了具有全球竞争力的世界城市地区。

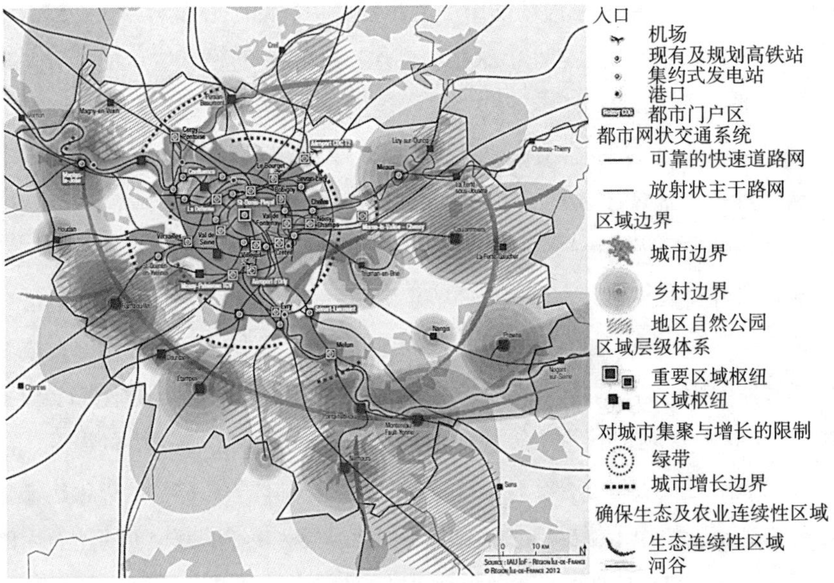

图7-10　可持续发展的大巴黎模式

资料来源：Conseil régional d'Île-de-France. Île-de-France 2030. DÉFIS，PROJET SPATIAL RÉGIONAL ET OBJEC-TIFS.2012:49.

7.3　北京土地使用模式的优化策略与建议

7.3.1　北京土地使用模式测度比较的优势和劣势

从土地使用模式测度和比较所反应的结果来看，北京特大城市地区的土地使用模式具有如下比较优势和劣势。

7.3.1.1　比较优势

（1）宏观层面的土地使用高效率

北京模式最显著的特点就是土地使用的高效率（表7-5）。必须肯定北京模式的显著优点，就是土地使用效率高，主要通过单方建筑占用土地面积小得出该结论。即使用同等的建筑基底面积，按照北京模式进行建设，将生产出更多的建筑面积，有限的土地上承载更多的人口，这一点和我国的国情是吻合的。

单方建筑面积所占用的土地资源（建筑层数的倒数，单位：m²）　　表7-5

城市名	D100	D0 ~ 25	D25 ~ 50	D50 ~ 75	D75 ~ 100
北京	0.17	0.13	0.18	0.21	0.23
东京	0.21	0.14	0.24	0.23	0.27
巴黎	0.23	0.18	0.30	0.30	0.34
伦敦	0.28	0.21	0.30	0.37	0.33
纽约	0.29	0.15	0.31	0.40	0.38

（2）微观层面降低环境冲击的回旋余地大

同样土地使用强度（容积率）的情况下，在开敞空间分配率、透水地表面积、人均公共绿地面积等方面北京都要优于东京。意味着，对于北京模式来说，大北京人接触开敞空间的机会要高于东京，而城市下垫面未来可供转变为透水地表的面积基数也要超过东京，这意味着减缓对自然环境的冲击还有很大的回旋余地和潜力待挖掘。

7.3.1.2　比较劣势

北京模式以下方面的比较劣势显著地暴露出来，分别是：

（1）建成区硬化程度较高；

（2）公园绿地数量与质量需待提高；

（3）轨道交通站点密度与网络结构不合理。

在这些问题中前面两个问题是可以在城镇化进程中得到逐步改善的，重点在第3个问题一旦成形，改动的余地很有限。为此，笔者提出以下3条综合改善建议：

一是，土地使用适时调整，顺应市场需求。轨道交通站点周边建筑密度应适当调高，同时用地功能上应以经营性功能为主，鼓励混合使用；

二是，建设郊区通勤铁路线路，增加整体线网密度和中心区站点密度，可以引入社会资金进行交通基础设施建设，鼓励市场化经营；

三是，围绕轨道交通站点设施进行交通商业综合体规划建设等，这是对上述两点策略的结合和深化。

把这三点改善建议进行具体解释，则得到下面对北京土地使用模式优化的主要策略。

7.3.2　大小地块综合运用的形态紧凑策略

7.3.2.1　北京的高建筑层数模式与东京的高建筑密度模式

传统的欧美研究认为东京、北京都属于东亚地区高密度的城市模式，测度结果也表明，东京和北京区域范围的土地使用强度接近，但实现这种高密度发展的形态模式是存在差异的。东京通过较高的建筑密度实现高密度的发展；北京则通过较高的建筑层数获得了高密度的发展。

分析造成北京、东京彼此之间模式差异的原因有如下几点：

（1）单位土地开发地块的面积大小；

（2）与地块规模相配合的路网密度；

（3）历史因袭，北京受苏联大街坊建设模式的影响。

其中，单位土地开发地块的规模因素是主要原因，并且是可以调整和改变的。

7.3.2.2 北京单位土地出让地块规模偏大

按照所测度数据结果分析，东京在D25圈层的建筑密度为40%，地块平均建筑单体数量为400个，在东京的私有土地产权制度下，假设一个建筑对应一个单独的产权地块，那么东京D25圈层的单位产权地块面积为250平方米。

同样的算法换做北京计算，D25圈层的建筑密度为25%，地块平均建筑单体数量为70个，则北京建筑单体对应的基底面积为900平方米。

北京是东京的4倍左右，然而北京的土地开发并不是以此为基本单位，实际的规模要比这个数值还要大得多。表7-6显示了北京从2005至2008年间平均单宗出让地块面积约为26800平方米，相当于东京的100倍以上。这意味着，1个500米×500米的地块对于北京来说可能只有1个开发商在运作，而东京则可能有100～400个建设主体。

北京国有土地供应出让方式、面积、宗数（2005—2008 年）　　表 7-6

时间	挂牌出让		招标出让		协议出让		总计与平均		
	面积	宗数	面积	宗数	面积	宗数	面积	宗数	平均单宗面积
2005年	127.81	32	61.4	10	1417.15	701	1606.36	743	2.16
2006年	372.31	80	341.3	28	1800.25	882	2513.86	991	2.54
2007年	177.78	52	362.99	39	1897.98	713	2438.75	804	3.03
2008年	709.36	130	346.39	51	1163.17	565	2218.92	746	2.97

数据来源：《中国国土资源统计年鉴 2006—2009》国有土地供应情况（面积单位：公顷）

东京单位地块能够实现较高的功能混合度也得益于此。这种小地块开发的优点在于功能调整更能顺应市场的规律和需求，反应灵敏，建设主体多元化，能够提供更多样的选择，创造更多的就业机会等。当然这种模式的缺点也很显著，主要反映在区域和宏观层面，同样规模的建设量会占用更多的建筑基底用地等。

7.3.2.3 将两种模式的优点进行结合

北京模式的优点体现在整体和全局上，东京模式的优点体现在局部重要的节点上，本研究认为新的开发模式应将二者的优点进行结合。北京应借鉴东京在重要节点采用的小地块开发模式。这样的优点是：

（1）微观的土地功能调整、更新便利，更能适应市场原则和使用者需要；

（2）同等面积下获取更多的沿街界面；

（3）能够实现更高层次和更多样的功能混合；

（4）增加了建设主体的多元性，创造更多的就业机会。

综上所述，本研究认为北京土地地块出让策略应适时调整，顺应市场化改革的大趋势。在规划设计时对重要节点，如轨道交通站点周边，应加大道路网密度，缩小单位地块规模；建筑密度可以适当调高，同时用地功能安排上应以经营性功能为主，鼓励混合使用；同时必须对节点的总体规模进行管控，建议以步行尺度为依据，不宜将此种模式无限制的扩大。

大小地块相结合的开发模式，既能实现北京模式在宏观层面的优势，又适应了城市人在重要节点、微观尺度的使用需求，成为将两方面优点合二为一的新北京模式。

7.3.3 结合交通设施布局的功能增长极核

7.3.3.1 北京商务中心与对外交通设施空间上相分离

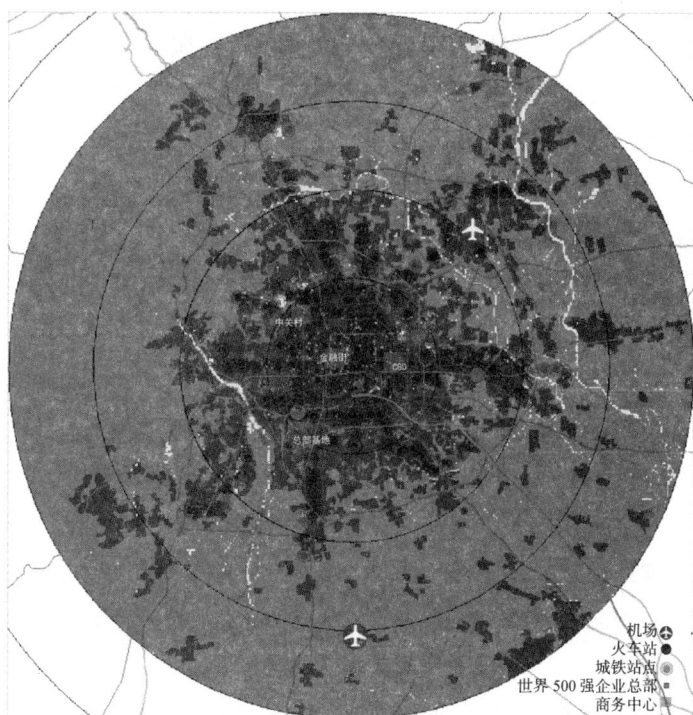

图7-11 北京商务办公空间与交通设施分布[①]

北京主要商务中心与对外交通设施整体上呈现空间上相偏离的特点图7-11。金融街、CBD、中关村、总部基地等与主要火车站错位布置。从世界500强企业（2009年）总部与对

---

① 图中世界500强企业总部位置来自胡荣整理，2010。

外交通设施的位置关系看，北京站、北京西站、北京北站附近的西直门地区有少量的总部分布，首都机场附近有1家。从总部位于北京的办公空间分布来看，主要位于长安街以北。从环路角度来看，总部主要分布在三环以里，以二环线为中心，金融街集聚的数量最多。在三环以外，只有在中关村和总部基地有少量集聚。产生上述现象的原因是多方面的。由于北京进入世界500强的企业主要为大型国有企业，其在北京的办公地点有一定的历史因素和其他地缘背景。

7.3.3.2 新的发展趋势将使两者的关系更加紧密

新的发展趋势表现在两个方面：一是新的办公空间市场需求增长和其他服务设施建设量加大；二是新的交通基础设施持续建设和网络不断完善。

从世界城市地区发展的经验来看，已经将两者统筹考虑，挖掘成长潜力是功能结构优化的重要方式。其中重要的交通设施周边是主要被关注的对象。对外交通方面，伦敦、巴黎的国际机场、东京高铁车站周边都成为新的就业与商务功能集聚地；区域内轨道交通站点周边的用地使用也广泛受到重视，巴黎规划新的轨道交通线网应对郊区之间的出行需求，使其不必通过中心，而面向2030年的930个站点周边的用地都纳入到城市功能布局的视野之中。从上述趋势可以看出，原有的商务中心区和交通设施之间将结合得更加紧密，而新的设施建设将带来更多发展机遇，并最终将区域链接在一起。北京目前面临着一些创新发展的机遇：

（1）首都新机场建设；

（2）高速铁路及其车站的规划建设；

（3）新的轨道交通线路投入使用和网络不断完善。

这些新增的基础设施周边用地功能需与新的交通设施通盘设计，实现一体化的高效链接。

7.3.3.3 将潜在的战略空间转变为新的功能增长极核

战略空间指那些可能会影响城市全局发展的核心节点和潜在的增长地区。主要表现为可达性良好、空间质量高、综合竞争力强的地方，包括尚未启动的未来可能发展壮大变强的地域。例如，世界500强企业总部集聚地、政治权力中心、新闻传媒机构所在地、具有全球影响力的科研院所、对外国际交流的大型基础设施（国际机场、高铁车站）、具有世界意义的遗产地、文化旅游、娱乐项目所在地等。战略空间具有的属性：可达性与空间质量好的地方，表现为生产要素的集聚，发展中功能的升级换代。战略空间是城市参与区域和全球竞争的微观基础。

借鉴竞争战略研究学者迈克尔·波特的理论分析，这些战略空间在城市历史上的发展与演变过程，可以划分为三个阶段，在空间上三者可以共存：

第一阶段是绝对优势阶段，即某种战略空间只在此处有，别处没有。类似于城市和成长初期的港口、码头或者政治权力中心所在地等；

第二阶段是比较优势阶段，即某种战略空间大家都有，但在此处可能具有规模优势、成本优势或者距离优势等相对优势等；

第三阶段是竞争优势阶段，即某种战略空间首先在此地发生演变和创新，表现为功能层级更高、空间质量的创造性提升。

竞争优势是相对于比较优势而言的。波特认为劳动力、自然资源、金融资本等要素在全球化快速发展的今天，作用日趋微弱。竞争力不可能由其国土面积的大小来决定，因为这些因素与生产率高低没有直接的关系。需要提高重视的是国家必须把制度环境和运行机制建立起来，以确保生产要素能够得到创新、升级和高效率的使用[197]。创新是战略空间变革的核心。

潜在的战略空间中，高铁车站周围是比较典型的地区。北京南站是首都第一个高铁车站，但限于周边用地条件有限和所处位置历史保护的要求等因素，并没有发挥功能增长极带动周边的作用。未来随着新高铁车站的兴建，北京丰台车站、北京星火车站、北京东站可进行创新性尝试（图7-11中外围3个火车站）。

除了规划新的功能增长极核以外，原有功能增长极核的也需纳入全盘统筹考量，为此，针对当前功能增长极核与地方割裂、规模盲目扩张、功能单一等现象，笔者提出几条相关建议供参考：

（1）门户地区需加强与地方或属地周边的联系，而不是减弱或割裂，避免空间破碎和分割；

（2）中央商务区等办公区应还原于步行相适应的尺度，建立步行单元，避免因追求局部利益，过分扩张规模，而导致系统失灵和负外部性；

（3）新建的商务区、功能增长极核应更加趋向混合使用，适当增加居住功能比例。

7.3.4　北京土地使用形态与功能相协同的路径探索

根据五大城市地区土地使用模式的测度结果显示：特大城市地区的中心城区主要集中在直径50公里圆形范围内，城市建成区分布模式在50～100公里之间差异较大，伦敦表现为分散的多元化小城镇，巴黎则在几个主要经济联系方向上增长，纽约和东京都是蔓延式发展模式；但交通方式、建设强度上有着明显的差异，纽约反映出依赖汽车交通的低密度扩张特点，而东京则表现为与轨道交通相协同的放射状蔓延。笔者根据北京所具有的现状特征和资源特点，在形态与功能相协同方面，提出如下三点从宏观到微观的发展路径建议。

7.3.4.1　依托轨道交通，形成面向区域的指状空间格局

北京D50范围的中心城区处于完善成熟阶段，而D50～100公里环形范围受到西部和北部山区地貌的限制，未来的空间发展将主要朝向东部和南部的平原地区（图7-12），当前在几个主要方向的空间拓展轴向式发展已经日渐清晰。

图7-12　北京与天津的夜间航拍影像图
资料来源：美国 NASA

随着京津冀区域协作作为国家战略提出，以及北京第二机场等重要基础设施的兴建，无论在战略层面，还是项目契机上，都为北京区域指状生长的格局形成提供了现实可能性（图7-13）。从这个视角出发，巴黎模式和东京模式可能对北京更有借鉴意义。特别是在国家战略支持下，集约化、紧凑、较高密度的发展模式与我国国情以及首都周边的现实条件能够比较好地呼应，这种发展模式的选择也存在着一定程度的路径依赖，而突破区域协作的藩篱是成功与否的关键。从此种角度出发，北京需在以下两个方面进行突破：

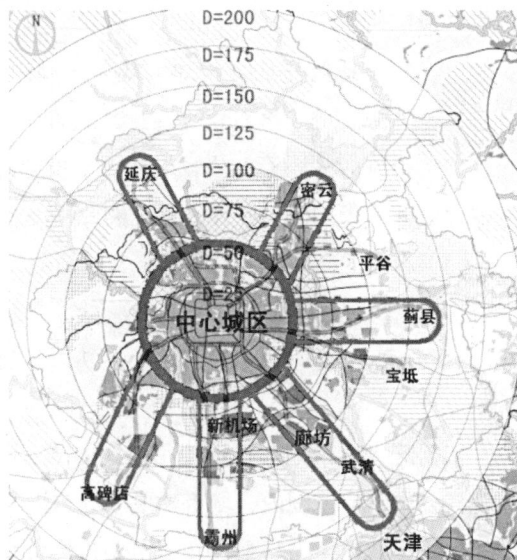

图7-13　北京区域指状城市空间形态的可能性

（1）打破部门分割，鼓励市场化经营。建设郊区通勤铁路线路，增加整体线网和站点密度；

（2）打破行政边界的藩篱，跨区域合作，设施共建共享。从市场的角度看，燕郊、固安等都是北京战略空间组成部分。"北京唯有与周边城市合作，才能跨越作为世界城市的区域基础设施门槛"[198]。

7.3.4.2　构建与国家公园战略相结合的北京副中心体系

在上述指状的区域空间格局下，必须明确"指缝之间"实质内容。在2004年北京总体规划编制前期的战略研究中，清华大学建筑与城市研究所明确提出建立北京四大"国家公园战略"。这种着眼于区域空间质量塑造，避免城市连绵成片的战略构想值得继承和肯定。而对于多中心体系构想来说，北京D25（四环以里）范围的特大城市地区综合中心地位已经无可取代，但有限的增长空间使得实施既有规划是工作重点，未来城市更新改造项目将增多，建议该范围内规划工作应聚焦于城市"空间质量"的提升。在D25~50（五到六环之间）范围则建议结合东西南北四个国家公园培育首都地区的四个副中心。这些副中心首先需具有一定的综合性，同时又能够保持自身的特色，能够分担中心城人口与服务的多重压力。为此，副中心需要一定的规模。未来科学城、首钢搬迁后的用地都在10平方公里左右。下面按照每个副中心特色、发展机遇和交通设施结合的角度进行说明（图7-14）。

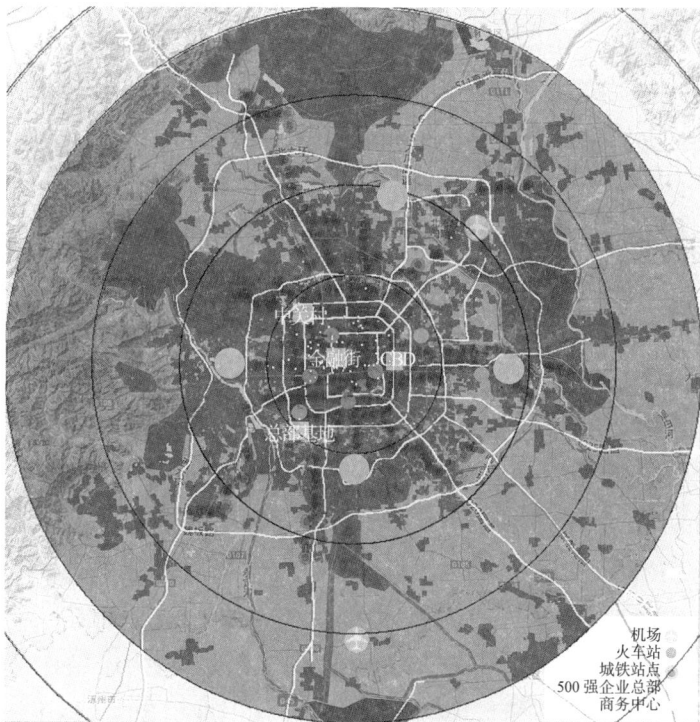

图7-14　国家公园战略与区域副中心

结合国家公园战略，对北京圈层的区域多中心格局建议如下：

东部副中心，以通州为根基，充分利用其原有的综合性设施，做大做强，辐射周边。对外交通设施可以依托北京东站的建设，实现链接区域。在潮白河、温榆河之间创建"东郊现代游憩国家公园"。

南部副中心，依托丰台和大兴的资源，特别是南苑机场搬迁之后的土地再开发区域。凭借新机场建设的契机，结合新的轨道交通站点、交通网络培育具有门户特色的综合性副中心。在南海子湿地公园、团河行宫、野生动物园的基础上创建"南苑生态国家公园"。

西部副中心，依托首钢搬迁后留下的丰厚城市工业遗产，以城市的遗产为主要特色，培育综合性的休闲副中心。对这一地区轨道交通支撑系统统筹考虑，完善市郊铁路线网。整合西北郊的三山五园、西部的潭柘寺、戒台寺、南部的世博园等森林公园、湖泊创建"西郊历史遗产国家公园"。

北部副中心，依托北部雄厚的科学、智力资源，举海淀、昌平、顺义三区之力，以昌平未来科学城为根基，充分借助距离机场方便快捷的优势，培育以科学、智慧为特色的综合性副中心。串联起奥林匹克森林公园、银山塔林、蟒山森林公园，共同创建"北郊森林国家公园"。

同时借助于永定河、潮白河、温榆河等河流水系将上述四大国家公园用沿河的自行车旅行专用道串联起来，建设国家公园骑行线路。

这种分散中心点办法和观点，来源于20世纪区域规划大师们的集体智慧，霍尔早在《世界大城市》一书中就已经论述过芒福德等的观点，解决中心城的问题，并不在于中心城本身，而在于区域——即采取区域规划和区域管理的办法[199]。让政府下决心在郊区和城市中心之间财政分配上保持平衡，是缓解中心城过大压力的关键。

7.3.4.3 提升基础设施功能混合度，建设城市超级综合体

前面两点都是宏观层面的协同作用。而对于D25以内的中心地区来说，密集化发展还需在微观层面进行更多创新和实践。本研究建议，围绕交通设施进行交通、商业等功能复合的综合体战略。这一战略是将形态与功能在上述两点策略基础上的进一步结合和深化。这种"交通枢纽+就业地点"的组合方式不仅提高了土地资源的利用效率，同时有利于减少局部交通需求，一定程度上降低了远距离通勤交通的压力，针对性地解决北京目前部分就业中心与公交运力不协同的问题。

在纽约和东京的规划建设实践中有许多综合体结合交通枢纽的具体案例。例如纽约的宾州火车站结合著名的"麦迪逊广场花园"体育馆进行一体化设计，该馆一年举办的大型文化演出和体育赛事活动超过320场，是著名球队纽约尼克斯队的主场，被称为美国体坛的圣地[200]。而宾州火车站就位于麦迪逊广场花园的正下方，在这栋综合体周围还分布着纽约邮政局大厦等超高层的办公楼。可以认为结合公共建筑的综合体设计真正为使用者带来了便利，实现了形态与功能的协同作用，该案例说明车站建筑在功能布局方面，完全可以和其他公共建筑结合设计，成为城市综合体。

此外，在综合体形式方面也存在着多样性的选择，既包括如麦迪逊广场花园的独立式综合体，也包括像东京火车站及其周边公共建筑的网络状综合体。可以根据每个案例地点现状的差异进行选择。以北京丰台站为例，限于周边用地条件的局促，选择独立式综合体可能在土地资源利用上更加集约[201]。

7.4　本章小结

　　本章归纳特大城市地区土地使用模式的可持续特征涵盖形态、功能和协同三个方面、六点要求：土地使用强度较高、透水地面比例和开敞空间得到保证、功能层次多样并混合使用、公共绿地体系完整和质量高、轨道交通引导土地使用形态和功能布局、城市综合性中心功能与区域生态系统的协同布局。特大城市地区为了实现可持续发展目标和上述基本特征分别在宏观和微观层面采用了如下策略：应对环境变化的形态紧凑策略、改善空间质量的功能调整策略和基于竞争力提升的综合协同策略。针对北京土地使用模式在宏观层面的优势和微观层面、空间质量方面的劣势，提出北京当前应采取大小地块综合运用的形态紧凑策略，并结合交通设施布局的功能增长极核，通过综合体战略、与国家公园战略相结合的多中心体系建设以及依托轨道交通形成面向区域的指状空间格局来实现形态与功能相协同的土地使用模式。

第 **8** 章

研究结语

本研究课题由三个基本科学问题构成：第一个问题是"特大城市地区的土地使用模式与可持续性的相关性"，第二个问题"测度特大城市地区的土地使用模式的方法和实证比较"，第三个问题是"优化特大城市地区土地使用模式的策略与路径"。第一个问题在上篇提出，通过中篇测度结果进行验证，第二个问题在中篇得到解答，并实际应用，第三个问题对应全书的下篇。

"上篇：土地使用模式的研究基础和假说"通过分析影响可持续发展的土地使用形态与功能因素，回答了"什么样的土地使用模式更具可持续性？"这个问题，并提出了"形态适度紧凑，功能可达性好，形态与功能相协同"三条前后相继的理论假说。

"中篇：土地使用模式的测度方法和实证"通过构建特大城市地区的土地使用模式测度框架，实际测度了五个特大城市地区的土地使用模式，比较分析其各项指标与可持续性指标的相关性，验证了上述三条假说，可以证明文章的基本论点"特大城市地区的土地使用形态、功能和协同程度会影响其可持续性"。

"下篇：土地使用模式的优化策略和路径"通过归纳五个特大城市地区优化土地使用模式的策略和路径，回答了第三个问题"如何优化土地使用模式来提高特大城市地区的可持续能力？"可以用于改善特大城市地区的土地使用模式增加其可持续性。

研究在已有工作基础上提出了更具综合性和整体性的测度方法体系，研究揭示不同的特大城市地区有自身特点，同时不同的特大城市地区在土地使用模式和可持续性方面又具有相对一致的基本规律：形态适度紧凑、功能可达性好、形态与功能相协同是特大城市地区谋求可持续发展的基本土地使用模式。对应上述三方面的可持续特征包括：土地使用强度较高、透水地面和开敞空间得到保障；功能层次多样和混合度高、公共绿地体系完整和质量高；轨道交通引导土地使用形态和功能布局、城市综合性中心功能与区域生态系统的协同布局。为实现上述特征，借鉴世界城市地区的规划建设经验，需采取应对环境变化的形态紧凑策略、改善空间质量的功能调整策略和基于竞争力提升的综合协同策略。

在研究过程中，笔者遇到了一些困难，也进行了一些创新和尝试。但受限于笔者当下水平和能力，研究也还存在一定不足。这些都为后续研究工作的继续开展指明了方向。

8.1 研究主要创新点

本研究受城乡规划专业和国内土地使用模式测度研究基础的限制，虽然在"土地使用模式"研究方法系统性方面尚未完善和成熟，但在研究过程中，结合现有条件进行努力和创新性尝试，主要体现在以下四方面：

第一方面的创新体现在"测度方法"上，本研究初次提出了"人工解译与分层抽样"相结合的土地使用模式测度方法，并在特大城市地区的土地使用模式测度研究中进行了应用尝试。

第二方面的创新体现在"表达方法"上，城市地区土地使用形态的多指标测度表达矩阵，在原有空间矩阵表达方法基础上进行了进一步的创新，由2项原始指标增加到4项原始数据的表达，并将其运用到城市地区"宏观层面"的测度比较研究中。

第三方面的创新体现在"数据获取"上，本研究对五个特大城市地区不同空间分层的形态与功能数据获取方面，区别于传统的二维数据信息的获得，在宏观的特大城市地区层面的"三维数据"获得方面进行了创新性提取。

第四方面的创新体现在"理论观点"上，本研究第一次明确提出特大城市地区土地使用模式"形态与功能相协同"的理论分析框架体系，并针对北京的具体情况予以应用分析，提出了相应的形态与功能相协同的规划策略和路径建议。

8.2 研究中的困难与不足

研究的困难不仅是由于特大城市地区问题的复杂性造成的，同时也是由于"可持续发展"研究本身涉及多系统关联，多种因素综合影响导致该科学问题内部具有很复杂的相关关系。另外，本研究也受到笔者在知识储备、研究方法、研究数据和实践经验等方面的局限，还存在许多有待加强之处。特大城市地区土地使用模式的测度难点在于以下四个方面：

第一是数据获取难。由于特大城市地区跨越了单一地区的行政边界范围，按照行政边界统计的数据与研究需要往往不能一一对应，这使得传统的统计数据来源很难直接用来说明跨界问题。另一方面，特大城市地区与可持续发展本身都属于多领域、多层次的大数据、大规模研究对象，这为测度研究带来很大挑战。

第二是方法难。由于针对特大城市地区层面的土地使用模式研究基础有限，相应的测度方法又较少，缺少较为成熟可靠的测度方法可以参照，也缺少固定的、模式化的研究范式作为遵循依据。

第三是跨国家、地区比较研究的难度。本研究涉及五个特大城市地区具体的案例比较，不止包含五个国家的差异，在城市治理模式、土地使用方式、规划制度等方面都有每个具体案例自身的传统和发展背景，比较的标准如何来，比较的价值如何体现都是研究面临的挑战。

第四是测度对象的不规则性带来的难度。城市地区的土地使用形态具有非欧几何特点，通常应用于欧式图形的常规方法，难以对边界具有分形和自相似特点的形态进行准确的测度和描述。因此，传统的土地使用形态研究，通常都采用定性描述方式。这种研究方式形象、生动、富于个性，但面对定量比较时，弊端尽显，难以提炼指标项目与土地使用模式的能源消耗、环境影响数据进行相关性分析，也就无法在时间和空间领域对研究对象进行量化对比。

面对上述研究困难，笔者尝试使用一些办法进行解决，如简化要素、引入抽样方法等，但这些方法具有两面性，虽然能部分解决上述困难，但也存在一些缺陷。同时限于笔者研究能力的限制，本研究不足之处体现在以下四点：

第一方面体现在分析要素的简化方面。由于特大城市地区和可持续发展本身的复杂性和数据获取的难度，在研究伊始就对研究对象进行了简化，简化的方法能够在较为有限的篇幅内，简明扼要的说明研究涉及的主要问题，但难免在问题分析的全面性上存在局限性。对于本研究来说这种局限性主要体现在代表可持续发展的指标较为有限，案例数量本身也较少，这使得在相关性分析和验证的结论都受到限制。

第二方面体现在抽样调查方法本身的缺陷性。抽样方法本身是一种基于对整体平均性假设基础上的调查方法。而对特大城市地区来说空间上的均衡具有局限性，不均衡性在空间中的分布表现更为明显。这样的特点导致了本研究中包含样本数越少的空间分层，抽样样本数据对其的代表性越低。使得分析和比较只能在较为有限的几个圈层之间进行，不得不说与相对较为全面"大数据分析方法"相比，抽样方法本身还存在较为明显的研究局限性。

第三方面的不足体现在测度研究中的误差。由于测度对象的不规则性，还有具体调查人员的差异和操作失误等因素的影响，使得在测度中出现误差。例如在人工解译过程中，对特大城市地区建成区边界的识别和矢量化，对建筑层数的读取等，都会存在调查误差。还有抽样方法本身还有抽样误差和非抽样误差，最后还有统计误差、累积误差等。这里一部分是人为可控的，一部分是难以避免的，在具体操作中本着实事求是的原则，尽可能降低人为误差，提高抽样精度，缩小系统误差。但这又使得方法的难度和复杂程度增加，应用性降低。研究面临两难境地，只能权衡利弊，采取折中的办法。必须承认，测度误差和方法的过于复杂是本研究有待加强一个重要方面。

第四方面的不足体现在比较研究中对"历时比较"内容涉猎不多。本研究没有把主要研究精力放在时间尺度上。主要是强调可持续发展的第二层意思，也就是空间上的均衡。只选取某一时间节点，做一切面的比较研究。这样的研究视角选择受制于研究数据获取的难度和篇幅的限制，但许多问题在研究中也将得不到全面的反映，特别是城镇化过程中土地使用模式的演变趋势。研究中虽然设定了统一的时间节点，但现实中与其他四个案例地区相比，北京处于的历史阶段又具有很大的特殊性，主要表现为经济发展阶段的不同。这样的比较方式使得北京在空间质量上的落后更为明显。这是本研究在比较中的一个明显不足之处。

8.3　后续研究展望

土地使用模式的可持续发展问题是一个城市地区发展必须面对和需要从根本上加以解决的问题，也是一个实现全球可持续发展和人类社会进步的过程。本研究认为把影响土地使用模式可持续性的形态与功能要素测度真正落实到实际应用中还有大量的研究工作需要开展。笔者在为自己没能够使研究更加接近应用而感到遗憾的同时，又对该研究领域的未来前景充满信心。主要体现在以下两个方面，这也将成为笔者今后研究努力的方向：

第一是改善研究方法，与大数据平台相结合。随着计算机和信息技术的进一步发展，越来越多的土地使用信息被投射到互联网络中来。如何发掘和利用好这些数据，将成为未来科研进步的重要方面。一些比较重要的研究领域包括如何与大数据平台的结合开发规划咨询应用，智能识别方法在数据调查中的应用，还有研究成果分析的可视化、直观性等方面。随着大数据分析方法发展，非抽样调查，动态显现的全数据分析将使科学分析更加全面和直观。这些进步将对以量化分析为特色的测度研究产生巨大影响。

第二是拓展时间和空间轴上的比较内容。在时间轴方面，正如研究不足中所指出的那样，需要对研究案例不同发展阶段的土地使用模式进行历时性的比较研究。可以以5年或10年为时间单位回顾过去的土地使用模式变化，也为进一步分析未来发展趋势做判断基础。也可以按照经济的发展阶段，以GDP水平为参考因素进行阶段性比较。在空间轴方面，除了已有的世界特大城市地区外，也必须注意到在亚洲和美洲等其他地方潜在的崛起中的特大城市地区，使研究的视野不仅仅局限于中西方对比的研究视角之下。

附录 A

500个抽样地块基本数据

抽样地块坐标编号	形态测度指标				功能测度指标			
	单体建筑数量	建筑投影面积	透水地表面积	建筑平均层数	用地功能种类	距离轨道站点（m）	距离小学位置（m）	距离公共绿地（m）
1，1	28	13.99	4.73	11	3	0 ~ 500	0 ~ 500	501 ~ 1000
1，13	274	4.12	10.21	2	1	＞1000	0 ~ 500	＞1000
1，15	134	2.01	11.38	2	1	＞1000	501 ~ 1000	501 ~ 1000
2，8	617	9.25	7.36	4	3	501 ~ 1000	0 ~ 500	0 ~ 500
2，9	517	7.76	8.19	4	3	501 ~ 1000	0 ~ 500	501 ~ 1000
2，15	350	5.25	9.58	3	1	＞1000	0 ~ 500	＞1000
4，20	262	3.93	10.31	3	2	＞1000	501 ~ 1000	0 ~ 500
5，10	286	4.30	10.11	4	2	＞1000	0 ~ 500	501 ~ 1000
5，12	289	4.34	10.09	3	3	＞1000	0 ~ 500	0 ~ 500
9，1	246	3.69	10.45	4	3	501 ~ 1000	0 ~ 500	501 ~ 1000
11，7	336	5.04	9.70	3	2	501 ~ 1000	0 ~ 500	0 ~ 500
12，8	299	4.49	10.00	5	3	0 ~ 500	0 ~ 500	0 ~ 500
13，28	230	3.45	10.58	4	2	＞1000	0 ~ 500	1000
16，29	104	1.56	11.64	2	1	＞1000	501 ~ 1000	501 ~ 1000
18，5	421	6.31	8.99	3	2	＞1000	0 ~ 500	0 ~ 500
19，7	171	2.56	11.08	3	2	＞1000	0 ~ 500	0 ~ 500
20，5	403	4.43	16.46	2	1	＞1000	0 ~ 500	0 ~ 500
21，8	236	3.54	10.53	2	1	＞1000	0 ~ 500	501 ~ 1000
22，7	216	3.24	10.70	3	1	＞1000	501 ~ 1000	0 ~ 500
23，9	289	3.43	10.59	3	2	＞1000	501 ~ 1000	501 ~ 1000
37，8	264	3.96	10.30	3	2	＞1000	501 ~ 1000	501 ~ 1000
39，27	226	3.38	10.62	2	1	＞1000	0 ~ 500	0 ~ 500
47，2	241	3.61	10.49	4	1	＞1000	0 ~ 500	501 ~ 1000
47，6	139	2.08	11.35	2	1	＞1000	501 ~ 1000	0 ~ 500
48，2	367	5.51	9.44	2	1	＞1000	0 ~ 500	1000
−1，12	180	7.00	9.00	4	2	＞1000	0 ~ 500	1000
−2，15	75	5.02	15.98	3	2	＞1000	501 ~ 1000	0 ~ 500
−4，10	160	5.50	12.00	2	2	＞1000	0 ~ 500	0 ~ 500
−5，13	100	2.93	17.60	4	3	＞1000	0 ~ 500	0 ~ 500
−5，14	165	5.25	9.50	3	2	＞1000	501 ~ 1000	501 ~ 1000
−7，12	180	5.88	10.50	5	3	0 ~ 500	0 ~ 500	501 ~ 1000
−7，43	15	2.93	11.50	4	2	＞1000	501 ~ 1000	0 ~ 500
−7，47	95	4.73	15.01	3	2	＞1000	0 ~ 500	501 ~ 1000
−8，2	75	4.08	8.00	7	3	0 ~ 500	0 ~ 500	＞1000
−8，5	235	6.73	9.10	5	3	0 ~ 500	0 ~ 500	0 ~ 500
−8，11	165	4.95	11.50	4	2	0 ~ 500	0 ~ 500	501 ~ 1000
−8，45	325	5.64	9.78	4	2	＞1000	0 ~ 500	0 ~ 500
−8，46	120	3.73	12.60	3	2	＞1000	0 ~ 500	0 ~ 500

抽样地块坐标编号	形态测度指标				功能测度指标			
	单体建筑数量	建筑投影面积	透水地表面积	建筑平均层数	用地功能种类	距离轨道站点（m）	距离小学位置（m）	距离公共绿地（m）
−9，1	135	7.78	8.86	6	4	0～500	0～500	＞1000
−9，4	160	5.90	10.50	3	2	0～500	0～500	501～1000
−9，9	255	7.53	7.24	4	2	501～1000	0～500	0～500
−10，7	100	9.24	3.25	3	1	501～1000	501～1000	501～1000
−12，4	135	5.09	9.50	3	2	501～1000	0～500	＞1000
−13，4	70	4.05	8.04	3	2	0～500	0～500	＞1000
−14，12	80	3.88	14.70	4	2	0～500	0～500	0～500
−16，1	325	6.53	9.25	5	3	0～500	0～500	0～500
−17，11	210	4.20	10.40	4	2	＞1000	0～500	0～500
−20，2	145	3.12	10.94	2	2	＞1000	0～500	501～1000
−20，9	155	3.41	10.80	4	2	0～500	0～500	＞1000
−21，6	240	4.80	10.10	3	2	501～1000	0～500	501～1000
−22，18	225	5.06	9.70	2	1	＞1000	501～1000	501～1000
−22，44	145	4.35	14.50	3	2	＞1000	0～500	501～1000
−23，41	295	6.21	9.40	2	2	＞1000	0～500	0～500
−25，28	135	5.75	9.63	2	3	＞1000	0～500	＞1000
−26，27	120	4.97	12.18	5	3	＞1000	1000	501～1000
−27，3	310	4.61	12.23	4	1	501～1000	0～500	0～500
−28，15	6	6.80	9.10	2	2	＞1000	501～1000	501～1000
−47，1	525	7.06	10.76	2	3	＞1000	0～500	0～500
−1，−6	110	7.00	9.00	4	1	＞1000	501～1000	0～500
−1，−23	225	3.35	18.00	2	2	＞1000	0～500	501～1000
−3，−17	70	5.00	12.00	3	2	0～500	＞1000	0～500
−4，−15	240	2.70	11.40	4	2	＞1000	＞1000	0～500
−5，−38	105	7.10	9.00	3	3	501～1000	501～1000	0～500
−7，−13	205	2.90	11.00	4	2	＞1000	501～1000	0～500
−9，−15	263	5.32	9.80	3	1	＞1000	0～500	501～1000
−11，−23	85	7.04	12.57	2	2	＞1000	501～1000	0～500
−15，−12	160	1.84	13.80	3	4	0～500	0～500	501～1000
−15，−17	220	3.97	10.10	4	2	＞1000	＞1000	0～500
−19，−25	150	4.45	10.30	2	2	501～1000	0–500	501～1000
−20，−4	179	3.45	9.24	3	2	＞1000	＞1000	0～500
−25，−2	1	9.06	13.63	3	1	501～1000	＞1000	0～500
−25，−6	8	5.13	3.98	4	1	0～500	＞1000	0～500
−25，−7	125	6.80	5.40	3	3	＞1000	＞1000	0～500
−25，−13	95	2.66	17.87	2	3	501～1000	501～1000	0～500
−32，−21	12	4.34	12.36	8	1	＞1000	501～1000	0～500
−34，−13	110	6.05	17.05	2	2	＞1000	1000	0～500
−34，−23	135	2.47	11.27	3	1	＞1000	1000	0～500
−44，−21	238	2.85	15.80	2	2	＞1000	1000	0～500

可持续视角下特大城市地区土地使用模式测度研究
——北京与世界城市比较

抽样地块坐标编号	形态测度指标				功能测度指标			
	单体建筑数量	建筑投影面积	透水地表面积	建筑平均层数	用地功能种类	距离轨道站点（m）	距离小学位置（m）	距离公共绿地（m）
2，−16	52	3.57	10.52	3	2	>1000	501～1000	0～500
2，−19	26	8.22	9.35	4	1	>1000	0～500	0～500
2，−23	238	0.39	12.28	2	2	>1000	501～1000	0～500
3，−16	54	3.57	10.52	3	1	>1000	501～1000	0～500
3，−18	351	1.32	18.52	2	3	>1000	0～500	0～500
4，−4	237	5.27	9.57	4	2	>1000	0～500	501～1000
5，−8	308	3.55	10.53	2	2	>1000	0～500	>1000
8，−7	321	4.61	9.94	5	1	>1000	501～1000	0～500
9，−3	187	4.82	9.82	2	1	>1000	>1000	0～500
10，−24	59	2.80	10.94	2	1	>1000	>1000	0～500
11，−16	93	6.88	9.06	2	2	>1000	0～500	0～500
13，−2	201	1.40	11.72	4	2	>1000	501～1000	0～500
13，−8	163	3.02	10.82	3	1	>1000	0～500	501～1000
14，−3	120	2.45	11.14	3	3	>1000	501～1000	501～1000
24，−8	164	1.80	11.50	4	2	>1000	0～500	501～1000
24，−9	180	2.47	11.13	3	2	>1000	0～500	0～500
25，−42	102	2.70	11.00	3	1	>1000	501～1000	501～1000
26，−8	24	1.52	11.65	2	1	>1000	501～1000	0～500
31，−2	180	5.74	15.50	2	2	>1000	0～500	501～1000
34，−9	114	2.69	11.00	4	1	>1000	501～1000	501～1000
38，−25	211	1.70	11.55	2	1	>1000	501～1000	501～1000
39，−25	28	3.17	10.74	2	3	0～500	0～500	501～1000
填表说明	单体建筑数目	单位：公顷（hm²）		大于等于1	数值在1～5间	标明500米内（0～500）、500～1000米间（501～1000）、1000米外（>1000）		

资料来源：辛大卫、郑松采集，校对整理

巴黎抽样统计调查数据表　　　　　　　　　　　表 A-2

抽样地块坐标编号	形态测度指标				功能测度指标			
	单体建筑数量	建筑投影面积	透水地表面积	建筑平均层数	用地功能种类	距离轨道站点（m）	距离小学位置（m）	距离公共绿地（m）
1，16	17	6.14	14.00	3	2	>1000	0～500	0～500
2，3	24	9.97	6.01	7	4	0～500	0～500	501～1000
2，6	56	12.78	2.44	6	3	0～500	>1000	>1000
2，11	80	5.01	13.99	6	3	501～1000	501～1000	501～1000
2，14	202	5.35	9.83	2	2	>1000	0～500	>1000
3，3	66	7.23	12.43	6	4	0～500	0～500	0～500
5，34	35	0.70	16.80	2	1	>1000	>1000	0～500
5，37	5	0.33	20.00	2	1	>1000	501～1000	0～500

抽样地块坐标编号	形态测度指标				功能测度指标			
	单体建筑数量	建筑投影面积	透水地表面积	建筑平均层数	用地功能种类	距离轨道站点（m）	距离小学位置（m）	距离公共绿地（m）
7，9	351	10.35	7.33	2	2	501～1000	501～1000	1000
9，4	213	6.04	11.38	7	3	501～1000	0～500	1000
11，3	351	9.69	7.66	2	2	501～1000	501～1000	1000
11，10	70	3.48	12.91	6	2	501～1000	0～500	1000
11，22	21	6.29	13.88	2	1	501～1000	0～500	0～500
12，13	26	5.59	13.59	3	2	0～500	＞1000	0～500
13，6	355	7.89	8.55	3	2	＞1000	0～500	＞1000
13，7	375	7.54	8.73	2	1	＞1000	0～500	501～1000
13，16	31	1.74	18.61	5	2	＞1000	＞1000	501～1000
16，18	2	0.00	22.50	3	1	＞1000	＞1000	＞1000
17，10	536	8.33	9.17	3	1	501～1000	0～500	0～500
17，11	210	5.20	11.88	2	1	501～1000	0～500	0～500
19，10	295	7.27	8.55	2	2	＞1000	501～1000	501～1000
31，2	36	4.06	10.25	3	1	＞1000	＞1000	0～500
33，6	127	3.06	10.75	2	1	＞1000	501～1000	0～500
−1，3	83	11.86	5.26	7	3	0～500	0～500	＞1000
−2，2	43	8.56	3.22	7	3	0～500	0～500	0～500
−2，14	175	2.86	10.91	2	1	＞1000	0～500	＞1000
−3，8	49	4.74	0.90	3	2	501～1000	1000	1000
−3，9	79	2.65	6.71	4	3	501～1000	1000	501～1000
−4，3	56	12.07	3.88	6	4	0～500	0～500	0～500
−5，4	34	10.73	4.28	7	4	0～500	0～500	501～1000
−5，7	313	8.69	6.52	5	2	0～500	0～500	501～1000
−5，9	77	2.85	2.22	6	2	501～1000	0～500	＞1000
−5，14	103	1.72	11.54	4	3	＞1000	501～1000	0～500
−6，10	8	6.44	9.28	2	1	＞1000	501～1000	0～500
−7，4	65	10.05	7.48	6	3	0～500	0～500	0～500
−7，14	185	3.48	10.56	4	2	0～500	0～500	＞1000
−8，16	157	3.64	10.48	15	3	0～500	0～500	501～1000
−9，11	165	3.71	10.42	6	2	＞1000	0～500	1000
−11，1	178	4.65	10.18	3	2	＞1000	501～1000	1000
−12，2	153	5.86	9.57	5	1	＞1000	501～1000	0～500
−14，9	166	4.67	9.85	4	1	＞1000	0～500	501～1000
−16，41	225	4.56	9.88	4	1	501～1000	0～500	501～1000
−18，4	210	1.71	11.54	2	2	1000	0～500	0～500
−18，18	255	5.83	9.26	4	1	1000	0～500	0～500
−19，16	235	5.85	9.22	5	2	＞1000	501～1000	501～1000
−19，20	17	0.22	12.38	2	1	501～1000	0～500	501～1000
−22，10	5	4.90	9.78	3	1	＞1000	501～1000	0～500

抽样地块坐标编号	形态测度指标				功能测度指标			
	单体建筑数量	建筑投影面积	透水地表面积	建筑平均层数	用地功能种类	距离轨道站点（m）	距离小学位置（m）	距离公共绿地（m）
−27，2	13	0.73	16.93	2	2	>1000	0～500	0～500
−35，12	90	2.21	11.25	2	1	>1000	501～1000	0～500
−46，14	190	4.62	9.95	3	2	>1000	0～500	501～1000
−47，13	59	4.69	10.16	2	1	>1000	0～500	0～500
−1，−4	116	4.43	12.34	11	3	501～1000	0～500	0～500
−1，−23	280	4.79	9.84	3	2	1000	0～500	>1000
−2，−4	164	9.10	7.95	7	3	501～1000	501～1000	501～1000
−2，−14	15	5.34	9.54	2	2	>1000	0～500	501～1000
−2，−25	93	5.49	9.45	4	2	>1000	0～500	501～1000
−6，−5	169	8.24	8.38	4	2	>1000	0～500	501～1000
−6，−7	199	6.34	7.46	3	2	>1000	0～500	501～1000
−7，−29	190	3.98	10.28	4	2	0～500	0～500	0～500
−9，−17	170	3.78	10.40	5	2	0～500	0～500	501～1000
−12，−1	20	0.35	22.19	4	1	>1000	0～500	0～500
−13，−9	155	3.23	12.84	2	2	>1000	501～1000	0～500
−21，−10	190	4.54	9.95	3	2	>1000	0～500	0～500
−27，−9	145	3.45	10.60	8	2	>1000	0～500	0～500
−34，−1	151	2.56	15.71	2	1	>1000	0～500	0～500
1，−5	68	3.81	12.71	8	4	0～500	0～500	0～500
1，−14	2	0.00	15.90	0	1	0～500	>1000	501～1000
2，−8	264	8.21	9.23	6	3	0～500	0～500	501～1000
2，−11	44	2.91	6.63	5	2	>1000	501～1000	>1000
2，−18	260	4.48	10.00	2	1	>1000	0～500	>1000
3，−1	226	9.86	5.46	7	3	0～500	0～500	501～1000
3，−5	60	8.00	8.50	6	2	0～500	0～500	>1000
3，−11	270	5.05	9.98	2	3	>1000	501～1000	>1000
3，−13	14	2.57	11.08	2	2	0～500	501～1000	501～1000
3，−17	150	2.39	11.17	2	1	>1000	501～1000	>1000
5，−12	67	4.05	11.52	5	3	501～1000	0～500	501～1000
5，−24	275	5.24	9.58	3	2	501～1000	0～500	501～1000
6，−6	253	7.01	9.00	6	3	0～500	0～500	0～500
7，−5	416	8.24	6.62	2	1	0～500	501～1000	0～500
7，−8	25	5.27	5.92	5	2	0～500	501～1000	501～1000
7，−16	28	4.18	10.18	2	2	>1000	501～1000	0～500
8，−27	97	4.28	10.12	3	2	0～500	501～1000	501～1000
9，−11	12	1.04	11.85	5	1	501～1000	>1000	0～500
9，−13	202	4.04	10.25	7	2	>1000	0～500	>1000
10，−5	275	6.54	8.83	5	2	501～1000	0～500	0～500

抽样地块坐标编号	形态测度指标				功能测度指标			
	单体建筑数量	建筑投影面积	透水地表面积	建筑平均层数	用地功能种类	距离轨道站点（m）	距离小学位置（m）	距离公共绿地（m）
10，-7	301	7.39	8.81	4	2	>1000	0~500	0~500
10，-11	4	0.68	12.15	3	2	>1000	501~1000	501~1000
10，-16	44	2.64	11.04	6	2	>1000	0~500	0~500
11，-16	135	2.83	10.93	4	2	>1000	0~500	0~500
12，-5	199	5.81	9.60	5	3	501~1000	0~500	501~1000
13，-5	56	2.94	10.86	3	2	501~1000	501~1000	501~1000
13，-7	160	3.62	10.48	2	1	501~1000	501~1000	0~500
14，-15	240	5.19	9.62	4	1	>1000	0~500	0~500
15，-1	27	0.60	17.10	3	1	>1000	0~500	0~500
15，-2	78	6.49	8.90	6	2	0~500	0~500	501~1000
15，-5	340	8.68	7.65	2	1	501~1000	0~500	>1000
20，-3	32	1.37	16.46	3	1	501~1000	501~1000	0~500
21，-2	88	2.12	11.32	2	2	501~1000	0~500	>1000
21，-34	155	3.59	10.55	6	3	>1000	0~500	0~500
24，-36	186	3.49	10.76	2	1	>1000	>1000	0~500
填表说明	单体建筑数目	单位：公顷（hm²）		大于等于1	数值在1~5间	标明500米内（0~500）、500~1000米间（501~1000）、1000米外（>1000）		

资料来源：谢骞、郑松采集，校对整理

纽约抽样统计调查数据表　　表 A-3

抽样地块坐标编号	形态测度指标				功能测度指标			
	单体建筑数量	建筑投影面积	透水地表面积	建筑平均层数	用地功能种类	距离轨道站点（m）	距离小学位置（m）	距离公共绿地（m）
2，3	89	9.91	3.50	11	4	0~500	0~500	501~1000
2，21	205	3.29	19.81	2	1	>1000	501~1000	0~500
2，27	239	3.29	17.61	2	1	>1000	501~1000	0~500
2，44	89	2.31	20.52	3	2	>1000	501~1000	501~1000
5，8	256	12.00	2.06	16	4	0~500	0~500	0~500
5，24	103	2.60	20.38	2	1	>1000	501~1000	501~1000
6，4	56	7.41	1.74	4	3	0~500	501~1000	>1000
7，6	274	6.75	6.01	2	1	501~1000	0~500	501~1000
8，1	97	11.42	4.53	2	1	>1000	>1000	501~1000
12，5	554	12.47	1.39	4	2	0~500	501~1000	>1000
12，29	107	4.49	6.88	2	2	>1000	>1000	0~500
14，17	535	7.13	2.92	3	2	501~1000	501~1000	>1000
15，17	84	5.25	3.29	2	2	>1000	>1000	501~1000
15，19	131	4.20	10.50	7	2	0~500	0~500	501~1000
16，7	276	6.63	9.35	3	2	>1000	0~500	>1000
17，2	386	7.46	4.56	4	3	>1000	501~1000	>1000

可持续视角下特大城市地区土地使用模式测度研究
——北京与世界城市比较

抽样地块坐标编号	形态测度指标				功能测度指标			
	单体建筑数量	建筑投影面积	透水地表面积	建筑平均层数	用地功能种类	距离轨道站点（m）	距离小学位置（m）	距离公共绿地（m）
15，22	411	7.64	2.89	3	1	>1000	501~1000	>1000
19，44	55	2.04	21.91	2	2	>1000	>1000	501~1000
20，23	356	5.20	10.14	2	1	>1000	501~1000	501~1000
21，44	62	1.29	21.39	2	1	>1000	0~500	501~1000
22，2	737	10.99	4.26	3	2	>1000	501~1000	501~1000
23，6	371	5.23	6.67	2	2	>1000	501~1000	0~500
24，11	134	3.41	19.71	2	1	>1000	0~500	501~1000
24，27	206	4.39	18.81	2	1	>1000	0~500	0~500
26，1	304	5.70	15.58	2	1	>1000	>1000	0~500
26，10	264	6.22	4.74	3	2	>1000	501~1000	0~500
32，17	176	5.16	4.96	5	3	>1000	501~1000	501~1000
40，7	107	5.04	2.83	3	2	>1000	501~1000	0~500
41，3	341	4.28	10.30	2	1	>1000	0~500	>1000
42，11	247	4.63	10.30	2	1	>1000	501~1000	501~1000
46，8	42	3.29	19.68	2	2	>1000	>1000	0~500
49，2	23	4.22	10.39	2	1	>1000	501~1000	>1000
−1，23	246	3.32	14.56	2	2	>1000	0~500	>1000
−3，27	91	3.37	10.90	2	2	>1000	0~500	0~500
−4，31	161	3.33	19.77	2	1	>1000	0~500	>1000
−5，46	167	5.89	17.45	2	2	>1000	501~1000	>1000
−5，49	77	2.26	20.57	2	1	>1000	501~1000	>1000
−6，8	14	8.83	2.17	4	1	>1000	>1000	>1000
−6，40	73	2.42	20.52	3	1	>1000	>1000	>1000
−6，48	69	2.18	20.72	2	1	>1000	501~1000	>1000
−7，29	84	3.39	5.44	2	1	>1000	501~1000	501~1000
−7，31	77	2.61	20.37	2	2	>1000	0~500	0~500
−7，43	61	1.52	21.26	2	1	>1000	>1000	0~500
−9，13	286	6.50	6.27	3	2	>1000	0~500	501~1000
−9，18	417	8.17	3.33	3	2	>1000	0~500	0~500
−9，40	57	2.02	20.84	2	1	>1000	501~1000	501~1000
−10，16	294	5.58	3.20	3	2	>1000	0~500	501~1000
−11，2	5	0.32	4.93	3	1	>1000	>1000	501~1000
−11，25	312	5.32	6.64	3	1	>1000	0~500	>1000
−11，33	114	2.63	18.00	2	2	>1000	0~500	0~500
−12，16	282	5.93	6.41	3	3	>1000	0~500	0~500
−12，33	121	1.95	17.29	2	1	>1000	501~1000	0~500
−15，9	235	3.97	12.27	6	2	501~1000	501~1000	0~500
−15，17	285	3.93	12.67	3	1	>1000	501~1000	>1000

抽样地块坐标编号	形态测度指标				功能测度指标			
	单体建筑数量	建筑投影面积	透水地表面积	建筑平均层数	用地功能种类	距离轨道站点（m）	距离小学位置（m）	距离公共绿地（m）
−15，25	314	4.82	10.54	4	2	＞1000	0～500	501～1000
−17，5	223	4.77	11.42	5	2	501～1000	0～500	0～500
−17，34	44	1.55	16.41	3	2	＞1000	＞1000	0～500
−18，9	259	2.74	13.73	2	1	＞1000	0～500	501～1000
−24，17	28	2.10	15.66	2	1	＞1000	＞1000	0～500
−27，9	61	1.27	20.35	4	1	＞1000	501～1000	0～500
−29，32	214	3.11	13.46	2	1	＞1000	501～1000	501～1000
−33，17	19	1.43	12.96	2	1	＞1000	501～1000	0～500
−38，10	14	2.50	17.33	2	1	＞1000	501～1000	0～500
−38，13	151	2.62	15.22	2	1	＞1000	501～1000	0～500
−39，12	14	1.46	18.19	2	1	＞1000	0～500	0～500
−40，10	74	6.13	7.04	5	2	＞1000	＞1000	0～500
−2，−9	88	4.51	10.02	4	3	0～500	0～500	0～500
−2，10	101	8.38	7.85	5	3	0～500	0～500	501～1000
−2，−39	49	1.70	19.26	2	1	＞1000	501～1000	0～500
−4，−50	40	3.15	7.48	3	3	＞1000	501～1000	0～500
−9，−31	21	2.48	19.20	2	1	＞1000	501～1000	0～500
−12，−18	137	4.10	13.07	4	2	0～500	0～500	0～500
−13，−1	5	0.57	2.67	2	1	＞1000	＞1000	0～500
−16，−6	8	6.08	2.28	2	1	＞1000	0～500	＞1000
−16，−19	204	3.72	12.79	2	1	501～1000	0～500	0～500
−16，−33	118	2.01	16.63	2	1	＞1000	501～1000	0～500
−17，−34	131	2.26	15.37	2	1	＞1000	0～500	＞1000
−18，−5	140	5.12	9.66	4	2	＞1000	0～500	0～500
−19，−2	381	3.99	12.86	2	1	＞1000	0～500	501～1000
−23，−6	169	3.40	12.93	4	2	＞1000	0～500	0～500
−24，−1	286	4.10	13.63	2	1	＞1000	501～1000	501～1000
−24，−26	269	5.80	9.28	2	2	＞1000	501～1000	＞1000
−25，−3	38	5.52	8.51	2	2	＞1000	501～1000	0～500
−25，−7	118	2.77	14.92	3	2	＞1000	0～500	＞1000
−28，−6	46	1.04	19.37	2	1	＞1000	501～1000	0～500
−28，−22	13	7.34	10.14	2	2	＞1000	＞1000	0～500
−29，−18	55	2.49	12.61	4	2	＞1000	＞1000	0～500
−34，−21	30	5.59	6.26	4	2	＞1000	501～1000	0～500
−35，−23	227	4.14	14.09	2	1	＞1000	501～1000	0～500
−35，−31	133	2.78	16.32	2	1	＞1000	0～500	0～500
−40，−20	65	1.21	18.56	2	2	＞1000	501～1000	＞1000
1，−45	143	3.15	13.07	4	2	＞1000	501～1000	0～500

抽样地块坐标编号	形态测度指标				功能测度指标			
	单体建筑数量	建筑投影面积	透水地表面积	建筑平均层数	用地功能种类	距离轨道站点（m）	距离小学位置（m）	距离公共绿地（m）
3，-12	325	8.00	8.06	6	3	0~500	0~500	501~1000
15，-5	61	2.30	4.39	3	2	0~500	501~1000	0~500
37，-3	222	5.02	10.79	3	2	>1000	0~500	0~500
38，-7	219	4.61	10.60	4	2	>1000	0~500	0~500
40，-4	275	4.55	11.12	2	1	>1000	0~500	>1000
46，-6	147	3.41	12.46	3	2	>1000	0~500	0~500
47，-6	60	1.60	12.82	3	3	>1000	0~500	0~500
48，-3	223	3.50	10.56	2	2	>1000	0~500	501~1000
填表说明	单体建筑数目	单位：公顷（hm²）		大于等于1	数值在1~5间	标明500米内（0~500）、500~1000米间（501~1000）、1000米外（>1000）		

资料来源：闫博、陈晓东采集，校对整理

<h3 style="text-align:center">东京抽样统计调查数据表　　　　　表A-4</h3>

抽样地块坐标编号	形态测度指标				功能测度指标			
	单体建筑数量	建筑投影面积	透水地表面积	建筑平均层数	用地功能种类	距离轨道站点（m）	距离小学位置（m）	距离公共绿地（m）
1，14	151	6.43	13.00	7	4	>1000	501~1000	0~500
1，33	404	3.89	4.22	3	2	501~1000	501~1000	501~1000
4，1	355	11.36	4.09	11	4	0~500	0~500	0~500
4，18	321	6.91	1.81	9	3	>1000	0~500	>1000
5，1	364	11.56	4.03	8	4	0~500	0~500	501~1000
5，24	224	6.47	5.56	4	1	>1000	501~1000	0~500
6，23	313	5.86	9.57	2	2	>1000	0~500	501~1000
8，3	192	6.11	5.67	8	4	501~1000	0~500	0~500
8，9	408	5.84	1.92	5	3	501~1000	0~500	>1000
9，10	418	8.50	8.25	5	3	>1000	0~500	>1000
9，14	234	5.62	14.54	2	2	501~1000	501~1000	0~500
11，20	86	3.70	10.65	7	3	501~1000	0~500	>1000
12，18	210	4.50	19.48	3	1	>1000	>1000	501~1000
15，11	455	10.19	10.37	4	2	>1000	0~500	>1000
16，8	593	8.69	6.52	3	2	>1000	0~500	0~500
17，22	128	4.82	16.14	4	2	501~1000	501~1000	501~1000
18，17	325	6.43	12.07	2	2	>1000	0~500	>1000
19，22	228	5.47	14.65	3	2	>1000	0~500	>1000
20，13	487	9.66	7.67	3	2	501~1000	0~500	501~1000

抽样地块坐标编号	形态测度指标				功能测度指标			
	单体建筑数量	建筑投影面积	透水地表面积	建筑平均层数	用地功能种类	距离轨道站点（m）	距离小学位置（m）	距离公共绿地（m）
24，13	57	2.39	20.35	2	1	501～1000	0～500	＞1000
36，4	251	3.32	15.18	4	2	501～1000	501～1000	＞1000
36，33	290	5.91	13.36	3	2	0～500	501～1000	501～1000
−2，5	427	12.74	6.13	9	4	501～1000	0～500	＞1000
−3，9	486	12.24	6.38	6	3	501～1000	0～500	501～1000
−4，10	528	11.43	4.07	5	4	＞1000	0～500	501～1000
−6，8	475	11.87	2.63	7	4	501～1000	0～500	＞1000
−9，36	126	6.39	5.51	3	3	0～500	501～1000	501～1000
−7，46	144	6.63	5.58	4	2	501～1000	1000	501～1000
−12，23	422	10.36	2.93	7	4	0～500	501～1000	＞1000
−13，9	59	4.88	9.62	9	4	501～1000	0～500	＞1000
−15，14	262	8.12	10.13	3	1	＞1000	501～1000	＞1000
−15，25	285	7.55	8.73	3	1	＞1000	0～500	＞1000
−15，28	457	9.33	7.84	3	3	＞1000	0～500	＞1000
−16，10	425	8.48	10.74	3	2	＞1000	0～500	＞1000
−16，35	316	7.69	5.19	4	2	501～1000	501～1000	501～1000
−17，7	328	9.75	9.15	3	2	＞1000	0～500	＞1000
−17，9	467	8.00	13.60	4	2	501～1000	0～500	＞1000
−17，16	291	6.95	9.03	8	2	0～500	501～1000	501～1000
−17，27	142	4.18	18.74	4	3	＞1000	501～1000	501～1000
−19，17	270	6.10	9.45	7	2	501～1000	0～500	＞1000
−19，18	206	6.20	11.28	11	3	0～500	501～1000	＞1000
−21，41	423	8.91	11.26	3	1	＞1000	＞1000	501～1000
−22，6	263	6.89	10.87	4	2	501～1000	0～500	501～1000
−23，1	258	7.91	12.74	1	1	＞1000	501～1000	0～500
−24，8	132	6.16	13.19	4	2	＞1000	0～500	0～500
−26，3	272	9.71	3.06	4	3	501～1000	501～1000	＞1000
−31，6	189	4.60	15.30	4	2	501～1000	0～500	0～500
−32，17	185	3.90	18.99	3	2	501～1000	501～1000	0～500
−2，−13	593	10.38	2.92	4	2	0～500	0～500	＞1000
−2，−18	76	8.93	8.84	2	1	＞1000	0～500	＞1000
−3，−15	576	11.00	7.00	3	2	501～1000	501～1000	＞1000
−3，−17	403	8.08	6.77	5	2	0～500	501～1000	0～500
−7，−8	455	9.56	9.26	4	2	501～1000	0～500	＞1000
−8，−5	312	8.70	11.41	6	4	0～500	0～500	0～500
−9，−1	542	13.70	4.52	4	2	501～1000	0～500	＞1000
−9，−8	562	10.35	8.79	4	3	＞1000	0～500	＞1000
−10，−23	56	6.69	7.32	6	3	0～500	0～500	501～1000
−10，−30	150	6.29	15.90	4	2	501～1000	501～1000	0～500

｜可持续视角下特大城市地区土地使用模式测度研究
——北京与世界城市比较

抽样地块坐标编号	形态测度指标				功能测度指标			
	单体建筑数量	建筑投影面积	透水地表面积	建筑平均层数	用地功能种类	距离轨道站点（m）	距离小学位置（m）	距离公共绿地（m）
−10，−38	88	9.39	1.56	3	3	501~1000	>1000	0~500
−11，−18	248	8.85	4.85	4	4	>1000	501~1000	0~500
−13，−7	287	5.38	17.66	3	3	>1000	501~1000	0~500
−13，−9	436	11.93	6.54	3	3	0~500	0~500	501~1000
−13，−21	386	8.89	11.28	4	2	501~1000	0~500	501~1000
−13，−25	72	8.00	1.70	9	2	501~1000	0~500	0~500
−15，−12	542	8.43	13.26	4	2	>1000	501~1000	0~500
−16，−5	394	8.40	12.45	4	2	501~1000	501~1000	>1000
−17，−30	253	6.80	5.46	5	4	>1000	0~500	0~500
−18，−23	420	8.30	11.69	4	2	501~1000	0~500	0~500
−18，−29	495	11.50	2.70	2	2	0~500	0~500	501~1000
−19，−12	106	4.73	17.23	4	2	501~1000	0~500	501~1000
−20，−6	289	8.02	14.43	4	2	501~1000	0~500	0~500
−21，−33	128	6.16	11.30	7	3	501~1000	0~500	>1000
−22，−34	254	7.22	12.45	2	3	>1000	0~500	>1000
−23，−26	374	8.42	4.15	3	2	501~1000	501~1000	0~500
−23，−30	627	10.44	2.18	3	2	501~1000	0~500	>1000
−23，−31	246	8.14	11.80	4	3	0~500	0~500	>1000
−24，−30	141	9.76	8.38	3	3	501~1000	0~500	>1000
−24，−31	134	6.83	9.09	4	4	501~1000	0~500	>1000
−25，−24	584	8.70	5.71	2	2	501~1000	0~500	0~500
−26，−17	197	6.69	11.90	4	2	0~500	0~500	0~500
−29，−18	376	8.31	10.01	3	2	501~1000	0~500	>1000
−29，−20	172	8.45	8.28	3	3	0~500	501~1000	>1000
−29，−26	47	3.38	2.16	2	1	>1000	>1000	>1000
−31，−7	98	5.05	13.97	7	3	0~500	501~1000	501~1000
−31，−20	286	8.52	8.24	3	2	501~1000	501~1000	0~500
−32，−13	221	8.05	10.17	3	2	>1000	501~1000	501~1000
−32，−24	327	6.54	12.92	3	2	501~1000	501~1000	501~1000
−33，−7	143	4.52	14.34	4	3	0~500	0~500	0~500
−38，−12	241	7.86	6.86	6	3	0~500	0~500	>1000
−41，−4	292	9.61	4.62	4	2	>1000	0~500	0~500
5，−3	68	6.89	12.68	12	2	501~1000	0~500	0~500
7，−2	71	6.17	13.18	14	4	0~500	0~500	501~1000
19，−34	233	7.38	5.29	3	2	>1000	0~500	501~1000
21，−26	77	3.70	2.13	2	1	>1000	>1000	501~1000
29，−4	255	6.35	9.33	3	2	501~1000	501~1000	0~500
29，−6	53	3.94	4.21	11	2	0~500	0~500	501~1000
32，−20	132	4.66	14.24	4	4	0~500	0~500	501~1000

抽样地块坐标编号	形态测度指标				功能测度指标			
	单体建筑数量	建筑投影面积	透水地表面积	建筑平均层数	用地功能种类	距离轨道站点（m）	距离小学位置（m）	距离公共绿地（m）
34，−6	353	8.99	4.80	3	2	501～1000	0～500	>1000
36，−6	296	3.81	19.07	4	3	501～1000	501–1000	0～500
36，−16	271	6.49	16.66	2	3	501～1000	501–1000	501～1000
填表说明	单体建筑数目	单位：公顷（hm²）		大于等于1	数值在1～5间	标明500米内（0～500）、500～1000米间（501～1000）、1000米外（>1000）		

资料来源：周祎馨采集，校对整理

北京抽样统计调查数据表　　　　表 A-5

抽样地块坐标编号	形态测度指标				功能测度指标			
	单体建筑数量	建筑投影面积	透水地表面积	建筑平均层数	用地功能种类	距离轨道站点（m）	距离小学位置（m）	距离公共绿地（m）
1，6	52	5.22	11.60	8	4	0～500	0～500	0～500
1，12	9	1.01	14.94	14	3	501～1000	0～500	0～500
2，15	29	2.55	11.09	17	2	501～1000	0～500	0～500
3，4	274	10.94	3.43	5	4	501～1000	501～1000	501～1000
3，15	27	3.02	8.82	24	1	501～1000	501～1000	501～1000
3.17	32	3.15	12.75	5	2	>1000	0～500	0～500
4，2	43	5.50	3.45	15	3	501～1000	0～500	501～1000
4，9	37	4.45	4.03	12	2	501～1000	0～500	0～500
7，1	27	4.67	4.91	18	3	0～500	0～500	>1000
10，1	31	4.53	6.99	10	2	501～1000	0～500	0～500
11，1	30	3.34	7.65	9	2	501～1000	0～500	501～1000
12，22	89	5.56	12.04	4	2	>1000	0～500	0～500
13，22	62	6.20	6.06	5	2	>1000	501～1000	0～500
19，1	17	4.08	8.24	7	2	>1000	0～500	501～1000
21，25	45	4.23	7.15	8	2	501～1000	501～1000	501～1000
21，46	75	6.26	8.03	6	4	>1000	0～500	501～1000
29，3	48	3.75	15.42	2	2	>1000	>1000	0～500
34，5	21	3.47	11.57	22	1	>1000	501～1000	0～500
35，5	71	6.67	13.80	5	3	>1000	501～1000	501～1000
36，7	20	3.56	11.52	13	2	>1000	>1000	0～500
38，7	24	7.70	9.22	2	1	>1000	501～1000	501～1000
−2，9	40	3.69	8.45	15	2	501～1000	0～500	0～500
−3，1	36	5.75	6.31	12	3	0～500	501～1000	501～1000
−3，19	58	5.49	10.45	6	3	0～500	501～1000	0～500
−4，14	47	5.07	9.69	6	2	501～1000	0～500	501～1000
−4，20	53	4.05	9.25	6	1	501～1000	501～1000	501～1000
−5，10	50	5.40	8.50	8	3	501～1000	0～500	501～1000
−5，17	47	3.12	11.77	11	3	0～500	0～500	>1000

抽样地块坐标编号	形态测度指标				功能测度指标			
	单体建筑数量	建筑投影面积	透水地表面积	建筑平均层数	用地功能种类	距离轨道站点（m）	距离小学位置（m）	距离公共绿地（m）
−6，19	47	5.53	7.43	6	3	501～1000	0～500	＞1000
−7，17	66	6.07	7.13	7	2	＞1000	0～500	501～1000
−8，9	35	6.34	9.16	17	2	0～500	0～500	＞1000
−8，10	42	4.08	12.24	6	2	501～1000	0～500	0～500
−8，17	48	2.67	10.17	10	2	0～500	0～500	0～500
−10，4	42	6.21	8.05	6	1	501～1000	0～500	0～500
−10，5	43	3.74	9.42	10	3	501～1000	0～500	0～500
−10，22	86	10.93	6.91	2	2	＞1000	501～1000	＞1000
−11，4	67	5.88	7.24	8	2	501～1000	0～500	0～500
−11，6	40	8.55	8.75	10	3	＞1000	501～1000	0～500
−11，7	51	4.18	10.18	7	2	＞1000	501～1000	0～500
−11，8	12	6.35	11.06	2	1	＞1000	501～1000	0～500
−11，23	75	7.27	8.46	3	2	＞1000	501～1000	0～500
−12，36	35	3.92	10.33	9	2	0～500	＞1000	501～1000
−13，27	70	9.16	8.41	2	1	＞1000	501～1000	0～500
−14，3	52	4.43	9.04	7	3	＞1000	0～500	0～500
−14，36	77	6.16	9.08	6	2	501～1000	501～1000	501～1000
−16，36	29	5.13	11.65	4	2	0～500	0～500	501～1000
−20，4	46	3.33	10.65	4	1	＞1000	501～1000	0～500
−25，1	32	3.52	10.55	14	2	＞1000	0～500	501～1000
−25，7	99	9.14	9.37	2	2	＞1000	501～1000	0～500
−25，38	25	2.84	14.93	4	1	＞1000	＞1000	0～500
−1，−12	380	11.70	4.15	2	3	501～1000	0～500	0～500
−2，−18	487	7.31	11.06	2	2	＞1000	0～500	0～500
−3，−3	275	11.63	4.46	6	3	0～500	0～500	501～1000
−4，−4	67	7.86	7.24	8	3	0～500	0～500	501～1000
−4，−15	15	3.12	9.63	2	1	＞1000	501～1000	0～500
−5，−14	41	5.16	8.30	4	2	＞1000	＞1000	＞1000
−6，−2	36	4.03	9.83	13	3	501～1000	0～500	＞1000
−6，−3	47	4.82	8.18	10	1	501～1000	0～500	＞1000
−6，−7	63	6.02	9.49	6	3	501～1000	0～500	501～1000
−6，−20	86	6.50	9.25	6	3	501～1000	0～500	501～1000
−7，−2	13	7.79	5.41	8	3	0～500	0～500	501～1000
−7，−44	64	5.90	14.75	2	2	＞1000	0～500	0～500
−8，−10	20	3.19	12.59	9	1	＞1000	501～1000	0～500
−9，−6	84	8.80	7.78	5	1	0～500	501～1000	＞1000
−10，−3	58	8.51	9.84	3	2	501～1000	0～500	0～500
−10，−8	42	5.05	8.29	5	2	0～500	0～500	501～1000

抽样地块坐标编号	形态测度指标				功能测度指标			
	单体建筑数量	建筑投影面积	透水地表面积	建筑平均层数	用地功能种类	距离轨道站点（m）	距离小学位置（m）	距离公共绿地（m）
−12，−18	42	7.58	15.62	2	2	＞1000	501～1000	0～500
−14，−7	32	5.57	9.88	4	2	＞1000	501～1000	0～500
−15，−6	37	4.93	9.98	2	1	501～1000	501～1000	501～1000
−16，−3	52	4.55	10.95	2	3	＞1000	501～1000	0～500
−17，−2	28	3.61	11.66	9	2	＞1000	0～500	501～1000
−18，−2	38	3.32	12.20	2	1	＞1000	1000	＞1000
−22，−21	44	8.79	8.88	3	3	501～1000	0～500	501～1000
−24，−20	61	6.25	9.01	6	3	＞1000	0～500	0～500
−25，−2	25	2.35	11.20	2	2	＞1000	501～1000	0～500
−31，−21	41	7.89	9.67	1	1	＞1000	＞1000	501～1000
−36，−21	47	5.61	9.55	3	3	＞1000	501～1000	＞1000
−37，−17	54	5.28	9.34	6	2	＞1000	0～500	501～1000
−37，−19	31	1.58	17.66	2	1	＞1000	1000	＞1000
1，−12	27	5.84	11.43	4	2	0～500	0～500	0～500
3，−6	36	9.80	6.06	6	1	0～500	0～500	501～1000
3，−12	29	7.11	8.76	4	2	＞1000	0～500	501～1000
4，−2	73	7.54	7.31	6	2	501～1000	501～1000	501～1000
5，−1	45	5.24	8.74	11	2	0～500	0～500	501～1000
5，−7	32	4.49	9.01	8	3	501～1000	501～1000	＞1000
5，−8	92	6.01	10.16	2	3	501～1000	0～500	501～1000
6，−16	55	6.34	11.98	2	1	＞1000	501～1000	0～500
8，−8	89	3.40	16.71	2	2	＞1000	＞1000	0～500
9，−1	66	7.25	10.29	8	2	501～1000	0–500	＞1000
10，−1	40	5.72	8.32	11	2	501～1000	501～1000	501～1000
11，−5	84	7.47	9.35	2	2	＞1000	501～1000	501～1000
18，−3	77	5.97	11.36	2	2	＞1000	0～500	501～1000
20，−1	82	5.16	12.29	8	2	501～1000	501～1000	＞1000
22，−2	57	5.60	8.39	9	2	0～500	0～500	＞1000
22，−4	67	3.68	12.57	3	2	＞1000	501～1000	501～1000
23，−1	63	8.77	7.89	3	2	＞1000	0～500	＞1000
25，−42	83	7.94	8.09	4	2	＞1000	501～1000	＞1000
28，−6	58	6.34	9.17	2	3	＞1000	501～1000	0～500
31，−37	42	6.27	11.02	4	2	＞1000	＞1000	0～500
33，−37	39	5.43	10.64	4	2	＞1000	＞1000	501～1000
填表说明	单体建筑数目	单位：公顷（hm²）		大于等于1	数值在1～5间	标明500米内（0～500）、500～1000米间（501～1000）、1000米外（＞1000）		

资料来源：余乐、王靖松采集，校对整理

附录 **B**

五大城市地区的统计数据

<table>
<tr><td colspan="4" align="center">大伦敦地区的人口（2010 年中期）　　　　表 B-1-1</td></tr>
</table>

统计范围		人口（千人）	面积（平方公里）	人口密度（人/平方公里）
大伦敦（Greater London）		7825	1572	4978
内伦敦（Inner London）	内伦敦小计	3083	319	9656
	City of London	12	3	4029
	Camden	235	22	10798
	Hackney	219	19	11499
	Hammersmith and Fulham	170	16	10345
	Haringey	225	30	7605
	Islington	194	15	13061
	Kensington and Chelsea	169	12	13973
	Lambeth	284	27	10606
	Lewisham	266	35	7580
	Newham	240	36	6629
	Southwark	287	29	9948
	Tower Hamlets	238	20	12034
	Wandsworth	290	34	8451
	Westminster	253	21	11784
外伦敦（Outer London）	外伦敦小计	4742	1253	3785
	Barking and Dagenham	180	36	4980
	Barnet	348	87	4014
	Bexley	228	61	3764
	Brent	257	43	5934
	Bromley	312	150	2080
	Croydon	346	87	3994
	Ealing	319	56	5736
	Enfield	295	81	3648
	Greenwich	229	47	4826
	Harrow	230	50	4558
	Havering	236	112	2103
	Hillingdon	266	116	2300
	Hounslow	237	56	4229
	Kingston upon Thames	169	37	4536
	Merton	209	38	5552
	Redbridge	271	56	4795
	Richmond upon Thames	191	57	3325
	Sutton	194	44	4429
	Waltham Forest	227	39	5852

大伦敦地区的能耗统计 2010 年（单位：百万千瓦时）　　表 B-1-2

统计范围		居住 Domestic	工商业 Industrial and Commercial	交通 Transport	总计
大伦敦（Greater London）		58354.0	50807.9	32837.6	141999.5
内伦敦 （Inner London）	内伦敦小计	20891.6	30876.2	10393.3	62161.3
	City of London	62.3	3497.2	245.1	3804.5
	Camden	1441.6	2855.2	800.3	5097.1
	Greenwich	1665.4	1502.5	933.6	4101.5
	Hackney	1459.1	720.4	557.2	2736.8
	Hammersmith and Fulham	1302.8	1380.7	575.9	3259.3
	Islington	1367.1	1568.2	472.1	3407.4
	Kensington and Chelsea	1384.6	2169.0	544.0	4097.7
	Lambeth	2020.4	1388.4	815.0	4223.9
	Lewisham	1917.3	568.3	760.1	3245.7
	Newham	1609.3	2314.8	1013.7	4937.8
	Southwark	1638.2	2159.9	779.9	4578.0
	Tower Hamlets	1205.0	3409.5	775.0	5389.5
	Wandsworth	2204.7	1042.1	939.5	4186.4
	Westminster	1613.8	6300.0	1181.9	9095.7
外伦敦 （Outer London）	外伦敦小计	37462.4	19931.4	22444.1	79838
	Barking and Dagenham	1114.5	803.6	623.2	2541.4
	Barnet	3046.4	1111.4	1671.4	5829.2
	Bexley	1788.8	1219.8	829.1	3837.7
	Brent	2154.0	1113.4	1003.2	4270.7
	Bromley	2825.6	865.0	1136.5	4827.1
	Croydon	2848.8	1140.4	1081.4	5070.6
	Ealing	2370.7	1660.8	1305.3	5336.8
	Enfield	2256.9	1153.4	1577.8	4988.1
	Haringey	1828.3	715.8	642.3	3186.4
	Harrow	1912.6	775.8	621.9	3310.3
	Havering	1946.7	713.6	1467.3	4127.5
	Hillingdon	2024.9	2857.3	4345.0	9227.2
	Hounslow	1685.8	1713.7	1599.9	4999.4
	Kingston	1262.2	583.7	710.9	2556.8
	Merton	1502.4	813.1	632.2	2947.6
	Redbridge	2018.7	541.6	1079.1	3639.4
	Richmond	1682.3	735.0	872.9	3290.3
	Sutton	1491.1	678.3	472.5	2641.9
	Waltham Forest	1701.7	735.7	772.2	3209.6

数据来源：London Energy and Greenhouse Gas Inventory (LEGGI)，2010

人均能耗与人口密度（单位：万千瓦时；人口密度：人／平方公里）表 B-1-3

测度范围		交通	建筑	居住	工商业	总和	人口密度
大伦敦	D50	0.42	1.39	0.74	0.65	1.81	4978
内伦敦	D25	0.34	1.68	0.68	1.00	2.02	9656
外伦敦	D25～50	0.47	1.21	0.79	0.42	1.68	3785

人口数据来自英国统计网站：http://www.ons.gov.uk

能耗数据来自伦敦统计网站：http://data.london.gov.uk/datastore/package/leggi–2010

B-2 大巴黎人口及能耗统计数据表

大巴黎地区人口 2010 年　　　　　　表 B-2-1

统计范围			人口（人）	面积（平方公里）	人口密度（人／平方公里）
大巴黎（法兰西岛大区）ÎLE–DE–FRANCE			11786234	12012	981
巴黎	75	Paris	2243833	105.4	21289
上塞纳	92	Hauts–de–Seine	1572490	176	8935
塞纳–圣但尼	93	Seine–Saint–Denis	1522048	236	6449
瓦尔–德–马恩	94	Val–de–Marne	1327732	245	5419
塞纳–马恩	77	Seine–et–Marne	1324865	5915	224
伊夫林	78	Yvelines	1408765	2284	617
埃松	91	Essonne	1215340	1804	674
瓦勒德瓦兹	95	Val–d'Oise	1171161	1246	940

来源：Recensement de la population 2010 – Limites territoriales au 1er janvier 2012

大巴黎地区的能耗统计 2009 年 （单位：千吨石油当量）　　表 B-2-2

行业	法兰西岛大区	法国
居住与第三产业	12157	65348
其中电力占比(%)	39.8	37.9
交通运输	10495	49866
其中油品占比(%)	94.0	93.0
制造业	1590	35059
其中化石燃料占比(%)	3.7	60.4
其中电力占比(%)	2.7	28.1
农业	62	3694
其中化石燃料占比(%)	80.8	86.7
总能耗	24304	153967
人均总能耗(en tep)	2.1	2.5

来源：SOeS; Insee， estimations de population au 1er janvier 2009.

表 B-2-3

统计范围	居住与第三产业	交通运输	制造业	农业	总计	人均能耗
巴黎市	31317	10725	858	0	42900	1.91万kW·h
大巴黎地区	53109.79	45849.07	6946.17	270.86	106175.88	0.92万kW·h
法国	285483.12	217847.54	153160.81	16137.83	672629.29	1.09万kW·h

统计范围	居住与第三产业	交通运输	制造业	农业	总计	人均能耗
大巴黎地区 （1 ktep）	12157	10495	1590	62	24304	2.10 tep
法国 （1 ktep）	65348	49866	35059	3694	153967	2.50 tep

备注：原始数据单位为千吨石油当量（en ktep），换算公式为 1 千吨石油当量（1 ktep）=0.14286 万吨标准煤 =4.3686588 百万千瓦时（GW·h）

来源：SOeS；Insee，estimations de population au 1er janvier 2009.

人均能耗与人口密度（单位：万千瓦时；人口密度：人 / 平方公里）表 B-2-4

测度范围		交通	建筑（居住与三产）	其他	总和	人口密度
巴黎市	D25	0.48	1.40	0.04	1.91	21289
大巴黎	D100	0.40	0.46	0.06	0.92	981

人口与能耗数据来自法国统计网站：http://www.insee.fr/

B-3　大纽约人口及能耗统计数据表

大纽约地区的人口（2010 年）　　　　　表 B-3-1

统计范围			人口（人）	面积 （平方公里）	人口密度 （人 / 平方公里）
纽约市D100 范围3县	纽约州		19395206	128401	151
	纽约市		8186443	785.6	10421
	曼哈顿	New York	1587481	59	26906
	布鲁克林	Brooklyn	2508515	183	13708
	布朗克斯	Bronx	1387159	109	12726
	皇后区	Queens	2233895	283	7894
	史泰登岛	Staten Island	469393	151	3109
	罗克兰	Rockland	1341033	516	2599
	威斯特彻斯特	Westchester	312520	1295	241
	纳苏	Nassau	950283	1173	810
	纽约州其他县		–	–	–
纽约市D100 范围8县	新泽西州		8799593	20295	434
	博根	Bergen	906184	606	1495
	艾塞克斯	Essex	784099	326	2405
	哈德逊	Hudson	634979	122	5205
	米德尔塞克斯	Middlesex	810747	805	1007
	蒙茅斯	Monmouth	630920	1222	516
	巴赛克	Passaic	501606	479	1047
	萨默塞特	Somerset	324078	790	410
	联合	Union	537475	267	2013
	新泽西州其他县		–	–	–
纽约市及周边11个县合计			15920367	8386.6	1898

数据来源：U.S. Census Bureau，Population Division Release Date: April 2012

大纽约地区的能耗统计 2010 年（单位：百万千万时） 表 B-3-2

统计范围	居住	商业	交通	制造业	总计
纽约市	509.46	772.76	29.22	134.80	1446.24
纽约州	1070	1183	1015	347	3615
新泽西州	576	631	957	274	2438

数据来源：U.S. Energy Information Administration，Form EIA-861，"Annual Electric Power Industry Report."

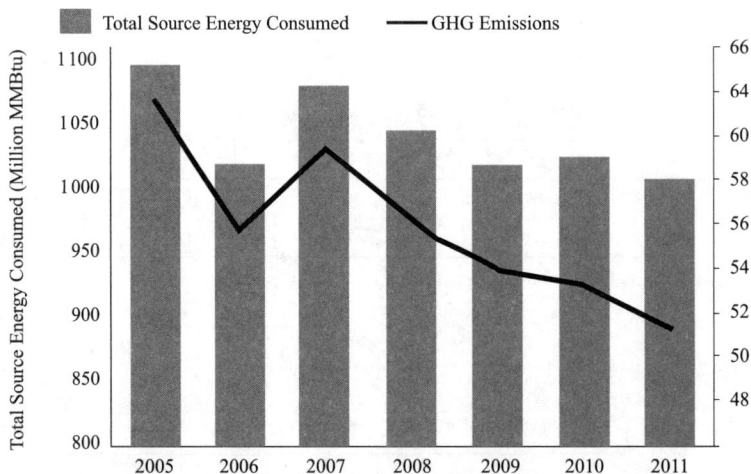

图B-3-1 纽约市的总能耗与温室气体排放（2005—2011）
来源：NYC Mayor's Office of Long Term Planning and Sustainability

人均能耗与人口密度（单位：万千瓦时；人口密度：人 / 平方公里）表 B-3-3

测度范围		交通	建筑	居住	工商业	总和	人口密度
纽约市	D50	0.64	2.66	0.62	2.04	3.55	10421
纽约州	D100	1.52	3.93	1.61	2.32	5.45	151
新泽西州	D100	3.19	4.92	1.90	3.02	8.12	434

人口与能耗数据来自美国统计网站：http://www.eia.gov，http://www.census.gov/

B-4 大东京人口及能耗统计数据表

大东京地区人口 2010 年 表 B-4-1

统计范围		人口（人）	面积（平方公里）	人口密度（人 / 平方公里）
大东京（一都三县）		35618564	13557	2627
东京都	Tokyo	13159388	2188	6014
23区部		8945695	622	14382
其他合计		4213693	1160	3632
神奈川县	Kanagawa	9048331	2415	3747
埼玉县	Saitama	7194556	3797	1895
千叶县	Chiba	6216289	5157	1205
日本全国	Japan	128057352	374744	342

数据来源：日本总务省统计网站：http://www.stat.go.jp/english/index.htm

可持续视角下特大城市地区土地使用模式测度研究
——北京与世界城市比较

大东京地区的能耗统计（2009年）（单位：百万千万时）　表B-4-2

统计范围	居住	商业	交通	制造业	总计
东京市	58333	70556	53611	18611	201389
日本国	573056	791944	941667	1274167	3580833

数据来源：Bureau of Environment Tokyo Metropolitan Government，The Tokyo Initiative on Smart Energy Saving. 2012；Director–General's Secretariat，Agency for Natural Resources and Energy. 2011

人均能耗与人口密度（单位：万千瓦时；人口密度：人／平方公里）表B-4-3

测度范围		交通	建筑	居住	商业	总和	人口密度
东京市	D50	0.41	0.98	0.44	0.54	1.39	6014
日本国	D100	0.74	1.07	0.45	0.62	1.80	342

数据来源：人口与能耗数据来自日本总务省统计网站：http://www.stat.go.jp，http://www.e-stat.go.jp

B-5　大北京人口及能耗统计数据表

北京市人口数据2010年　　　表B-5-1

区　　县	常住人口		常住外来人口	
	2011	2010	2011	2010
全　市	2018.6	1961.9	742.2	704.7
首都功能核心区	215.0	216.2	53.4	54.7
东城区	91.0	91.9	21.4	22.0
西城区	124.0	124.3	32.0	32.7
城市功能拓展区	986.4	955.4	400.0	379.1
朝阳区	365.8	354.5	160.9	151.5
丰台区	217.0	211.2	84.3	81.3
石景山区	63.4	61.6	21.3	20.7
海淀区	340.2	328.1	133.5	125.6
城市发展新区	629.9	603.2	257.7	240.0
房山区	96.7	94.5	21.4	19.5
通州区	125.0	118.4	47.7	43.5
顺义区	91.5	87.7	31.3	27.9
昌平区	173.8	166.1	89.6	84.7
大兴区	142.9	136.5	67.7	64.4
生态涵养发展区	187.3	186.4	31.1	30.7
门头沟区	29.4	29.0	4.8	4.7
怀柔区	37.1	37.3	10.2	10.3
平谷区	41.8	41.6	5.1	4.9
密云县	47.1	46.8	7.0	6.9
延庆县	31.9	31.7	4.0	3.9

注：1. 表内2010年全市常住人口及外来人口为年末时点数，分功能区和分区县的数据为2010年数据为第六次全国人口普查数据，普查标准时点为2010年11月1日零时。

　　2. 2011年数据根据2011年人口抽样调查数据推算，为年末时点数。

区　县	能源消费总量 （万吨标准煤）	万元地区生产总值能耗 （吨标准煤）	万元地区生产总值能耗下降率 （%）
全　市	6954.1	0.49	4.04
东城区	276.7	0.22	4.05
西城区	411.9	0.21	5.06
朝阳区	1000.5	0.38	−1.25
丰台区	383.0	0.54	6.84
石景山区	631.3	2.20	14.40
海淀区	800.8	0.29	4.76
房山区	867.8	2.54	13.67
通州区	278.6	0.85	6.39
顺义区	850.0	1.05	4.08
昌平区	317.9	0.83	3.89
大兴区	291.1	0.91	7.33
门头沟区	72.5	0.84	12.18
怀柔区	100.4	0.68	7.09
平谷区	99.0	0.84	4.14
密云县	93.4	0.70	4.30
延庆县	50.0	0.74	3.49
北京经济技术开发区	116.2	0.17	8.31

注：1. 能源消费量、万元地区生产总值能耗及下降率全市为年度核算数据，各区县及北京经济技术开发区为初步核算数据。

　　2. 万元地区生产总值能耗按现价计算；万元地区生产总值能耗下降率全市按可比价计算，分区县按现价计算。

　　3. 根据有关核算原则，在进行能源核算时，对部分无法进行区县分解的数据，由市统计局统一核算，故表中各区县及北京经济技术开发区能源消费量之和不等于全市能源消费量。

北京市全社会用电情况分行业统计 2010 年（单位：万千瓦时）表 B-5-3

区县	合计	第一产业	第二产业	工业	建筑业	第三产业	居民生活
全　市	8099029	168992	3278682	3081364	197319	3258009	1393346
东城区	389545		17617	10811	6807	276728	95200
西城区	502651	1	28918	21349	7569	373885	99847
朝阳区	1332610	10081	229757	181029	48728	794286	298486
丰台区	618934	7084	126480	107145	19335	307080	178290
石景山区	362988	357	265925	262766	3159	68112	28593
海淀区	1060880	13019	116001	89070	26930	707040	224820
房山区	538755	21505	406341	398373	7968	64173	46736
通州区	403035	23426	214060	199644	14416	79168	86380
顺义区	461269	24667	226430	213780	12650	144836	65336
昌平区	507018	16905	216256	201341	14915	169309	104548
大兴区	368113	24845	187454	173594	13860	91417	64398
门头沟区	86171	1948	40436	38669	1767	25605	18182
怀柔区	134089	5793	76055	73763	2292	32877	19363
平谷区	112910	9251	67581	65244	2337	17259	18819
密云县	119813	5652	63451	58399	5052	27537	23174
延庆县	69407	4459	9665	8204	1461	42719	12564
亦庄开发区	226377		181791	173719	8073	35976	8609

注：各区县及北京经济技术开发区用电量不含输送损失，故表中各区县及北京经济技术开发区用电量之和不等于全市。

资料来源：北京区县统计年鉴 2011，北京市电力公司。

可持续视角下特大城市地区土地使用模式测度研究
　　——北京与世界城市比较

北京按行业分能源消费总量（2005—2012 年）（单位：万吨标准煤）表 B-5-4

项目＼年份	2005	2006	2007	2008	2009	2010	2011	2012
能源消费总量	5521.9	5904.1	6285.0	6327.1	6570.3	6954.1	6995.4	7177.7
第一产业	86.3	92.3	96.4	96.9	99.0	100.3	100.3	100.8
第二产业	2702.5	2773.1	2793.8	2550.5	2544.2	2726.7	2488.7	2426.1
工业	2599.1	2670.1	2685.0	2430.8	2392.4	2559.7	2329.7	2275.7
建筑业	103.4	103.0	108.8	119.7	151.8	167.0	159.0	150.4
第三产业	1918.7	2129.3	2389.5	2610.5	2760.3	2897.4	3100.5	3252.1
批发和零售业	157.6	162.7	202.9	195.2	206.9	192.7	211.5	221.7
交通运输、仓储和邮政业	563.4	717.6	840.8	993.9	1025.2	1104.8	1185.9	1235.1
住宿和餐饮业	199.9	202.5	249.7	218.0	220.8	239.4	253.1	262.3
信息传输、软件和信息技术服务业	52.3	59.0	73.2	88.3	96.0	107.5	124.0	129.6
金融业	27.5	28.1	34.0	39.1	40.8	43.3	50.9	54.3
房地产业	306.7	308.9	318.4	346.0	364.2	389.6	391.2	411.5
租赁和商务服务业	115.3	121.9	127.8	165.5	191.2	182.5	182.6	196.3
科学研究和技术服务业	85.5	94.1	101.7	116.9	123.1	122.7	144.7	163.9
水利、环境和公共设施管理业	23.4	27.4	38.7	35.7	37.8	40.2	47.0	46.5
居民服务、修理和其他服务业	64.9	72.5	58.7	31.9	33.6	34.2	46.2	47.1
教育	143.7	153.7	157.9	165.1	183.0	199.6	205.8	222.9
卫生和社会工作	52.4	54.6	52.6	58.0	64.6	66.9	71.7	74.1
文化、体育和娱乐业	43.8	45.3	45.1	53.5	59.3	60.1	69.8	71.5
公共管理、社会保障和社会组织	82.3	81.0	88.0	103.4	113.8	114.0	116.1	115.3
生活消费	814.4	909.4	1005.3	1069.2	1166.8	1229.7	1305.8	1398.7

注：1. 行业划分执行《国民经济行业分类》GB/T 4754—2011 标准。

2. 2012 年开始执行国家统计局《三次产业划分规定》，具体调整内容见本章简要说明。

来源：北京统计年鉴 2013 夏沁芳 总编，中国统计出版社。

大北京地区的能耗统计（2010 年）（单位：百万千万时） 表 B-5-5

测度范围		交通	建筑			一二产	总计	人口密度
				居住	三产			
北京市域	D100	33785	92422	37604	54818	86450	212656	1196
市域人均能耗	D100	0.17	0.47	0.19	0.28	0.44	1.08	–

注：根据北京按行业分能源消费总量 2005—2012 年数据反推算得；转换系数来源于中国能源统计年鉴（2010）。

来源：北京人口与能耗数据主要来自于北京市统计局网站和中国知网统计数据搜索引擎 http://www.bjstats.gov.cn/，http://epub.cnki.net/kns/brief/default_result.aspx

C

附录

参考文献

［1］理学名词审定委员会.地理学名词（第二版，定义版）.北京:科学出版社，1989: 33.

［2］伊利，莫尔豪斯著，滕维藻译.土地经济学原理.北京:商务印书馆，1982: 87.

［3］冯正民，林桢家著.都市及区域分析方法.新竹:建都文化事业股份有限公司，2008.4-1.

［4］梁鹤年.简明土地使用规划.北京:地质出版社，2003: 2-3.

［5］Alexander C著.王昕度等译.建筑模式语言.北京:中国建筑工业出版社，1989: 3.

［6］Alonso W著.梁进社，李平，王大伟译.区位和土地利用:地租的一般理论.北京:商务印书馆，2007.

［7］Descartes著.关文运译.哲学原理.北京:商务印书馆，1958: 34.

［8］曹志冬，王劲峰，李连发，姜成晟.地理空间中不同分层抽样方式的分层效率与优化策略.地理科学进展，2008，03: 152-160.

［9］连健，李小娟，宫辉力，孙永华.GIS支持下的空间分层抽样方法研究——以北京市人均农业总产值抽样调查为例.地理与地理信息科学，2008，06: 30-33+38.

［10］刘敏，李明阳.基于GIS和高分辨率遥感数据的城市绿地抽样调查方法研究.林业调查规划，2011，02: 59-61+66.

［11］谭瑛，杨俊宴，董雅文.土地利用生态评估在沿江开发中的应用.东南大学学报（自然科学版），2009，06: 1269-1273.

［12］吴良镛.城市地区理论与中国沿海城市密集地区发展.城市规划，2003（2）：12-16，20.

［13］Thrift N J. The geography of international economic disorder//Johnston R ，Taylor P J，et al. A world in crisis? Geographical perspectives.Oxford: Blackwell. 1989:16-78.

［14］Friedmann J.Where we stand: A decade of world city research//Knox P L，Taylor P J et al. World cities in a world-system.Cambridge.1995: 21-47.

［15］Sassen，S. The Global City: New York，London，Tokyo. Princeton University Press，2001.

［16］The London Planning Advisory Committee（LPAC）. London: World City moving into the 21st Century. London，1991.

［17］Beaverstock J V，Smith R G，Taylor P J. A roster of world cities. Cities. 1999，16（6）：445-458.

［18］于长明，吴唯佳等.北京建设世界城市"控制与命令"的国际比较——以世界500强企业总部和国际航空流线为例.北京规划建设，2012（03）：60-66.

［19］项俊波.社会经济环境中的巨型城市规划发展：北京与国际经验比较［博士学位论文］.北京：清华大学建筑学院，2005.

［20］李苏宁.二战后西方特大城市历史保护的演进及对北京的启示［博士学位论文］.北京:清华大学建筑学院，2010.

［21］程海帆.城市设计战略的研究：纽约、伦敦、东京、北京为例［博士学位论文］.北京:清华大学建筑学院，2012.

［22］张尔薇.大城市外围地区空间发展模式研究——以北京为例［博士学位论文］.北京:清华大学建筑学院，2012.

［23］国家人口发展战略研究课题组.国家人口发展战略研究报告［R/OL］.中华人民共和国中央政府网.（2007-01-11）［2012-4-5］.http://www.gov.cn/gzdt/2007-01/11/content_493677.htm

［24］仇保兴.紧凑度和多样性——我国城市可持续发展的核心理念.城市规划，2006，11: 18-24.

［25］United Nations Center For Human Settlements（HABITAT）. An Urbanizing World：Global Report on Human Settlements. New York. Oxford：Oxford University Press.1996.

［26］中国城市发展报告编委会.中国城市发展报告（2011）.北京：中国城市出版社，2012.

［27］徐海贤.大都市区可持续发展的对策及其调控.城市问题，2001（01）：11-13，63.

［28］White Jr，L. The Historical Roots of Our Ecologic Crisis. Science. 1967，155（3767）：1203-1207.

［29］Geddes P著.李浩等译.进化中的城市:城市规划与城市研究导论.北京：中国建筑工业出版社，2012:50.

［30］吴良镛.北京城市发展模式转型的战略思考.北京规划建设，2012，03: 6-11.

［31］冯契，徐孝通.外国哲学大词典.上海：上海辞书出版社，2000.

［32］布雷赫尼.集中派、分散派和折衷派:对未来城市形态的不同观点//迈克·詹克斯等著.紧缩城市:一种可持续发展的城市形态.周玉鹏，龙洋，楚先锋译.北京：中国建筑工业出版社，2004: 13-37.

［33］Newman，P.W.G.，Kenworthy，J.R. Cities and Automobile Dependence: A Sourcebook. Aldershot and Brookfield，Vt.: Gower. 1989.

［34］理查德·瑞吉斯特著，王如松等译，生态城市——重建与自然平衡的城市. 北京:社会科学文献出版社，2010: 220–221

［35］简·雅各布斯著，金衡山译. 美国大城市的死与生. 南京:译林出版社，2006.

［36］希尔曼.支持紧缩城市//迈克·詹克斯，伊丽莎白·伯顿，凯蒂·威廉姆斯编著；周玉鹏，龙洋，楚先锋译. 紧缩城市：一种可持续发展的城市形态.北京：中国建筑工业出版社，2004: 38–45.

［37］Gordon，P. and Richardson，A. Gasoline consumption and cities: a reply，Journal of the American Planning Association，1989，55. 342–346.

［38］Sudjic，Deyan .The 100 Mile City. London . Harper Collins. 1992:20.

［39］Gordon，P. and Richardson，H. and Jun，M. The commuting paradox: evidence from the top twenty，Journal of the American Planning As–sociation，1991，57. 416–420.

［40］Troy P N. The Perils of Urban Consolidation: A discussion of Australian housing and urban development policies. Federation Press，1996.

［41］Hooper A. Land availability and the suburban option: Research on land availability and land use change and its implications for suburban development. Town and Country Planning London Town and Country Planning Association，1994，63: 239–239.

［42］Lock D. Room for more within city limits?. Town and Country Planning，1995，64（7）: 173–176.

［43］Hall P. The future of the metropolis and its form ,Regional Studies . 1997（31），211–220

［44］迈克·詹克斯等著. 紧缩城市:一种可持续发展的城市形态. 周玉鹏，龙洋，楚先锋译. 北京，中国建筑工业出版社，2004.

［45］Burchell R W，Lowenstein G，Dolphin W R，et al. Costs of sprawl--2000. 2002.

［46］Echenique M H，Hargreaves A J，Mitchell G，et al. Growing Cities Sustainably: Does Urban Form Really Matter?. Journal of the American Planning Association，2012，78（2）: 121–137.

［47］沈清基. 新城市主义的生态思想及其分析. 城市规划，2001，11: 33–38.

［48］梁鹤年. 精明增长. 城市规划，2005，10: 65–69.

［49］梁鹤年. 城市理想与理想城市. 城市规划，1999，07: 17–20.

［50］理查德·罗杰斯. 仲德崑译. 小小地球上的城市. 北京：中国建筑工业出版社，2004.

［51］王荣锭. 高密度和低密度，哪个更加可持续?——紧凑城市规划思潮的启示. 上海城市规划，2001，03: 5–7.

［52］龚清宇. 经济全球化语境下的紧凑发展与城市结构多样性. 规划师，2002，02: 13–15.

［53］韩笋生，秦波. 借鉴"紧凑城市"理念，实现我国城市的可持续发展. 国外城市规划，2004，06: 23–27.

［54］仇保兴. 紧凑度与多样性（2.0版）——中国城市可持续发展的两大核心要素. 城市发展研究，2012，v.19;No.13311: 1–12.

［55］方创琳，祁巍锋.紧凑城市理念与测度研究进展及思考. 城市规划学刊，2007（4）: 65–73.

［56］陈秉钊. 城市，紧凑而生态. 城市规划学刊，2008，03: 28–31.

［57］吕斌，祁磊. 紧凑城市理论对我国城市化的启示. 城市规划学刊，2008，04: 61–63.

［58］牛文元. 中国城市未来发展面临五大挑战［R/OL］. 新华网.（2004–03–01）［2013–4–5］http://news. xinhuanet.com/newscenter/2004–03/01/content_1339572.htm

［59］杨东峰. 可持续城市形态:物质空间规划价值的重新发现. 中国名城，2012，11: 10–17.

［60］耿宏兵. 紧凑但不拥挤——对紧凑城市理论在我国应用的思考. 城市规划，2008，06: 48–54.

［61］马丁·克鲁克斯顿等.紧凑城市与生活质量//迈克·詹克斯，伊丽莎白·伯顿，凯蒂·威廉姆斯编著; 周玉鹏，龙洋，楚先锋译. 紧缩城市:一种可持续发展的城市形态. 北京：中国建筑工业出版社，2004: 144–153.

［62］理查德·瑞吉斯特著，王如松等译. 生态城市——重建与自然平衡的城市. 北京：社会科学文献出版社，2010: 78.

［63］Sudjic，Deyan .The 100 Mile City. London . Harper Collins. 1992: 20.

［64］ Thomas， Randall， ed. Sustainable urban design: an environmental approach. Taylor & Francis， 2003.

［65］ Litman， todd：land use impact on transport–how land use factors affect travel behavior， victoria transport policy institute. 2005， 11: 43.

［66］ Breheny M， Rookwood R. Planning the sustainable city region. Planning for a sustainable environment， 1993: 150–189.

［67］ Grant J. Mixed use in theory and practice: Canadian experience with implementing a planning principle. Journal of the American Planning Association， 2002， 68（1）: 71–84.

［68］ Sassen， S. Global Cities， London， New York， and Tokyo Princeton: Princeton University Press. 1991: 325.

［69］ 彼得·霍尔著，邹德慈等译. 城市和区域规划. 北京：中国建筑工业出版社，2008.

［70］ Hiroaki Suzuki， Arish Dastur， Sebastian Moffatt著，刘兆荣，朱先磊译. 生态经济城市. 北京：中国金融出版社，2011: 37.

［71］ 马世骏，王如松. 社会—经济—自然复合生态系统. 生态学报，1984，01: 1–9.

［72］ 吴琼，王如松，李宏卿，徐晓波. 生态城市指标体系与评价方法. 生态学报，2005，08: 2090–2095.

［73］ 沈清基，吴斐琼. 生态型城市规划标准研究. 城市规划，2008，04: 60–70.

［74］ 潘海啸，汤汤，吴锦瑜，卢源，张仰斐. 中国"低碳城市"的空间规划策略. 城市规划学刊，2008，06:57–64.

［75］ 顾朝林，谭纵波，刘宛，于涛方，韩青，刘合林，戴亦欣，刘志林，郑思齐. 气候变化、碳排放与低碳城市规划研究进展. 城市规划学刊，2009，03: 38–45.

［76］ 顾朝林，谭纵波，刘志林，戴亦欣，郑思齐，刘宛，于涛方，韩青. 基于低碳理念的城市规划研究框架. 城市与区域规划研究，2010，02: 23–42.

［77］ 龙惟定，白玮，梁浩，范蕊，张改景. 低碳城市的城市形态和能源愿景. 建筑科学2010.02:13–18.

［78］ 谭纵波. 低碳浪潮下的城市规划——应对策略与现实选择. 北京规划建设，2013，05:18–24.

［79］ 吕斌，孙婷. 低碳视角下城市空间形态紧凑度研究. 地理研究，2013，06: 1057–1067.

［80］ 柯林·罗等著，童明译. 拼贴城市. 北京：中国建筑工业出版社，2003: 62–63.

［81］ 林炳耀. 城市空间形态的计量方法及其评价. 城市规划汇刊，1998（3）: 42–45.

［82］ 方创琳，祁巍锋. 紧凑城市理念与测度研究进展及思考. 城市规划学刊，2007（4）: 65–73.

［83］ 李琳，黄昕珮. 基于"紧凑"内涵解读的紧凑度量与评价研究——"紧凑度"概念体系与指标体系的构建. 国际城市规划，2012，v.27; No.12601: 33–43.

［84］ 于洪俊. 试论城市地域结构的均质性. 地理学报，1983，03: 241–251.

［85］ 郭腾云，董冠鹏.基于GIS和DEA的特大城市空间紧凑度与城市效率分析.地球信息科学学报，2009（4）:482–490.

［86］ Galster G， Hanson R， Ratcliffe M R， et al. Wrestling sprawl to the ground: defining and measuring an elusive concept. Housing policy debate， 2001， 12（4）: 681–717.

［87］ Nguyen Xuan Thinh， Gü nter Arlt， Bernd Heber， Jö rg Hennersdorf， Iris Lehmann， Evaluation of urban land–use structures with aview to sustainable development， Environmental Impact Assessment Review， 2002（22）: 475－492.

［88］ 龙瀛，沈振江，毛其智. 地块方向：表征城市形态的新指标. 规划师，2010，04: 25–29.

［89］ Rowley A. Planning mixed use development: issues and practice. Royal Institution of Chartered Surveyors， London， 1998.

［90］ Hoppenbrouwer E and Louw E. Mixed–Use development : Theory and practice in amsterdan's eastern docklands. European Planning Studies， 2005， 13（7）: 967–983.

［91］ Burton E. Measuring urban compactness in uk towns and cities. Environment and Planning B: Planning and Design， 2002， 29（2）: 219–250.

［92］ Urban Land Institute. Mixed–use Development Handbook. Washington DC:Urban Land Institute， 1987.

［93］ 殷秀梅，周尚意，唐顺英，付晏. 影响纽约曼哈顿商住混合度变化的因素分析. 现代城市研究，2013，08: 74–79.

［94］ Brown B B， Yamada I， Smith K Ret al. Mixed Land Use and Walkability: Variations in Land Use Measures and

Relationships with BMI, Overweight, and Obesity. Health & Place, 2009, 15（4）: 1130–1141.

［95］Frank L D, Schmid T L, Sallis J F, et al. Linking objectively measured physical activity with objectively measured urban form: findings from SMARTRAQ. American journal of preventive medicine, 2005, 28（2）: 117–125.

［96］Kockelman K M. Travel behavior as function of accessibility, land use mixing, and land use balance: evidence from San Francisco Bay Area. Transportation Research Record: Journal of the Transportation Research Board, 1997, 1607（1）: 116–125.

［97］黄经南, 杜宁睿, 刘沛, 韩笋生. 住家周边土地混合度与家庭日常交通出行碳排放影响研究——以武汉市为例. 国际城市规划, 2013, 02: 25–30.

［98］钱林波. 城市土地使用混合程度与居民出行空间分布——以南京主城为例. 现代城市研究, 2000, 03: 7–10+63.

［99］陈彦光, 刘继生. 城市土地利用结构和形态的定量描述: 从信息熵到分数维. 地理研究, 2001, 20（2）.

［100］陆化普, 王继峰, 张永波. 城市交通规划中交通可达性模型及其应用. 清华大学学报（自然科学版）, 2009, 06: 781–785.

［101］林康, 陆玉麒, 刘俊, 张莉, 王亭娜. 基于可达性角度的公共产品空间公平性的定量评价方法——以江苏省仪征市为例. 地理研究, 2009, 01: 215–224+278.

［102］Song Y, Knaap G J. Measuring the effects of mixed land uses on housing values. Regional Science and Urban Economics, 2004, 34（6）: 663–680.

［103］吕斌 曹娜. 中国城市空间形态的环境绩效评价. 城市发展研究, 2011（07）.38–46.

［104］Burton, E. Measuring Urban Compactness in UK Towns and Cities, Environment and Planning B: Planning and Design 2002, Vol.29: 219–250.

［105］陈海燕, 贾倍思. 紧凑还是分散?——对中国城市在加速城市化进程中发展方向的思考. 城市规划, 2006, 05: 61–69.

［106］Kenworthy J R, Laube F B. Patterns of automobile dependence in cities: an international overview of key physical and economic dimensions with some implications for urban policy. Transportation Research Part A: Policy and Practice, 1999, 33（7）: 691–723.

［107］Amsterdam G. Kiezen voor stedelijkheid, structuurplan Amsterdam. 2003.

［108］彼得·霍尔, 邹德慈. 西方城市规划的先驱思想家们. 城市规划, 1983, 06: 54–61.

［109］Berghauser Pont M, Haupt P. Spacematrix: space, density and urban form. Rotterdam: NAi Publishers, 2010.

［110］European Commission. Expert Group on the Urban Environment, European Commission. Directorate-General for Environment. European Sustainable Cities: Report. European Communities, 1996: 20.

［111］PlaNYC: A Greener, Greater New York［R/OL］, New York: Office of the Mayor. 2011. http://www.nyc.gov/html/planyc2030/html/theplan/the-plan.shtml

［112］方创琳, 祁巍锋, 宋吉涛. 中国城市群紧凑度的综合测度分析. 地理学报, 2008, 10:1011–1021.

［113］吕斌. 大学绿色校园建设目标与测度的国际比较. 建设科技, 2013, 12: 30–34+36.

［114］Yimin Chen, Xia Lia, Yong Zheng, Yanyan Guan, Xiaoping Liu, Estimating the relationship between urban forms and energy consumption:A case study in the Pearl River Delta, 2005－2008, Landscape and Urban Planning 102（2011）33－42.

［115］Serge Salat 城市与形态——关于可持续城市化的研究.北京:中国建筑工业出版社, 2012.

［116］沈清基, 徐溯源. 城市多样性与紧凑性:状态表征及关系辨析. 城市规划, 2009, v.33; No.26310: 25–34+59.

［117］党安荣, 史慧珍, 何新东. 基于3S技术的土地利用动态变化研究. 清华大学学报（自然科学版）. 2003, 10: 1408–1411.

［118］顾朝林. 北京土地利用/覆盖变化机制研究. 自然资源学报, 1999, 04: 307–312.

［119］法布士著. 刘晓明等译. 土地利用规划——从全球到地方的挑战北京:中国建筑工业出版. 2012: 191.

［120］ White T. Hadoop: the definitive guide. O'Reilly，2012.

［121］ 秦萧，甄峰. 基于大数据应用的城市空间研究进展与展望. 中国城市规划学会. 城市时代，协同规划——2013中国城市规划年会论文集（13-规划信息化与新技术）. 中国城市规划学会，2013: 14.

［122］ MVRDV. Farmax. Rotterdam: 010 Publishers.1998.

［123］ 黎夏，叶嘉安. 约束性单元自动演化CA模型及可持续城市发展形态的模拟. 地理学报，1999（4）: 3-12.

［124］ 吴良镛，吴唯佳等. "北京2049"空间发展战略研究. 北京：清华大学出版社，2012: 203-226.

［125］ 龙瀛，沈振江，毛其智，党安荣. 基于约束性CA方法的北京城市形态情景分析. 地理学报，2010，v.6506: 643-655.

［126］ Newton P. Urban form and environmental performance// Achieving Sustainable Urban Form. London and New York: E&FN Spon.2000: 46-53.

［127］ 吴良镛. 人居环境科学导论. 北京：中国建筑工业出版社，2001:246.

［128］ 世界银行. 胡鞍钢等译. 世界发展报告: 重塑世界经济地理. 北京：清华大学出版社，2009.

［129］ 罗震东，朱查松，张京祥. 都市区域空间集聚—碎化趋势研究——江苏沿江都市区域的实证. 人文地理，2009，01: 22-27+52.

［130］ Jenks M，Kozak D，Takkanon P. World cities and urban form. Routledge，2008.

［131］ Ricky Burdett，Deyan Sudjic. The Endless City. Phaidon Press Inc，2008.

［132］ Ricky Burdett，Deyan Sudjic. Living in The Endless City. Phaidon Press Inc，2011.

［133］ Planning L D. Four world cities: a comparative study of London，Paris，New York and Tokyo. Department of the Environment，London，Llewelyn Davies Planning，1996.

［134］ Hall P，Pain K. 罗震东，等译. 多中心大都市——来自欧洲巨型城市区域的经验.北京: 中国建筑工业出版社，2010.

［135］ Adams，W.M. "The Future of Sustainability: Re-thinking Environment and Development in the Twenty-first Century."Report of the IUCN Renowned Thinkers Meeting，2006: 1-18.

［136］ Conseil régional d'Île-de-France. Île-de-France 2030. DÉFIS，PROJET SPATIAL RÉGIONAL ET OBJECTIFS.2012: 19-37.

［137］ 彼得·霍尔，科林·沃德著.黄怡译. 社会城市——埃比尼泽·霍华德的遗产. 中国建筑工业出版社，2009.

［138］ 迈克·詹克斯等. 关于可持续的城市形态问题的结论//紧缩城市：一种可持续发展的城市形态. 北京：中国建筑工业出版社，2004: 353-354.

［139］ 梁鹤年. 城市人. 城市规划，2012，v.36; No.29907: 87-96.

［140］ 北京市规划设计研究院.北京步行和自行车交通规划准则及改善方案［R/OL］.［2013-5-6］. http://www.bjghy.com.cn/ghy132bmfz.aspx?menu=1&sideitem=13&NID=24

［141］ 扬·盖尔著.欧阳文，徐哲文译. 人性化的城市. 北京：中国建筑工业出版社，2010: 121.

［142］ 北京交通发展研究中心. 北京市交通发展年度报告（2011）.2012.08: 27.

［143］ 王辑宪. 国外城市土地利用与交通一体规划的方法与实践. 国外城市规划，2001，01:5-9.

［144］ 海道清信著，苏利英译. 紧凑型城市的规划与设计. 北京:中国建筑工业出版，2011: 140.

［145］ Dousset B，Gourmelon F. Satellite multi-sensor data analysis of urban surface temperatures and landcover. ISPRS Journal of Photogrammetry and Remote Sensing，2003，58（1）: 43-54.

［146］ 李俊祥，宋永昌，傅徽楠. 上海市中心城区地表温度与绿地覆盖率相关性研究. 上海环境科学，2003，22（9）: 599-601.

［147］ Mashhoodi B，Berghauser Pont M. Studying land-use distribution and mixed-use patterns in relation to density，accessibility and urban form. 2011.

［148］ Bertaud A. The spatial organization of cities: deliberate outcome or unforeseen consequence?. 2004.

［149］ Newman，P.W.G.，Kenworthy，J.R. Gasoline Consumption and Cities : A Comparison of U.S. Cities with a Global Survey. Journal of the American Planning Association，1989: 55，24-37.

［150］ Benoit Lefèvre. Urban Transport Energy Consumption: Determinants and Strategies for its Reduction.. An analysis of the literature［R/OL］. SAPIENS. Surveys and Perspectives Integrating Environment and

Society，2010（2.3）．http://sapiens.revues.org/914.

［151］ Gomez-Ibanez，J. A. A Global View of Automobile Dependence. Journal of the American Planning Association，1991.Vol. 57，No. 3，

［152］ Rickaby，P.A.，Steadman，J.B.，Barrett，M. Patterns of Land Use inEnglish Towns: Implications for Energy Use and Carbon Monoxide Emissions.In: Breheny，M.J.（ed.）Sustainable Development and Urban Form（EuropeanResearch in Regional Science，2）. London: Pion. 1992.182–196

［153］ Levinson，D. and Kumar，A. The rational locator: why travel times have remained stable，Journal of the American Planning Association ，1994，70: 319‐332.

［154］ Neuman，M. The compact city fallacy. Journal of Planning Education and Research，2005，25: 11–26.

［155］ 刘卫东，陆大道等. 我国低碳经济发展框架与科学基础——实现2020年单位GDP碳排放降低40～45%的路径研究.北京：商务印书馆，2010.

［156］ Breheny，M.J. The Compact City and Transport Energy Consumption，Transactions of the institute of British Geographers，New Series，Vol. 20，No. 1，1995，81–101

［157］ Van Kann，F. & Leduc，W. Synergy between regional planning and energy as a contribution to a carbon neutral society: energy cascading as a new principle for mixed land-use. The SCUPAD Conference. Salzburg，Austria .2008.

［158］ 姜洋，何东全，ZEGRAS CHRISTOPHER. 城市街区形态对居民出行能耗的影响研究. 城市交通，2011，v.9; No.43（4）:21–29+75.

［159］ Masnavi MR ，The new millennium and the new urban paradigm: the compact city in practice// Achieving Sustainable Urban Form. London and New York: E&FN Spon.2000: 64–73.

［160］ Peter Hall. Cities of tomorrow : an intellectual history of urban planning and design in the twentieth century. Oxford，UK ; New York，NY，USA : Blackwell，1988.

［161］ City of New York，Inventory of New York City Greenhouse Gas Emissions，by Jonathan Dickinson and Andrea Tenorio. Mayor's Office of Long - Term Planning and Sustainability，New York，2011:11.

［162］ 江亿. 我国建筑节能战略研究.中国工程科学，2011，06:30–38.

［163］ 田闻旭，赵胤慧，谭忠富，宋艺航，张晨. 节能减排目标下北京能源消费布局优化分析. 中国能源，2012，09:31–33+41.

［164］ Overview of the Greener，Greater Buildings Plan，New York City Mayor's Office of Long - Term Planning and Sustainability，May 2012.

［165］ 张京祥，殷洁，何建颐着. 全球化世纪的城市密集地区发展与规划.北京:中国建筑工业出版，2008.97.

［166］ 理查德·罗杰斯，郑小东.紧凑城市.世界建筑，2009，11: 118–121.

［167］ 联合国规划署：［R/OL］. 联合国官网.（2008/11/13）［2012-4-5］. http://www.un.org/chinese/ News/ fullstorynews.asp?NewsID=10747.

［168］ 倪维斗. 从能源角度看生态文明. 中国科技信息，2013，15: 21.

［169］ 张菊，苗鸿，欧阳志云，王效科. 近20年北京市城近郊区环境空气质量变化及其影响因素分析. 环境科学学报，2006，11: 1886–1892.

［170］ 林学椿，于淑秋，唐国利. 北京城市化进程与热岛强度关系的研究. 自然科学进展，2005，15（7）：882–886.

［171］ 季崇萍，刘伟东，轩春怡. 北京城市化进程对城市热岛的影响研究. 地球物理学报，2006，01: 69–77.

［172］ Paula Restrepo Cadavid，Pierre-Noel Giraud. WEC "Energy for Megacities" Study Tokyo case study.2010.

［173］ 蒋道鼎.日本：治理"热岛效应"［N/OL］. 光明日报. 2000-10-9（5）［2012-03-06］. http://www. people.com.cn/GB/channel2/570/20001009/262602.html

［174］ 杨勇，郑凡东，刘立才，等. 北京平原区地下水水位与地面沉降关系研究. 工程勘察，2013（8）：44–48.

［175］ 市川正已等.世界的沙漠化及其研究现状. 干旱区研究，1989，（1）：64–73.

［176］Alberti M. Urban form and ecosystem dynamics: Empirical evidence and practical implications// Achieving Sustainable Urban Form. London and New York: E&FN Spon. 2000: 84–96.

［177］Berke P，Kaiser E J. 等著 吴志强等译. 城市土地使用规划. 北京:中国建筑工业出版. 2009:162.

［178］Marique A F, Dujardin S, Teller J, et al. School commuting: the relationship between energy consumption and urban form. Journal of Transport Geography，2013，26: 1–11.

［179］冯士雍等编著. 抽样调查理论与方法. 北京：中国统计出版社，2012: 61–74.

［180］安东尼·哈尔格雷夫斯，李华东. 伦敦及其周边的英格兰东南地区既往发展与未来趋势概述. 建筑学报，2010，02: 8–13.

［181］李丽华，郑新奇，象伟宁. 基于GIS的北京市建筑密度空间分布规律研究. 中国人口. 资源与环境，2008，01: 122–127.

［182］Bertaud A. Options for new alternatives for development control regulation and justification for increasing FSI. Presentation available on www. alain–bertaud.com，2008.

［183］Kennedy C A, Ramaswami A, Carney S, et al. Greenhouse gas emission baselines for global cities and metropolitan regions. Proceedings of the 5th Urban Research Symposium Marseille France，2009.

［184］Bastiaanssen W G M, Menenti M.Mapping of Evaporation in theWestern Desert of Egypt with Remote Sensing Techniques. In–ternational Journal of Remote Sensing . 1990.

［185］日本爱知大学教授李春利：轨道交通出行率影响道路拥堵，［R/OL］. 凤凰网.（2013/09/07）［2013–12–15］. http://auto.ifeng.com/fangtan/20130907/1000612.shtml

［186］吴唯佳，宁阳.北京城市轨道交通线网规划的问题分析.北京规划建设，2010，02:98–104.

［187］陆锡铭，王祥.上海大都市交通圈通勤铁路研究.首届长三角科技论坛，2004，（10）：139

［188］冈田宏.东京城市轨道交通系统的规划、建设和管理.城市轨道交通研究，2003，03: 1–7.

［189］于长明，吴唯佳，于涛方. 特大城市地区土地使用形态——伦敦、巴黎、纽约、东京与北京比较. 北京规划建设，2012，（05）: 8–12.

［190］于一凡，李继军. 公共绿地与一座城市的四个世纪——巴黎城市公共绿地发展综述. 上海城市规划，2007，02: 56–58.

［191］毛小岗，宋金平，杨鸿雁，赵倩. 2000—2010年北京城市公园空间格局变化. 地理科学进展，2012，10:1295–1306.

［192］黄亚平. 城市可持续性规划决策准则与方法. 城市规划，1999，07: 37–40+42.

［193］Greater London Authority. Green infrastructure and open environments:the all london green grid supplementary planning guidance.2012: 39–129.

［194］ODPM（Office of the Deputy Prime Minister）. Sustainable Communities: Building for the Future. London: ODPM，2003.

［195］洪亮平，李保峰，祝宇峰.英国城市规划可持续发展策略. 城市规划，2006，06: 54–58.

［196］NYC Mayor's Office. PlaNYC2030: A Greener, Greater New York，2011: 3.

［197］波特，李明轩，邱如美. 国家竞争优势（上）.北京：中信出版社，2007: 16.

［198］吴唯佳.加强区域统筹，促进北京城市发展中的区域协调.北京规划建设.2004（4）：55—56.

［199］彼得·霍尔著，中国科学院地理研究所译.世界大城市.北京:中国建筑工业出版社，1982: 152.

［200］沉心.麦迪逊广场花园：场馆中的麦加圣地.环球体育市场，2010（2）：36–37.

［201］于长明，杨凌，冯雅薇. 世界城市高铁枢纽及周边土地利用形态——伦敦、巴黎、纽约、东京与北京. 北京规划建设，2013，06: 71–77.

D

附录

图表目录

可持续视角下特大城市地区土地使用模式测度研究
——北京与世界城市比较